Zu diesem Buch

Auf den Spuren der Macht begegnen wir vor allem Männern – Männern, die ihre «Pflicht» tun, die ihre individuelle gegen eine kollektive Identität eingetauscht haben. Ihr Dienst gilt einem «Höheren», gilt der «Nation», dem «Volk» oder einer «Religionsgemeinschaft», und er verheißt eine Macht, an der stets nur teilhaben kann, wer sich ihr zugleich unterwirft, wer den Preis der Selbstaufgabe zu entrichten bereit ist. Was aber rechtfertigt einen derart hohen Preis? Was veranlaßt jemanden, das eigene Denken einer Mission zu opfern und das eigene Handeln einer fremden Instanz zu überantworten?

Auf den Spuren solcher Macht begab sich Burkhard Schröder in die Niederungen des Rechtsextremismus und des Frauenhandels wie in die höheren Sphären des Katholizismus und der Scientology-Kirche. Das Gemeinsame dieser verschiedenen Milieus und ihrer je spezifischen «Sinnangebote» ist ein Moment struktureller Gewalt, ist die durch ein Machtversprechen provozierte Freisetzung einer sei es nach außen, sei es nach innen gerichteten Aggressivität. Der sich darin äußernde Wille zur Macht aber, so das ebenso frappierende wie ernüchternde Ergebnis der detaillierten Sozialreportagen Schröders, ist immer auch Symptom eines Leidens sowohl an der Gesellschaft als auch an sich selbst, ist also zugleich ein – wenn auch fehlgeleiteter – Wille zur «Gesundheit». Diese Diagnose entlastet mitnichten die «Täter», ob Parteifunktionär, Kiezgröße oder Glaubensstifter; sie stutzt sie vielmehr, als verblendete «Opfer», auf ihre eigentliche Größe zurück und lenkt den Blick auf die sozialen Ursachen kollektiver Verführung.

Näheres zu Autor und Fotograf auf Seite 251.

Burkhard Schröder

Spuren der Macht

Memmen, Macker, Muskelmänner

rororo
Rowohlt

**Fotos, außer auf den Seiten 53, 55, 73, 102
von Lothar M. Peter**

Originalausgabe
Veröffentlicht im Rowohlt Taschenbuch Verlag GmbH,
Reinbek bei Hamburg, Oktober 1990

Lektorat Jürgen Volbeding
Redaktion Rüdiger Dammann
Umschlaggestaltung Thomas Henning
Satz Sabon (Linotronic 500)
Gesamtherstellung Clausen & Bosse, Leck
Printed in Germany
1280-ISBN 3 499 18264 5

Inhalt

Prolog 9

Harlem, Hamm-Herringen 15
Annäherung an eine Hochburg 15
Krach um Kieselputz 17
Die Türken kommen 21
Es wird saniert 24
Menschen mit Eigenarten 27
Nur etwas gegen die Richtung 35

Ganz rechts unten («Republikaner») 39
Inkognito 39
Drahtzieher und Hintermänner 42
Die Ortsgruppe wählt 56
Unter Männern (Ost) 62
Der einäugige König 66
Rechtsextremismus in der DDR 80
Ein Patriot flieht nicht 88
«Europa vorn» – Intellektuelle von rechts 92
Dahinter die Angst 100

Versklavte Seelen (Scientology) 107
Die Superwesen, in uns und auch anderswo 107
Ein Köder wird ausgelegt 110
Dem Engramm auf der Spur 115
Das Karl-May-Syndro 126
Ein Mann läßt clearen 131
Ordo Templi Orientis 135
Von heiligen Hügeln und Seefahrern 139
Schule für Übermenschen 143
Ich rufe Ron 152

Der Name der Tulpe (Benediktiner-Kloster) 159
Vigil und Laudes 159
Terz: Ein Mönch verschwindet 166
Hochamt: Die Macht des Essens 175
Sext: Das Geheimnis der weißen Göttin 183
Non: Im Refektorium 193
Vesperale und Komplet 197

Ein Hecht im Karpfenteich (Frauenhandel) 203
Eine kleine Falle 203
Schlammschlacht 210
Uneinheitliches Verhalten 217
Betreiberverhältnisse 220
Schuld und Wahrheit 225
Ein Geständnis 229
Die Schwächen der Paragraphen 233
Kein Urteil 237

Anmerkungen 241
Literaturverzeichnis 247
Danksagung 249
Autor und Fotograf 251

Cadent in retiacula sua peccatores simul,
ego autem ultra pertran seam.

Die Frevler sollen sich in ihren eigenen Netzen fangen,
während ich heil entkomme.

Psalm 141, Vers 10

Prolog

I

Ich will eine Frau. Sie darf ruhig Ausländerin sein. Zum Beispiel eine Brasilianerin. Die sind hübsch, so irgendwie exotisch. Das habe ich auch in meinem Reisebüro gesehen. Die werben viel mit kaffeebraunen Schönheiten. Oder eine Asiatin. Asiatinnen haben noch einen natürlichen Charme. Die deutschen Frauen wollen immer diskutieren. Das ist ja nicht schlimm. Aber ich bin nun mal ein bißchen schüchtern. Den ganzen Abend reden, da läuft bei mir nichts.

Nein, das verstehen Sie falsch. Ich bin für die Gleichberechtigung. Frauen und Männer sollen frei entscheiden können, mit wem sie zusammenleben. Ich kaufe keine Frau. Natürlich gibt es Männer, die das tun. Die gucken sich einen Katalog an mit Bildern, zahlen ein paar tausend Mark und lassen sich eine einfliegen. Die kann dann sehen, wo sie bleibt, wenn sie sich scheiden lassen will. Nein, meine zukünftige Frau soll vorher wissen, mit wem sie es zu tun hat, was ich verdiene, welche Hobbys ich habe, wie ich wohne. Ich habe ein Foto von mir machen lassen, in meinem Wohnzimmer. Da weiß sie gleich, welchen Geschmack ich habe.

Gestern bin ich nach Gelsenkirchen gefahren, ins Ruhrgebiet. Direkt nach Schalke, Sie wissen schon. Da gibt es ein Institut, «Eintracht» heißt das. Die hatten mir einen Prospekt geschickt. «Seriös und angesehen» seien sie. Ihre Verbindungen «bestehen in ganz Deutschland und gehen zum Teil weit über dessen Grenzen hinaus». Das ist doch schon was.

Und Zeitungsausschnitte hatten sie gleich beigelegt, sogar von den «Ruhrnachrichten». Das ist ein solides Blatt. Die Reporterin schrieb, daß das Institut die Kunden sogar mit einer Videokamera aufnähme. Dann kriegen die Frauen, die einen deutschen Mann heiraten wollen, einen ganz anderen Eindruck.

Im Büro hängt ein Plakat. «Glück kann man nicht kaufen.» Aber:

«Manche wissen nur nicht wo.» Gemeint ist ein Auto, eine englische Marke, die mit dem Engel vorne drauf. Daneben ein Bild mit einer Brasilianerin, wahnsinnig hübsch, schwarze Locken und so einen superkleinen Badeanzug. Direkt an der Copocabana, dem Strand von Rio. Wen das kaltläßt, dem ist nicht zu helfen.

Kaffee kriege ich auch. Das gehört natürlich dazu. Der Kunde muß sich wohl fühlen, bevor er die Schecks zückt. Wir sind ja nicht in einer Arztpraxis. Welchen Geschmack ich habe, fragt die Chefin. Frau Adele hat ein bißchen zuviel Klunker aufgelegt. Ich bin mehr für das Natürliche. Sie legt mir zwei dicke Kataloge vor, zum Durchblättern. Nur für den ersten Eindruck.

Eine schöner als die andere. Alle aus Brasilien. Darauf wären sie spezialisiert, sagt die Chefin. Und wie soll das funktionieren? Nun, wenn mir eine gefiele, müßte ich ihr schreiben. Wenn sie «ja» sagt, kommt sie rüber. Flugticket muß ich natürlich zahlen. Und die Vermittlungsgebühr, zwischen acht- und zehntausend. Ganz schön happig.

Und wenn ich sie live angucken will? Kein Problem. Ich jette nach Brasilien, auf meine Kosten. Drüben arbeiten sie mit einem Typ zusammen, der die Mädels anspricht. Sie haben ein hübsches kleines Hotel, mit Swimmingpool und allen Schikanen. Da kann ich dann wohnen und meine Zukünftige testen. Natürlich nur, wenn die will. Alles ganz anständig und solide. Müßte ich aber 500 Dollar drauflegen, für den Herrn, mit dem sie «kooperieren».

«Wir haben sogar schon mal», sagt die Chefin, «einen Zweiundachtzigjährigen vermittelt.» Der suchte eine Frau, der er seine Rente hinterlassen konnte. Pech, daß er sein Glück nur zwei Monate genießen konnte. «Dann starb er an Herzversagen.» Den Witz habe ich schon gehört. Aber es ist ihr Job, die Kunden aufzuheitern.

Einer wäre um die Fünfzig gewesen. Der wollte unbedingt eine Gleichaltrige oder eine, die nur ein bißchen jünger wäre. «Dann aber sprach das Herz», sagt die Chefin. «Er hat sich unsterblich in eine Achtzehnjährige verliebt.» Auch eine Brasilianerin. Er hätte die prompt herbestellt und geheiratet.

Ich habe mir eine ausgesucht. Lange, schwarze Haare, kluges Gesicht, rassig. Nicht ganz so jung wie die meisten. Ich bin ja kein Kinderschänder. «Die sieht ja sehr europäisch aus», meint die Chefin kritisch. Das würde lange dauern, bis ich mit der in Kontakt treten könnte. Sie hätte aber eine, die wäre zur Zeit in Deutschland. Brauchte ich nur anzurufen.

Wieso ist die schon hier? Das hat irgendwie nicht funktioniert mit dem Mann. Sie müßte in einem Monat wieder abreisen, wenn sie bis dahin keinen gefunden hätte. Ein Touristenvisum gelte nur drei Monate. Ob ich mir die mal auf Video angucken wolle?

Die Chefin wirft den Kasten an. Das Mädchen sitzt auf einem Sofa und kichert. Ein bißchen jung. Neunzehn soll sie sein. Halb so alt wie ich. Und ganz so hübsch wie die in dem Katalog ist sie auch nicht. Da muß ich erst noch überlegen. Ist natürlich billiger, ohne die Flugreise. Und in Berlin wohnt sie, «bei Freunden». Das wäre praktisch. Brauchte ich nur noch zugreifen.

Aber irgendwas ist hier nicht ganz koscher. Das rieche ich. Viele der Bilder in dem Katalog sind in einem Fotoatelier aufgenommen, irgendwo in Brasilien. Wahrscheinlich von dem Typen, der die Mädchen dort in das entzückende Etablissement schleppt. Auf einigen Fotos ist noch der Name des Ladens zu erkennen. Klar: der wird die Hübschesten, die er findet, auf der Straße anquatschen. Ob sie nicht ein Foto von sich machen lassen wollen? Gegen Honorar natürlich. Die paar Frauen, die heiraten wollen, jubeln sie den Kunden dann nebenbei unter. Deswegen bleiben die meisten Fotos immer im Katalog. Das sehe ich in den Zeitungsausschnitten, die mir die Chefin vorlegt, als «Referenzen».

II

Ganz so hat sich die Geschichte nicht abgespielt. Ich ließ mir nur zum Schein den Katalog vorführen. Wahr ist, daß mehr als sechzig «Eheanbahnungsinstitute» in der Bundesrepublik ausländische Frauen, vor allem aus Thailand, den Philippinen, aus Kenia und aus Südamerika, an deutsche Männer vermitteln, das heißt verkaufen.

Der Schriftsteller Klaus-Peter Wolf gründete sogar eine Scheinfirma, «Hot pants», und meldete diese beim Finanzamt unter der Rubrik «Mädchen- und Frauenhandel» an. Ein Sachbearbeiter der Gemeindeverwaltung formulierte die Tätigkeit korrekt, wie Behörden sind, um in «Vermittlung von Frauen aus verschiedenen Ländern», weil Menschenhandel mit Freiheitsentzug bis zu zehn Jahren bestraft wird. Das Finanzamt lieferte eine Steuernummer nach, und die zuständige Industrie- und Handelskammer bot ihren «speziellen Beratungsdienst für Existenzgründer» an.

Auch hier regieren die Marktgesetze. Wer Geld hat, kann die «Ware

Liebe» kaufen. Geld und die damit verbundene Macht sind aber nicht gleich verteilt. Die Männer aus den industriell hochentwickelten Staaten, den USA, Europa, Japan, nutzen die Armut der Frauen in der «Dritten Welt» aus. Die meisten sind zu feige, ihre wahre Motivation zuzugeben: sie wollen eine Partnerin, die von ihnen abhängig ist. Sie kaufen sich Schönheit und Jugend.

Der Handel mit Frauen ist eine zukunftsträchtige Branche. Hier tummeln sich große und kleine Fische, die mit Regierungen und Behörden zusammenarbeiten. Die Gesetze sind so formuliert, daß eher der Zugriff auf die Opfer als auf die Täter ermöglicht wird. Erst seit kurzem laufen Verfahren gegen die Hintermänner und -frauen des modernen Sklavenhandels. Heiratsvermittler, Zuhälter, Bordelliers und Geschäftsleute arbeiten Hand in Hand, um die Nachfrage nach «Exotinnen» zu decken.

Einen dieser Prozesse habe ich verfolgt. Das Verfahren litt von Anfang an unter Beweisnot: die betroffenen Frauen waren abgeschoben worden, den Angeklagten ließ sich das Delikt «Menschenhandel» nicht vorwerfen, Zeugen drohten, nach Ansicht der Staatsanwaltschaft, eingeschüchtert zu werden. Obwohl der Prozeß nicht abgeschlossen wurde, liegen die Tatsachen auf der Hand, nicht im juristischen, sondern im moralischen Sinn: Es geht um Macht.

III

Gewalt und Macht sind nicht dasselbe. Gewalt ist direkt, unmittelbar, sinnlich erfahrbar. Sie ist nur eine Form der Macht. Der Literatur-Nobelpreisträger Elias Canetti erläutert den Unterschied am Beispiel von Katze und Maus. Die Katze hat ihr Opfer in den Krallen, tötet es aber nicht sofort. Sie läßt die Maus los. Diese versucht zu flüchten. Läuft sie fort, ist sie nicht mehr in der unmittelbaren Gewalt der Katze. Sie glaubt, frei zu sein. Die Katze sieht die Maus. Solange diese in ihrem Blickfeld ist, kann sie sofort zuschlagen. Sie ist weit mächtiger als ihr Opfer. Dessen Tod ist sicher. Sie hält sich nur zurück. Die Katze beherrscht den Raum, den sie überblickt, aufgrund ihrer überlegenen Fähigkeiten.

Das gleiche gilt für manche Formen religiöser Verehrung. Die Gläubigen können nicht auf die Vorstellung verzichten, daß es eine höhere Instanz gibt. Sie praktizieren Rituale, verehren Gegenstände, verhalten sich nach bestimmten Regeln, um das, was vermeintlich Gewalt über sie hat, gnädig und versöhnlich zu stimmen. Sie begeben sich freiwillig und vorsorglich in einen Machtbereich, von dem sie nur vermuten, daß es ihn gibt.

Sie vertrauen sich Spezialisten an, die ihnen das Chaos erklären. Der Glaube an die Macht reicht ihnen nicht. Sie müssen deren Gewalt unmittelbar spüren. Die Stellvertreter der Macht leben davon, daß ihnen ihre Funktion geglaubt wird. Die Idee der Macht verfestigt sich in den Köpfen: man glaubt, daß sie existiert, weil ihre Sachverwalter das versichern.

Es ist unerträglich zu wissen, daß man über nichts, was geschieht, selbst bestimmt oder bestimmen kann. Deshalb will jeder, der sich im Bereich der Macht aufhält, einen Zipfel von ihr erhaschen. Er will selbst mächtig sein. Seine eigene potentielle Gewalt stärkt ihn in dem Glauben, daß die Regeln der höheren Ordnung wahr sind, daß sie funktionieren. Er wird alles tun, damit auch andere sich an die Vorschriften halten.

Gefährlich wird es, wenn Menschen, die sich einer Religion anvertrauen, ihrer Identität, ihrer Freiheit, selbst Entscheidungen zu treffen, beraubt werden. Das ist besonders in Gruppen der Fall, die ihre Anhänger aus Jugendlichen rekrutieren oder aus Menschen, die sich in einer seelischen Notlage befinden.

Ich recherchierte bei der «Scientology»-Sekte, einer Organisation mit großem missionarischem Eifer, erheblicher finanzieller Potenz und der unangenehmen Eigenart, Kritiker unerbittlich, auch mit kriminellen Mitteln zu verfolgen. Ich nahm das Risiko, vorzeitig enttarnt zu werden, auf mich: auch jemand, der ein Geheimnis erfolgreich verbirgt, spielt mit der Macht.

IV

Auch die rechtsradikalen «Republikaner» sind nicht zimperlich, wenn es um Kritik geht, selbst um parteiinterne. Ein knappes Jahr war ich Parteimitglied. Nicht aus dem Grund, daß ich gehofft hätte, großartige Geheimnisse zu entdecken. Was ich über einzelne Personen erfuhr – rechtsradikale Drahtzieher, Mitläufer und zynische Machtpolitiker –, hätte jede ernsthafte und gründliche Recherche offengelegt. Diese Mühe hat aber noch niemand, zumindest in Berlin, auf sich genommen.

Das gilt auch für die «Feldforschung». Niemand erfährt, was Menschen dazu bringt, eine rechtsradikale und ausländerfeindliche Partei zu wählen, wenn er sie nicht fragt und sich nicht mit den Ursachen ihrer Entscheidung beschäftigt. Das ist fast nie nur eine einzige. Durch Zufall erfuhr ich von einer ehemaligen Arbeitersiedlung im Ruhrgebiet, in Hamm-Herringen, in der die REPs alle Stimmrekorde gebrochen hatten. Das, was ich dort fand, kann man nicht verallgemeinern, es ist aber doch typisch.

Berlin-Kreuzberg, im Sommer 1990 — Burkhard Schröder

Harlem, Hamm-Herringen

Annäherung an eine Hochburg

Kurz nach dem Schild «Hamm, Ortsteil Herringen» ist die Welt beinahe noch in Ordnung. Rechts und links der gut ausgebauten Straße je eine Tankstelle, ab sieben Uhr frische Brötchen und Kaffee. Dann, unerwartet, eine Pferdeweide. Dahinter, schon fast am Horizont, die Schachtanlage der Zeche «Heinrich Robert»; ihr vorgelagert diverse Kohlenhalden, deren schwarzer Hügelkamm in scharfem Kontrast zum satten Grün der Wiesen steht. Eine Tafel: «Die gute Landwurst».

Nach einem guten Dutzend langgestreckter Neubauten, deren architektonische Eigenarten – falls sie jemals welche besessen haben – man sofort wieder vergißt, säumen Häuser die Straße, die den Einheimischen daran erinnern, daß er sich, obwohl an der äußersten nordöstlichen Ecke, im «Revier» befindet: schmutziggraue Patina, wie sie nur die jahrelange Einwirkung von Kohlenstaub hervorruft.

Die einzige Ausnahme ist ein älteres Gebäude, das sich links hinter einem unauffälligen Zweifamilienhaus versteckt: Fachwerk, auf modern getrimmt, neue Dachziegel, der frühere Eingang zur Diele verglast, darüber ein Kuhschädel und die Inschrift: «Johannes Dietrich Ahlert aus Herringen und dessen Ehefrau Clara Mathilde in der Westenfeldmark», erbaut 1858.

Der Eingang befindet sich nicht zur Straße, sondern etwas verschämt an der Seite, vor neugierigen Blicken abgeschirmt durch einen Zaun aus groben Holzlatten, einigen halbhohen Bäumchen und einem kleinen Parkplatz mit sauber geharktem Kies. Über der größeren der beiden Türen sind zwei rote Leuchten.

In der Mitte der Kiesfläche ragt ein Mast empor, fast so hoch wie das Haus. Die deutsche Fahne flattert, zusätzlich versehen mit dem Bundesadler, wie aus Trotz, als Bastion gegen eine Bedrohung der Idylle. Das Haus ist und bleibt rein deutsch, was nicht am nationalen Verteidigungswillen der Bewohner liegt, sondern vor allem daran, daß die Preise für die im Innern gebotenen Dienstleistungen hoch sind, zu hoch für türkische Bergleute: hier residiert der «Club Josi», das einzige Bordell im Ort.

Ein paar Häuser weiter, auf der anderen Straßenseite, beginnt die Zechensiedlung «Isenbecker Hof», benannt nach einem Bauern gleichen Namens. Der hatte Anfang des Jahrhunderts seine Äcker an die Bergwerksgesellschaft verkauft und sich eine prächtige Villa in der näheren Umgebung errichtet.

Der «Isenbecker Hof» besteht aus knapp dreihundert Gebäuden mit gut siebenhundert Wohnungen, erbaut in den Jahren 1921 bis 1927. Aus der Luft gesehen hat die Kolonie die Form eines Hinkelsteins. Ihre Spitze zeigt auf den Datteln-Hamm-Kanal und die Lippe, die linke Seite wird durch einen Teil der Zeche «Heinrich Robert» begrenzt, das «Ostfeld». Rechts dämmt ein haushoher Lärmschutzwall die Geräusche, die von den Röhrenwerken herüberdringen. Die Basis bildet die Durchgangsstraße zwischen dem Stadtkern von Hamm und der Ortsmitte Herringens.

Im «Isenbecker Hof» regierten, so weit die Bewohner zurückdenken können, die Kohle und «der Pütt». Die Siedlung war und ist ausschließlich Bergarbeitern und ihren Familien vorbehalten. Für die Männer unter Tage bestimmte die Kohle, wann Tag und wann Nacht war. Gearbeitet werden mußte immer, und Frauen und Kinder hatten sich dem Rhythmus der Zeche anzupassen. Wenn «Vatta vonne Nachtschicht» gekommen war, herrschte Ruhe im Häuschen.

Gewählt wurde sozialdemokratisch, im «Isenbecker Hof», einer Hochburg der SPD, traditionell mit fast siebzig Prozent, ein Heimspiel also für die ortsansässigen Politiker.

Das hat sich seit der Europawahl im Jahr 1989 und vor allem seit der darauffolgenden Kommunalwahl in Nordrhein-Westfalen geändert. Bei den Kommunalwahlen am 1. Oktober 1989 erreichten die «Republikaner» in Hamm-Herringen fast 11,4 Prozent. In den beiden Stimmbezirken des «Isenbecker Hofes» schlugen sie noch mehr zu. Von den 744 abgegebenen Stimmen entfielen auf die rechtsradikale Partei 195, das sind 26,2 Prozent. Im südlichen Teil der Kolonie zählte man sogar 28,5 Prozent. Bei den Christdemokraten machten nur gut hundert Wähler und Wählerinnen ihr Kreuz. Dieser Trend hielt sogar bis zu den Landtagswahlen im März 1990 an: In den beiden Wahlkreisen des «Isenbecker Hofs» erreichten die REPs bis zu 15 Prozent.

Die rechtsradikale «Deutsche Wochen-Zeitung» aus dem Dunstkreis des Verlegers Gerhard Frey, mit seiner DVU abgeschlagener Konkurrent Schönhubers, schrieb im September 1989, daß «der Plan, die Gegend ‹Isenbecker Hof› im Stadtteil Herringen zu einer Art New York-Harlem werden zu lassen», heftig «umstritten» sei. Dort sei «eine Kriminellen-Hochburg», ausländische Jugendliche würden dort die einheimischen Bürger «mit Messern und Schlagstöcken» terrorisieren, Autos aufbrechen, Vorgärten verwüsten, Anwohner «bedrohen oder mit Schlägen mißhandeln», nicht zu vergessen der Drogenhandel. Die «Altparteien» beseitigten diese Mißstände nicht, sondern unternähmen viel, damit sie sich «noch verschlimmern».

Krach um Kieselputz

Ein Ortsfremder spürt ein gewisses Unbehagen, wenn er zu Fuß durch die wenigen Straßen des «Isenbecker Hofes» streift. Hier scheint jeder jeden zu kennen. Ein Unbekannter, der gar noch einem Auto mit Berliner Kennzeichen entsteigt, zieht unweigerlich neugierige Blicke auf sich.

In der Albert-Funk-Straße eine Trinkhalle und ein kleiner Supermarkt, schräg gegenüber die «Dostlar Köslesi», die «Ecke der Freundschaft», eine Kneipe. Dahinter ein eingeschossiges Gebäude. Das Schild über der Tür verkündet in Blau, mit einer aufgemalten Moschee in der Mitte: «Islam Kültür Merkezi» – Islamisches Kulturzentrum, und «Sultan Ahmet Camii», eine Moschee also, benannt nach dem türkischen Sultan sunnitischen Glaubens, der im 17. Jahrhundert sogar in Persien als religiöses Oberhaupt anerkannt wurde. Fanatisierte Khomeini-Anhänger werden hier also nicht zu finden sein. Die schmalen Seitenstraßen sind mit Verbundsteinen gepflastert und verkehrsberuhigt. Alles wirkt friedlich, von marodierenden Jugendbanden keine Spur.

An der nördlichen Spitze des Areals komme ich mit einem Mann ins Gespräch, der gerade durch seinen Vorgarten wandert, als hätte er die Absicht, dort demnächst etwas zu verändern. Er ist vor zwei Jahren aus dem Kohlenrevier Oberschlesiens, aus der Gegend von Ratibor, übergesiedelt und hat gleich Arbeit auf der Zeche gefunden.

«Nein», sagt er, «ich habe noch keinen Kontakt zu meinen Nachbarn. Ich bin erst seit einer Woche hier.» Aber die Siedlung gefiele ihm. Er will sein Häuschen, das er jetzt noch zur Miete bewohnt, bald kaufen. Rund 80000 DM soll es kosten. Vor ihm wäre ein Türke bei der Wohnungsgesellschaft gewesen, fügt er hinzu. «Aber dem war das wohl zu teuer. Obwohl man 5000 DM Kredit für jedes Kind kriegt.» Und: «Die haben ja immer einen ganzen Haufen davon. Wie bei uns in Polen.»

Die Ein- oder Zweifamilienhäuser im «Isenbecker Hof» spiegeln, was ihre äußere Ausstattung angeht, eine Art Zweiklassengesellschaft wider: Privatbesitz zum einen und Gebäude, die vermietet sind, zum anderen.

«Typisch», so sieht es ein städtebauliches Gutachten, seien die Torbögen, die die eingeschossigen Anbauten jeweils verbinden und gleichzeitig Sicht und Zugang zu den Gärten im hinteren Teil der Grundstücke öffnen. Kleine Schuppen sieht man da, bunt angestrichen, Gemüsebeete, auch auffällige Bohnenstangen, seltener Flächen nur für Freizeit und Vergnügen, etwa gepflegten Rasen, Blumen, Platz zum Grillen oder eine zusätzliche Laube, die dann genutzt wird, wenn es ganz gemütlich zugeht.

Einige Häuser sind frisch gestrichen oder sogar verputzt. Die meisten der Anwohner verzichten auch auf den früher einheitlichen Holzzaun, der den winzigen Vorgarten von der Straße trennt. Hier gibt es jetzt Maschendraht oder fast alpenländisch anmutende Bretterkonstruktionen. Vor einem Gebäude, worin eine der wenigen türkischen Familien wohnt, die ihr Anwesen gekauft hat, sehe ich einen massiven, aber nur halbhohen Stahlzaun, der sich, vor der Garage angebracht, per Knopfdruck elektrisch zur Seite bewegt.

Auffällig die Gebäude, in denen offenbar zwei Parteien wohnen, die unterschiedliche Meinungen über Schönheit und Stil zu haben scheinen. Links zum Beispiel harmonisch aufeinander abgestimmte Farben, die Wandflächen von Olivgrau zu Rot- oder Orangegrau, weiße Fensterläden, in irgendeinem Mischton dazwischen die Türen, schmiedeeisernes Geländer und Dachrinnen. Die andere Seite, rechts: die Kohlenstaub-Patina, Fenster dunkelgrün, wieder andere rot oder völlig ohne Farbe, keine Geländer, sondern die – früher ebenfalls «typischen» – steinernen Handläufe zur etwas erhöhten Eingangstür.

Das liegt daran, daß einige Häuser zum Teil nur halb verkauft worden sind, eine Hälfte für eine Familie. Die neuen Eigentümer haben eine Reihe von Vorschriften zu beachten, wie sie ihre Haushälfte äußerlich gestalten dürfen. Die Mieter jedoch geht das nichts an.

«Bei Kieselputz kann man mit dem Wasserschlauch draufhalten», sagt Karl Immig, Vorsitzender der «Siedlergemeinschaft Isenbecker

Hof». Er bewohnt eines der schmuckesten Häuschen, an dem mir zuerst die überdimensionale Hausnummer aufgefallen war. Herr Immig, ein Kumpel, wie alle Männer hier, ist seit zwei Jahren «auf Rente».

«Deswegen gab es hier einen riesengroßen Krach», fährt er fort. «Die Häuser sind alt und haben Risse, und wenn da rübergestrichen wird, kann man die bald wieder sehen.» Einige Hausbesitzer hatten den Haussockel deswegen verputzt, ohne sich groß um die Vorschriften der «Gestaltungssatzung» aus dem Jahre 1984 zu kümmern. Die regelt nämlich alle baulichen Eigenarten der Siedlung bis ins kleinste Detail.

«Ist doch sonnenklar», schildert Horst Kletzin die Sachlage plastisch. Er steht Herrn Immig bei unserem Gespräch über die aktuellen Probleme des «Isenbecker Hofes» zur Seite und ist ebenfalls Rentner und Mitglied der Siedlergemeinschaft. «Klebt die Tapete nicht fest an der Wand, rieselt es. Wir haben Erschütterungen gehabt, daß das Geschirr quer im Schrank stand.»

Wenn tief unten im Gestein alte und abgebaute Stollen zusammenbrechen, rumpelt es wie bei einem Erdbeben. In vielen Orten des Ruhrgebietes beklagen die Bewohner von Siedlungen, die direkt über Abbaugebieten errichtet wurden, massive «Bergschäden». «Die Tische rücken hier manchmal wie bei einer spiritistischen Sitzung», bestätigt Herr Kletzin.

Eine Stellungnahme der Verwaltung, die mir der zuständige Architekt, Herr Krippner, erläutert, beschreibt die Widrigkeiten, den angemessenen Putz zu finden, so: Anläßlich einer bauamtlichen Kontrolle wurden «bei 95% aller fertiggestellten Außenflächen die Gesimse, Faschen * und Lisenen ** nicht – wie in der Satzung vorgeschrieben – heller als der Außenputz abgesetzt, sondern im Farbton der Sockel gestrichen oder mit ‹Perlputz› verputzt».

Das konnte man in der Bauverwaltung nicht hinnehmen. Allerdings war bekannt, daß es «erhebliche» Probleme geben würde, die – für alle Häuser der Siedlung verbindliche – «detaillierte Farbfestlegung» durchzusetzen, «da sie teilweise den renovierenden Eigentümern nicht bekannt sind oder falsch ausgelegt werden».

Außerdem, und das Problem spitzte sich auch psychologisch zu, hielten sich die Hausbesitzer für kompetenter, was ihre Häuser anging, und nicht nur für die Farbgebung. «Unten sollten wir hell oder

* Fasche: eine aus Putz hergestellte äußere Umrahmung eines Fensters.
** Lisene: ein senkrechter, etwas hervortretender Mauerstreifen.

gar weiß streichen», erzählen die Vertreter der Siedlergemeinschaft, «ist doch der reine Schwachsinn in einer Bergwerkssiedlung. Was meinen Sie, wie das aussieht, wenn wir unsere Kohlen für den Winter kriegen!»

«Und erst die Fenster!» empört sich Karl Immig. «Uns hat niemand gesagt, daß wir für jedes neue Fenster, was wir einsetzen, eine Baugenehmigung einreichen müssen, auch wenn es haargenau so groß ist wie das alte. Kostet fünfzig Mark beim Bauordnungsamt.»

«Und» – jetzt geht es ins Detail, und ein heiliger antibürokratischer Zorn schwingt in der Stimme des Horst Kletzin mit – «vorher haben sie sich um nichts gekümmert! Früher hatten wir Plumpsklos.» Er zeigt in Richtung Hof. «Da waren immer Maden drin, ob wir nun Chlorkalk oder sonstwas reingekippt haben. Dann habe ich zu meiner Frau gesagt: Ich bau uns ein neues Klo! Die Zeche haben wir damals nicht gefragt, und das Bauamt auch nicht.» Die meisten Bewohner des «Isenbecker Hofes» machten diesem Zustand im Laufe der Jahre auf eigene Faust ein Ende und brachen einen Durchgang zwischen ihrem Keller und dem früheren Stall, in dem sich auch das Plumpsklo befand. «Bloß bei einigen ist der Stall ein paar Meter vom Haus weg – laufen Sie mal im Winter nachts da durch! Gut, früher hatten alle einen Eimer neben dem Bett stehen, aber heute?»

Kurz vor der Wahl, dessen Ergebnis aufrütteln wird, kam es dann zum Eklat. Vorher hätte das Bauordnungsamt unter Personalmangel gelitten, wie es hieß. Jetzt fuhren zwei neu eingestellte Mitarbeiter durch die Siedlung und legten reihenweise Baustellen behördlicherseits still, weil gegen allerlei Vorschriften verstoßen worden war.

«Ich habe noch mit einem unserer Politiker gesprochen», sagt Horst Kletzin. «‹Hannes›, habe ich zu ihm gesagt, ‹bei uns in der Kolonie kocht und brodelt es.› Er druckste rum: ‹Ich weiß, Horst. Ich glaube, wir kriegen einen vor'n Arsch.›»

Die Türken kommen

Aber wie kann der Krach um Kiesel- oder anderen Putz ehemals treue sozialdemokratische Wähler ausgerechnet zu den «Republikanern» überlaufen lassen?

Auf den ersten Blick fallen zwei Dinge auf, die hierbei eine Rolle spielen könnten. Erstens: Die deutschen Bewohner der Siedlung sind nicht mehr unter sich. Vierzig Prozent der Wohnungen sind von türkischen Familien belegt. Auf die Bevölkerungszahl hochgerechnet, leben hier sogar sechzig Prozent Türken. Zweitens: Die Siedlergemeinschaft hat sich lange Zeit gegen den Abriß gewehrt, mit Erfolg, aber ungeahnten psychologischen Konsequenzen.

Ende der sechziger Jahre litt die boomende deutsche Industrie unter Arbeitskräftemangel. So auch der Bergbau. Die Zechen warben ausländische Arbeiter an, in Hamm Marokkaner und Griechen. «Die wohnten damals alle drüben in einem Lager», erinnert sich ein Kumpel.

Einer der exotischen Bergleute ist im «Isenbecker Hof» übriggeblieben und hat das geschafft, was sich noch vor zehn Jahren die Sozialwissenschaftler für alle Ausländer erträumt hatten: die Integration. Abdelmoumen Ratbi bewohnt ein Haus direkt am Eingang der Siedlung, war langjähriger Betriebsrat und Dolmetscher, heiratete eine deutsche Frau und schmückt die «Siedlergemeinschaft», als einziger Ausländer, mit seiner Mitgliedschaft. Jetzt pflegt er sein Rentnerdasein und seinen Garten wie alle anderen.

«Nur ganz selten werde ich an meine Heimat erinnert», grinst er. Spät am Abend, wenn er mit seinen deutschen Kollegen in der Kneipe sitzt, «Bierchen zischt» und die Stimmung behaglich wird, fordern sie ihn auf: «Nun erzähl doch mal, wie das damals zuging, als du Marokkaner warst?!»

Dann kamen die Türken. Die Bundesregierung hatte damals, schon Anfang der sechziger Jahre, mit der türkischen Regierung ein Anwerbeabkommen abgeschlossen, von dem beide Seiten profitierten. Die deutsche Industrie, in Hamm die beiden Schachtanlagen «Heinrich Robert» und «Radbod» sowie die Thyssen AG als die dominierenden Großbetriebe, bekam die fehlenden Arbeiter praktisch frei Haus geliefert, und in der Türkei verminderten sich die sozialen Spannungen. Die Bewohner der besonders rückständigen ländlichen Gebiete wanderten nicht in die Städte ab, wo sie das Heer der Arbeitslosen vermehrt hätten, sondern gleich ins ferne Deutschland.

Mehmet Celikci, türkischer Betriebsrat auf «Heinrich Robert», lebt seit über 25 Jahren in Hamm-Herringen und kennt die Schwierigkeiten seiner Landsleute aus erster Hand. «Es sind ganz konkrete Menschen gekommen», sagt er, «mit allen ihren Problemen.» Gott sei Dank sei die Idee, alle ausländischen Arbeiter und ihre Familien bruchlos in die deutsche Gesellschaft zu «integrieren», heute nicht mehr aktuell und durch die Erfahrungen widerlegt.

«Wer vor zehn Jahren ‹Integration› sagte», behauptet Ibrahim Bay-

«Die zuletzt angeworbenen Türken...

...hatten ihre Sparziele noch nicht erreicht, sahen also keinen zwingenden Grund, ihre Arbeit aufzugeben.»

Wir haben ihre Küche kennen und schätzen gelernt, wir haben in ihrem Land Urlaub gemacht und waren beeindruckt von ihrer aufrichtigen Gastfreundschaft, und wie es scheint, können wir auch im Umgang mit Geld von ihnen lernen...

san, «meinte ‹Assimilation›.» Er ist Leiter der Regionalstelle zur Integration ausländischer Kinder und Vorsitzender eines der türkischen Sportvereine. «Die Fremden sollten sich den deutschen Sitten und Gebräuchen anpassen, glaubte man damals.» Das sei im Einzelfall vielleicht möglich. Wenn aber der Druck stark ist, bleiben dem Betroffenen nur die Alternativen, seine kulturelle Identität aufzugeben und sich völlig der Umgebung anzugleichen oder sich zu verweigern – mit dem Resultat, ein Außenseiter zu bleiben.

Horst Podzun, der Leiter der Bezirksverwaltung Herringen, bestätigt diese Beobachtung. «Die Griechen und Italiener, die mal hier waren, sind schnell wieder aus dem Bergbau verschwunden. Mit den Marokkanern gab es auch wenig Probleme. Die haben sich anders verhalten als die Türken. Oder es lag daran, daß es nur wenige waren.»

Anfang der siebziger Jahre bahnen sich die ersten Konflikte an. Die Zahl der ausländischen Erwerbstätigen sinkt, während gleichzeitig die Anzahl der ausländischen Wohnbevölkerung steigt, und zwar bundesweit. Die türkischen Kumpel, die unter den ausländischen Kollegen mittlerweile die Mehrheit stellen, holen ihre Familien nach.

Die Bundesregierung verfügte im November 1973 einen Anwerbestopp, der allerdings das Gegenteil von dem bewirkte, was ursprünglich beabsichtigt war. Siegbert Künzel, ein Mitarbeiter der Hammer GAL-Fraktion, der sich detailliert mit den Problemen der türkischen Minderheit beschäftigt hat, faßt diesen Effekt so zusammen: Die türkischen Bergleute blieben erstens länger als geplant, weil die Unternehmen aus betriebswirtschaftlichen Gründen gegen eine ständige Rotation der Arbeitskräfte waren. Zweitens – darüber gibt es konkrete Daten – «hatten die zuletzt Angeworbenen ihre Sparziele noch nicht erreicht», sahen also keinen zwingenden Grund, ihre Arbeit aufzugeben. Drittens änderte sich die politische Situation in der Türkei so, daß viele um Leib und Leben bei einer Rückkehr fürchteten. Und viertens wäre es eine endgültige und unwiderrufliche Entscheidung gewesen, zu diesem Zeitpunkt Deutschland zu verlassen. Nach dem Zuzugsstopp wuchs die türkische Bevölkerung erst recht an.

Zwischen 1975 und 1980 zogen die meisten türkischen Kollegen um: von den Gemeinschaftsunterkünften in Werkswohnungen. Dazu gehörte auch der «Isenbecker Hof».

Es wird saniert

Dort war inzwischen allerhand passiert. Ende der siebziger Jahre verdichteten sich die Gerüchte in der Siedlung, «daß hier alles zusammengeschoben werden sollte», berichten Horst Kletzin und Karl Immig von der «Siedlergemeinschaft». Die Bausubstanz war völlig marode, Straßenbeläge so gut wie nicht vorhanden, die Kanalisation verrottet, Toiletten nur in wenigen Häusern, sonst altertümliche «Donnerbalken», kombiniert mit einem Spülstein zur Wasserentnahme. Die Stromversorgung stand «auf wackligen Füßen», wie es ein Gutachten der «Treuhandstelle für Bergmannswohnungen» formulierte.

Die türkischen Familien hatte man zuallererst in den «Isenbecker Hof» gesteckt. «Ich kenne mittlerweile die Mentalität der Türken», meint Horst Podzun. «Damals, als die meisten um die dreißig waren, galt die Devise: billig, billig, billig – soviel wie möglich sparen, um in die Heimat zurückzukehren.»

Die Bergwerksgesellschaft verspürte kein großes Interesse, sich um den Erhalt der Siedlungen zu kümmern. Die Kohle trat in der Nähe des Haarstranges, also gut zwanzig Kilometer weiter südlich, zum Beispiel in Holzwickede, an die Oberfläche und wurde dort Ende des letzten Jahrhunderts im Tagebau abgebaut. Im Laufe der Jahrzehnte wanderten die Zechen nordwärts und die Schächte in die Tiefe. Bei «Heinrich Robert» sind schon, auf der siebten Sohle, 1120 Meter erreicht. Die Ruhrkohle AG vermutete wohl, die Schächte in Hamm hätten irgendwann ihre Schuldigkeit getan, somit auch die Bergmannswohnungen, die dann niemand mehr benötigte, wenn sich der Steinkohlebergbau mehr in Richtung Münsterland ansiedeln werde. Für eine Renovierung gab die Eigentümerin daher keine müde Mark aus.

Trotz des beklagenswerten Zustandes des «Isenbecker Hofes» waren seine Bewohner mit den dortigen Wohnungen überraschenderweise zufrieden. Die «Hammer Zeitung» veröffentlichte 1980 eine Umfrage, wonach sich mehr als 90 Prozent für einen Erhalt aussprachen. «Die Verbundenheit der Bewohner mit dem ‹Isenbecker Hof›» sei «besonders auffällig». Gut die Hälfte lebten länger als zwanzig Jahre dort, 40 Prozent sogar länger als dreißig Jahre! «Wichtige Gründe für die lange Wohndauer seien der niedrige Mietpreis und die Nähe zum Arbeitsplatz.»

Die meisten der «Isenbecker» haben noch die Zeiten miterlebt, als sich die Menschen in der Freizeit in den Höfen trafen, um Instrumente zu spielen, Lieder zu singen und die Familienschicksale auszuklönen.

«Nachbarschaftshilfe war selbstverständlich, jeder kannte jeden», erzählt Horst Podzun. «Die Medien waren noch nicht so verbreitet. Deshalb mußten die Menschen enger zusammenhocken.» Heute sei das leider fast ganz verschwunden. «Es ist aber noch lange nicht so anonym wie in einem Hochhaus.»

Und Horst Kletzin, der fast sein ganzes Leben in der Siedlung verbracht hat, schildert mit leuchtenden Augen, daß der «Isenbecker Hof» früher «ein Schmuckstück» gewesen sei. «Obwohl die Straßen kaputt waren, hatten die Leute ihre Vorgärten schön gemacht. Und jeder hat mal einen Besen in die Hand genommen und den Hof oder die Straße gefegt.» Früher soll sogar der Dorfpolizist an der Haustüre geklopft haben, so erzählt man, mit der Aufforderung: «Herrschaften, ihr müßt jetzt mal die Straße fegen!»

Viele der jungen Kumpel hatten allerdings die alten Wohnungen aufgegeben, zugunsten einer komfortableren Neubauwohnung. Ein frisch verheiratetes Paar war, wenn beide gutes Geld verdienten, nicht darauf angewiesen, sich mit einem Plumpsklo begnügen zu müssen.

«Damals waren wir achtzehn Mann», sagt Karl Immig, «und alle noch Mieter. Wir standen da mit unserem Talent und wußten nicht: Machen wir nur eine Interessengemeinschaft oder treten wir dem deutschen Siedlerbund bei?»

Die «Isenbecker» gewannen schnell die Mehrheit der Anwohner für sich. «Wir wollten ja die Siedlung erhalten», sagen sie. Der Siedlerbund, dem sich die Bürgerinitiative schließlich anschloß, stellte juristische Beratung; einige Journalisten interessierten sich für die Angelegenheit.

Zunächst dachte niemand daran, die Häuser zu erwerben. «Dann hieß es plötzlich: es wird modernisiert!» erinnert sich Karl Immig. Doch wer sollte die dafür veranschlagten 41 Millionen bezahlen? Eine Sanierung in dem Ausmaß besäße Modellcharakter, warb die Gutachterkommission, die «gravierende städtebauliche Mißstände» feststellte. Eine Vollmodernisierung käme jedoch billiger, wenn die Häuser verkauft würden.

Streit gab es um einen plötzlich notwendigen Lärmschutzwall. Die Hoesch-Röhrenwerke östlich der Siedlung entwickelten, so ein Bericht penibel, «einen Geräuschwert von 48 Dezibel tagsüber», was nach dem «einzuhaltenden Immissionswert» akzeptabel war. Die nächtlichen 48 Dezibel jedoch überschritten das zulässige Maß. Acht bis zwölf Meter hohe Wälle kamen ins Gespräch, und damit weitere neun Millionen Mark.

«Komisch, vorher hatte uns niemand gefragt, ob es uns zu laut war!» kommentieren Immig und Kletzin die Angelegenheit. Immerhin einigten sich die Herren zunächst darauf, abzuwarten, denn, das sagte einer der Gutachter, die gemessenen Emissionen gingen von den «gegenwärtigen» Werten aus. Damit sei, so das salomonische Ergebnis, «die Beeinflussung durch spätere Entwicklungen nicht exakt berechnet worden».

Konsens blieb auch, daß nur Werksangehörige im «Isenbecker Hof» wohnen dürften. Allerdings, das war noch 1980 vorgesehen, sollten 33 Wohngebäude mit fast 200 Wohnungen abgerissen und durch Neubauten ersetzt werden.

Die Anträge, das Sanierungsprojekt zu finanzieren, gingen ihren behördlichen Gang in Richtung Bund und das Land Nordrhein-Westfalen. Nach zwei Jahren rang sich das zuständige Ministerium zu einem «Ja» durch. Allerdings wurde das ganze Modell finanziell gehörig abgespeckt.

Die Gründer der «Siedlergemeinschaft» dazu: «Dann stand in einer Sitzung jemand auf, der war von der Wohnungsbaugesellschaft. Er sagte: ‹Leute, jetzt ist höchste Eisenbahn: Die Ruhrkohle gibt elf, das Land acht und die Stadt zwei Millionen. Dann werden die Straßen saniert, wir kriegen 'ne vernünftige Beleuchtung. Alles andere bleibt, wie es ist.›»

Abgerissen wurde nichts mehr. Um der Bodenspekulation vorzubeugen, gilt heute ein Vorkaufsrecht für zehn Jahre. Wer von den Mietern sein Haus nicht erwerben will, erhält sein Wohnrecht vertraglich zugesichert. Ein hoher Prozentsatz der deutschen Mieter wollte kaufen, von den türkischen Familien jedoch relativ wenige, nur gut sieben Prozent.

Nachdem die ersten Gebäude verkauft worden waren, begann es zwischen den stolzen Hauseigentümern und den türkischen Mietern zu knistern.

Menschen mit Eigenarten

Nun sind die Beschwerdegründe der deutschen Bewohner des «Isenbecker Hofes» nicht so einfach von der Hand zu weisen, etwa als altersbedingte Nörgelei beschäftigungsloser Rentner oder dummdreiste Sprücheklopferei von verhetzten Leuten, die es nicht besser wissen.

Der Leiter der Bezirksverwaltung liest einen Brief vor. Die Verfasserin beklagt sich, sie und ihr Sohn seien beim Passieren der Siedlung von ausländischen Jugendlichen mit dem unschönen Wort «Arschloch» angepöbelt und ihr Sohn zusätzlich bespuckt worden. Herr Podzun als ihr zuständiger Ansprechpartner möge doch bitte «mit den Vertretern der türkischen Volksgruppe» sprechen, damit das in Zukunft unterbliebe. Sonst, so schließt der Brief, «könnte eine aggressive Stimmung aufkommen».

«Die» – und damit sind wieder die türkischen Anwohner gemeint – «haben ihre Eigenarten», faßt Horst Kletzin einige Vorkommnisse zusammen. «Die arbeiten gern am Sonntag.» Insbesondere seien Autos repariert worden, was naturgemäß mit Maschinenlärm, zum Beispiel beim Schleifen, zu tun habe. Außerdem käme sogar die türkische Verwandtschaft aus anderen Städten, wo Sonntagslärm strikter geahndet würde, zu Ölwechsel und Wartungsarbeiten angereist. Überhaupt der Krach: «Wenn die ihren Ramadan haben, dann laufen die Kinder bis nachts auf der Straße rum.» Da die Kumpel zum Teil schon um fünf in der Frühe einfahren müßten, wäre das sehr störend.

Ein prägendes Erlebnis für Horst Podzun war, als er die Müllsäcke kontrollierte, die die türkischen Anwohner auf die Straße gestellt hatten. «Wir als Bezirksverwaltung wollten den Türken zeigen, daß sie wie die Deutschen ihre Abfälle abzuliefern hätten.» Man entdeckte Eingeweide und Schafsköpfe, was eklig gewesen sei.

Allerdings, das der Ausgewogenheit halber, wissen die deutschen Kläger, daß ihre türkischen Nachbarn zum allergrößten Teil nicht aus Mutwillen handeln. «Es gibt ja viele Türken, die schimpfen auf die eigenen Landsleute», sagt sogar Karl Immig von der «Siedlergemeinschaft». Und er ringt sich, obwohl ihn einige türkische Kumpel auf «Heinrich Robert» als «Ausländerfeind» bezeichnen, zu der Aussage durch: «Ich habe 'ne gute Nachbarschaft mit denen. Ich kann mich nicht beklagen.»

Was den Krach anginge: die Kinder «dürfen alles». Die türkischen Kumpel sagten nichts, wenn ihre Nachtruhe von den Kindern des Nachbarn gestört würde. Wenn die sich beschwerten, «haben sie sich gleich anne Köppe», beobachteten die deutschen Rentner. Wegen dieser besonderen Empfindsamkeiten der türkischen Familienväter untereinander scheint es auch den Gutwilligen und auf einen geringen Lärmpegel Bedachten mitunter unmöglich, sich mit ihren Forderungen durchzusetzen.

Diese Vorkommnisse seien früher auch weniger beachtet worden, meint Horst Podzun. Auch ihm, der ein großes Maß an Toleranz und guten Willen zeigt, fällt es schwer, die zunehmenden Spannungen in der jüngeren Vergangenheit zu erklären. Vielleicht gibt es da keine einfache Wahrheit, sondern nur unterschiedliche Standpunkte.

Solange die ausländischen Bürger Exoten waren, denen merkwürdiges Verhalten zugebilligt wurde, weil sie es nicht besser wußten, blieben die Spannungen noch unter der Oberfläche. «Die Deutschen lachten sich eher kaputt, weil die Türken beim Fahrradfahren immer umfielen», erinnert sich Horst Podzun. «Damals hat man gesagt: Das sind ja arme, liebe Menschen aus Anatolien. Die wollen wir jetzt mal so richtig schön integrieren.»

Herr Podzun gibt zu, daß er selbst ein Verfechter dieser Idee gewesen sei. Er habe viel dafür getan. «Ich weiß», sagt er heute, «daß das mit

Sicherheit nicht mehr in meiner Generation klappt. Das dauert noch Jahre.»

Heute verficht jedoch kaum noch jemand die Theorie, ein Fremder müsse, wenn er für länger in einer anderen Gesellschaft leben will, seine kulturelle Identität aufgeben. Selbst rechtsradikale und faschistische Gruppen gehen mit dieser sprachlichen Tarnkappe auf die Straße: «Türken, seid stolz, Türken zu sein!» ist die hiesige Variante, aber mit dem zumeist unausgesprochenen Zusatz: «Aber nicht hier bei uns!»

Ein wenig hilflos und beschwörend klingt die Forderung des Herringer Bezirksleiters: «Man muß tolerant sein und die andere Kultur anerkennen, unter Beachtung allerdings der notwendigen gesetzlichen Vorschriften, zum Beispiel der Sonntagsruhe.»

Das heißt – und es klingt zunächst plausibel und einfach: Die staatliche Ordnung und ihre Gesetze stecken den Rahmen dessen ab, was als kulturelles Selbstverständnis erlaubt und genehm ist.

Was aber kann man empfehlen, wenn es eines der Merkmale eigener kultureller Identität ist, gerade nicht des Sonntags zu ruhen, sondern am Sabbat wie jüdische Gläubige und die Zeugen Jehovas? Und wer darf sich wann beschweren? Mohammedaner, wenn Deutsche während des Freitagsgebetes lärmen? Und Katholiken und Evangelische, wenn Nichtchristen am Sonntag Teppiche kaufen und verkaufen?

Sollen sich alle nach den Empfehlungen der dominierenden Religion richten, was in unserem Fall das Christentum wäre, mit seinem heiligen Sonntag, dessen Ruhegebot sich aus einer recht zweifelhaften frommen Legende herleitet? Und warum sollten sich Mohammedaner und andere Gläubige ausgerechnet nach christlichen Geboten richten, da doch auf deutschem Boden Staat und Kirche getrennt sind und da sich darüber hinaus gerade die schärfsten Kritiker «fremdländischen» Verhaltens am wenigsten als gläubige Christen erweisen?

Horst Podzun mußte sich anläßlich eines Gesprächs zwischen Vertretern der Bezirksverwaltung und den Hodschas denn auch die Klage der türkischen Bürger gefallen lassen: «Wir hören immer nur, was wir falsch machen. Aber wenn wir uns über die Deutschen beschweren, heißt es gleich: ‹Haut doch ab in die Türkei!›»

Nun ist es nicht so, daß sich etwa die gleiche Anzahl von Deutschen, die die rechtsradikalen «Republikaner» gewählt haben, auch offen als Ausländerhasser bekennt. Nein, im Gegenteil, die türkischen Nachbarn ließen zwar manchmal viel zu viele Leute in ihre Wohnung, was befremdlich wirkt – «Man weiß ja gar nicht mehr, wer da eigentlich wohnt!», aber sonst seien sie sympathisch.

«Ich lebe seit zwanzig Jahren mit Türken zusammen», sagt Karl Immig. «Jetzt denken die immer, wir wollten die Türken hier raushaben.» Er formuliert vorsichtig: «Die, die jetzt hier in der Siedlung sind, die können wir nicht rauskriegen. Wir wollen aber unterbinden, daß noch mehr kommen.» Und er fügt mit etwas bockigem Unterton hinzu: «Mit aller Macht.»

Ganz anders einer seiner Nachbarn, mit dem ich zufällig über den Gartenzaun hinweg ins Gespräch komme. «Es wird wieder Zeit», sagt der schnauzbärtige Mann im besten Alter, als ich ihn auf die Probleme der Siedlung anspreche. Mein fragendes Stirnrunzeln beantwortet er mit ausgestrecktem Kinn in Richtung der qualmenden Schlote vom Schacht «Franz». Ich begreife immer noch nicht. «Wir haben hier zu viele Türken», wird er deutlich. Als ich entgeistert nachfrage, was er denn damit meine, macht er einen halb verlegenen, halb trotzigen Rückzieher: Alles nur ein Scherz. Wie aber hätte er reagiert, wenn ich auf seinen «Witz» verständnisvoll geantwortet hätte? Und wie reagieren die anderen Deutschen, seine Nachbarn, von denen er in einer knappen Viertelstunde mindestens ein halbes Dutzend über die Straße hinweg grüßt und beim Namen anspricht?

«Gegenüber wohnt ein Nazi», sagt Ahmet, Schüler eines Hammer Gymnasiums, in dessen Familie ich am Sonntag zu einem Kurzbesuch eingeladen werde. «Er schreit jedesmal: ‹Kanaken raus!›, wenn er einen Türken sieht.» Seine zwei älteren Brüder pflichten ihm bei. Der Vater auf dem Sofa überläßt ihnen die Unterhaltung, weist aber die Frauen, die sich wortlos im Hintergrund aufhalten, an, dem Gast Kaffee darzureichen und Öl, um die Hände einzureiben.

«Wenn die Deutschen freundlich sind, sind wir es doch auch», meinen die Brüder einhellig, und Ahmet hat eine Vermutung, warum manche der einheimischen Deutschen sich ärgern: «Die sind doch bloß neidisch, weil sie olle Klapperkisten fahren und unsere Jungs mit schweren Schlitten rumsausen.»

Da könnte etwas dran sein: Einem ausländischen Bürger, der im Baströckchen oder Lendenschurz durch eine deutsche Bergarbeitersiedlung wanderte, womöglich mit einer Kriegskeule oder einem Bambusspeer in der Hand, würde niemand abfordern, sich den einheimischen Sitten und Gebräuchen anzupassen. Dem sähe man an, daß er und seine Familie dazu nicht in der Lage wären, zumindest nicht in der ersten Generation. Ein türkischer Jugendlicher jedoch, der sich mehr leisten kann, weil er mit der gesamten Familie zusammenwohnt und deshalb weniger Miete zahlt, und der außerdem sogar bei den Mädels

Erfolg hat, dürfte seine deutschen Altersgenossen schon eher verunsichern.

Das wäre ein merkwürdiger Widerspruch: je mehr sich die türkischen Bürger anpassen oder integrieren, desto mehr «bedrohen» sie die kulturelle Identität der Deutschen – in deren Augen.

Ohnehin liegen die Konflikte weniger im Bereich der «Kultur», die viele auf Folklore, Tänze und Lieder reduzieren. Solange die Griechen Sirtaki tanzen und Uso trinken, die türkischen Männer Pluderhosen und die Frauen Kopftücher tragen, wird niemand etwas gegen eine «multikulturelle» Gesellschaft haben. Das, was hinter dem Begriff «multikulturell» steht – vor hundert Jahren hätte man «Vielvölkerstaat» gesagt –, geht über Tischsitten, Hochzeitsbräuche und Liedgut hinaus.

«Wenn ich das schon höre: ‹multikulturell›...» meint Horst Podzun. Im «Isenbecker Hof» dürfe er dieses Wort, das er auch nicht immer ohne Stottern aufsagen könne, nicht in den Mund nehmen. «Wenn da einer kommt und nur mit Fremdwörtern arbeitet – das verstehen die nicht. Will ich ‹Integration› sagen, dann erkläre ich genau und konkret, was ich damit meine.»

Alle Vorschläge, die im «Isenbecker Hof» gemacht werden, um die Probleme zwischen den Nationalitäten zu entschärfen, laufen darauf hinaus, zu bestimmen, welche der jeweiligen kulturellen Eigenarten beibehalten werden dürfen und welche für die anderen so störend sind, daß sie zugunsten eines übergeordneten Konsens geopfert werden müssen. Damit sind wir wieder beim Anfang: Für Menschen, die in ländlichen Gebieten, im Extremfall Anatolien, groß geworden sind und deren Verhaltensregeln seit Jahrhunderten die gleichen und auch sinnvoll waren, endet der Raum, sich verantwortlich einzumischen, woanders als bei ihren deutschen Nachbarn. Vielleicht schon weit vor der komplizierten Entscheidung, welche der verschiedenen städtischen Mülltonnen für welche Gebühr und für welche Sorte Abfall anzuschaffen sei.

Das ist nicht nur ein Problemfall zwischen verschiedenen Nationalitäten, sondern auch zwischen unterschiedlichen sozialen Milieus und deren konfliktträchtigem Verhalten. Hier sollen Menschen aus zwei völlig verschiedenen Milieus – was die Voraussetzungen angeht – eine soziale, politische und psychologische Leistung vollbringen, für die sie am wenigsten gerüstet sind. Es begegnen sich nicht die Intellektuellen aus Istanbul und Hamburg bei einer Gartenparty, sondern Menschen, die sich in einer Zwangslage befinden, auf die Druck ausgeübt wurde und wird.

Diese Art von Toleranz und Souveränität können sich die Bewohner des «Isenbecker Hofes» – und zwar beide Seiten – aus verständlichen Gründen nicht leisten. «Wir sind doch nur einfache Leute», höre ich in mehreren Gesprächen. Da schwingt mit, daß man sich mißverstanden fühlt, ein hilfloses Schwanken zwischen Aggression und dem Gefühl, selbst ein Opfer zu sein.

Die «kleinen Leute» halten die Wirklichkeit, so wie sie ihnen aufgezwungen wurde, nicht mehr aus. Diese Reaktion ist ganz und gar unpolitisch: Sie haben versucht, etwas zu verändern – ob mit den richtigen Mitteln, sei dahingestellt. Diese Versuche sind gescheitert.

Sie verhalten sich wie ein Schüler, von dem der Lehrer verlangt, eine Aufgabe der höheren Mathematik zu lösen, obwohl er weiß, daß der Schüler gerade gefehlt hatte, als das durchgenommen wurde. Lehrer und Schüler sind Opfer des Lehrplans, jeder macht den anderen dafür verantwortlich, und beide bleiben in dem Dilemma gefangen, solange nicht der Lehrplan als solcher in Frage gestellt wird.

Die Bewohner der Siedlung «Isenbecker Hof», Deutsche wie Türken, haben die ersten Schuljahre völlig ohne Lehrer durchlaufen. «Die Türken waren das ja gar nicht gewohnt mit den Vorgärten und Blumenbeeten», sagt Horst Kletzin, «die turnten erst einmal über Hecken und Zäune.»

Erst mit dem Gefühl, etwas verlieren zu können, artikuliert sich bei den deutschen Kumpeln Unbehagen. Man kann das nachvollziehen: nach jahrelanger Plackerei ein kleines Häuschen sein eigen zu nennen, und dann kommen ein paar ungezogene Gören, die den Garten zertrampeln.

Und umgekehrt: Großfamilien aus den anatolischen Bergen, für die das Land, in dem sie jetzt leben, seine komplizierten Sitten und Gebräuche, seine weltweit berüchtigte Neigung zu Ordnung und Burokratie ein Buch mit sieben Siegeln ist – ganz abgesehen von den Sprachschwierigkeiten.

Es kommt nicht darauf an, ob die Betroffenen – für uns – sich objektiv in der Rolle von Opfern befinden. Es reicht, wenn sie sich selbst so sehen.

«Die haben uns die Leute rausgejagt aus der Kolonie», sagen die Sprecher der «Siedlergemeinschaft» über die Zeit vor der Sanierung. «Sie haben gesagt: ‹Wenn euch das hier nicht paßt, dann zieht doch aus.›»

In der Öffentlichkeit verkehren sich so die Positionen: Die deutschen Anwohner sehen sich als «die Gelackmeierten», während Außenstehende, die sich mit den Problemen der Siedlung beschäftigen, sie als Täter für die gereizte Stimmung und die Ausländerfeindlichkeit verantwortlich machen.

«Wir kamen uns wie Schwerverbrecher vor», sagen Karl Immig und Horst Kletzin über die erste Sitzung von Vertretern verschiedener gesellschaftlicher Gruppen zum Thema «Isenbecker Hof»: «Die sind richtig über uns hergefallen.» Auch die Art des Vorgehens hätte sie sehr verwundert: «Wir kamen ahnungslos hingelatscht, und die hatten sogar ein Protokoll und eine Tagesordnung. Wir hingen rum wie drei Doofis.»

Diese Haltung ist aber, so sieht es der Politikwissenschaftler Claus Leggewie in seinem Buch über die «Republikaner», typisch: der REP-Wähler sei ein Prototyp desjenigen, «der für nichts kann, immer Opfer, nie Täter und in keinem Fall verantwortlich ist».

Der Vorsitzende der «Siedlergemeinschaft» hatte zum Beispiel im August – per offiziellem Briefkopf – ein Schreiben an die Mitglieder versandt, in dem es hieß: «Freie Wohnungen werden immer wieder mit ausländischen Mietern besetzt.» Die Mitglieder sollten Interessenten für den Kauf der Häuser werben.

Ibrahim Baysan von der «Regionalstelle zur Integration ausländischer Kinder» wertet dieses Schreiben als Beleg für eine Stimmungsmache der «Siedlergemeinschaft» gegen ausländische Mitbürger, was sicher aus deren Sicht stimmt.

Die der Ausländerfeindlichkeit Beschuldigten aber leugnen jede böse Absicht. Es gehe ihnen nur darum, auf einen Mißstand hinzuweisen. Sie reden sich selbst ein, weil es die einfachste, aber falsche Erklärung ist, daß die Wohnungsverwaltung sie bewußt «abwimmeln» würde. Diese hingegen berichtet von Interessenten, die ausnahmslos nach der Besichtigung wieder abgesagt hätten.

Gibt es also überhaupt einen Täter? Oder richtet sich der Protest gegen Symptome einer umfassenden Krise, deren Ursachen weit zurückliegen und so komplex sind, daß sie nicht verstanden oder gar auf den Begriff gebracht werden können?

Fragt man die deutschen Anwohner des «Isenbecker Hofes» nach ihren Beschwerden, mischen sich bei den meisten die Klagen über normale nachbarliche Streitigkeiten, die auch – bis auf wenige Ausnahmen – in jeder nur von Deutschen bewohnten Wohnanlage vorkommen, mit einem unbestimmten Gefühl, von «denen da oben» allein gelassen zu werden. Diese Emotion ist nicht genauer zu beschreiben. Die «Isenbekker» vermuten Interessengruppen am Werk, deren Machenschaften sie nicht genau durchschauen können.

Ihnen fällt auf, daß der Ausländeranteil in den umliegenden Siedlungen geringer ist. Ihr Fazit: Dort wohnten die Betriebsräte der Zeche, eben die, die die Macht haben. Und die möchten nicht mit so vielen Ausländern zusammenleben. «Deswegen stecken sie alle hier zu uns.»

Obwohl dieser Vorwurf leicht zu entkräften ist, auch angesichts der Modalitäten, wie der zuständige Ausschuß des Betriebsrates die Wohnungen vergibt, bleibt für die Vertreter der «Siedlergemeinschaft» dieses Unbehagen bestehen. Es entlädt sich dann gegenüber Fragenden von außen in geheimnisvollen Andeutungen, die sich in Luft auflösen, sobald Beweise angefordert werden.

«Natürlich werden Wohnungen freigehalten, bis zu einem Jahr», räumt Heinz Biskup, Betriebsrat bei «Heinrich Robert», ein. Das müsse sein, weil geplant ist, die Häuser entlang der Dortmunder Straße zu sanieren. Er könne die Aufregung, Wohnungsnot und gleichzeitig leerstehende Häuser, verstehen. «Aber was sollen wir machen? Die Leute auf die Straße setzen, wenn wir dann modernisieren?»

Nur etwas gegen die Richtung

«Die Männer werden sich immer verstehen», meint Horst Podzun in unserem Gespräch. «Im Pütt müssen sie die Regeln einhalten. Da kann man nicht mit einer brennenden Zigarette rumlaufen.» Auf der Zeche schafft die gemeinsame Arbeit unter den Männern ein Vertrauensverhältnis, obwohl man sich, wie Ibrahim Baysan kommentiert, auch nichts vormachen sollte. «Der Ausländer malocht mehr, und der Deutsche spielt den Meister.»

«Aber eines werden Sie nie ändern», fährt Bezirksvorsteher Podzun fort, «daß ein Mädchen in der Familie nichts gilt.» Er kenne Fälle, die man, bei allem Respekt vor anderen Sitten, nur «als Menschenverschleppung» bezeichnen könne. Seine türkischen Freunde hätten ihm in solchen Fällen nur immer geraten, sich nicht einzumischen.

«Es ist vorgekommen, daß kleine Jungen die Mädchen angepinkelt haben», sagt er. Als er die Väter daraufhin angesprochen habe, hätten die sich ausgeschüttet vor Lachen. «Die fanden das gut.»

Als der Leiter der Bezirksverwaltung in offizieller Mission die heiligen Gemächer besichtigen wollte, wurde seine Dolmetscherin in den Keller verwiesen. Dort sei der richtige Ort für die Frauen. Sie verließ daraufhin wortlos den Raum.

«Eine Sozialarbeiterin hat es einmal geschafft», erzählt er weiter, «deutsche und türkische Frauen zur Handarbeit zusammenzubringen. Die war sehr engagiert und fing sogar an, Türkisch zu lernen. Eines Tages kamen die Männer und zogen die Frauen raus, weil die ihre Kopftücher abgenommen hatten. Sie kamen nie wieder. Wir sprachen damals vom ‹Khomeini-Effekt›. Zu der Zeit zogen die Männer wieder die weiten Hosen an.»

Offenbar rückt die Tatsache, daß die Beziehung zwischen türkischen Frauen und Männern durch die Vorschriften des Islam geprägt werden, erst bei bestimmten Anlässen ins Blickfeld. Nicht jeder der deutschen Beobachter stößt sich daran, daß die türkischen Männer ihre Frauen zwingen, sich nach den Vorschriften einer bestimmten Kleiderordnung zu richten.

Im winzigen Restaurant an der Straße vor der Zechenkolonie arbeitet Aysen, eine sehr junge und charmante Kurdin. Ein Kopftuch trage sie nie, sagt sie. Ihr Vater, der schon seit über zwanzig Jahren in Hamm lebe, habe sie frei erzogen. «Wenn meine Ehe kaputtgeht, meint er immer, sei ich selber schuld.» Allerdings trauten sich ihre Landsleute kaum in ihren Imbiß. «Das sieht denen zuwenig orientalisch aus. Und

dann eine Frau ohne Kopftuch – na, dann kommen die aus Anatolien erst recht nicht», lacht sie.

Auch für die türkischen Bewohner der Zechenkolonie, aber eben nicht mehr für alle, ist die Religion ein Hort des Althergebrachten, in den man sich vor der bedrohlichen Umwelt zurückziehen kann, wo die bekannten Werte noch etwas gelten und wo gerade die Männer sich vergewissern können, daß sie noch das Sagen haben.

Wir können sogar vermuten, daß die absolute Autorität des türkischen Familienvaters in der Realität nicht mehr soviel gilt wie in der bäuerlichen Gesellschaft, in der sie sich entwickelt hat. Vielleicht zeigt gerade das Bestreben der Männer, die Rollen von Mann und Frau auch in der Kleidung – also auf der Ebene der Symbolik – genau einteilen zu wollen, daß sie in Wirklichkeit verunsichert sind. Wenn etwas selbstverständlich ist, brauche ich es nicht bei jeder Gelegenheit besonders zu betonen.

Frau Eckmann, eine Sozialarbeiterin der Zeche, die sich auch um den «Isenbecker Hof» kümmert, berichtet in einer Sitzung des Ausländerbeirates, daß sich die Situation gebessert habe. Die türkischen Frauen «der zweiten Generation» zeigten «große Bereitschaft», die deutsche Sprache zu erlernen; alle angebotenen Deutschkurse seien überbelegt.

«Ihre Männer haben jetzt in der überwiegenden Mehrzahl nichts dagegen.»

Die Leiterin des Kindergartens in der Siedlung, Frau Seipel, mußte sich lange Zeit die Beschwerden der deutschen Nachbarn über den Lärm der türkischen Kinder anhören. Nachdem sich die Atmosphäre verschlechtert hatte, fanden sich kaum mehr türkische und deutsche Eltern für gemeinsame Projekte. «Die türkischen Frauen sind auch sehr verlegen», sagt sie, «wenn die deutschen Väter kommen. Wir wollen die Männer einbeziehen, was gar nicht so einfach ist.» Aber in der türkischen Familie sei Kindererziehung eben Frauensache.

Nachdem sie eines Morgens den Kindergarten völlig verwüstet vorfand, war die Stimmung auf dem Tiefpunkt. Gerüchte liefen um, die türkische Jugendliche dafür verantwortlich machten. Betriebsrat Celikci meint dazu, Vandalismus gebe es überall, und Frau Seipel weiß nach mehreren Gesprächen, daß wohl auch deutsche «Jäuster» * dabei waren. Einer der islamischen Geistlichen berichtete, die Moschee sei schon einmal von betrunkenen Landsleuten demoliert worden. Nur hätte man dies in aller Stille bereinigt.

Mehmet Celikci, der die Situation, wie er sagt, «sehr genau» kennt, warnte deshalb auf der Sitzung des Ausländerbeirats davor, die Vorgänge der letzten Monate zu dramatisieren. Es handele sich meistens um «normale» Konflikte zwischen Nachbarn, von denen die eine Seite eben aus bäuerlichen Verhältnissen stamme und die andere, weil frischgebackene Hausbesitzer, im Gegensatz zu früher etwas unduldsamer geworden sei. Auch entzögen sich die Probleme «einer bruchlosen ethnischen Zuordnung», schreibt das Protokoll vornehm.

«Eigentlich haben wir nur bei Kinderspielplätzen einen echten Nachholbedarf», faßt Horst Podzun sämtliche angesprochenen Punkte zusammen. Selbst die Sprecher der «Siedlergemeinschaft» geben zu, daß sich etwas geändert habe, nachdem der Ausländerbeirat in Hamm-Herringen mehrfach zusammengetreten ist und sie Gelegenheit hatten, ihre Klagen loszuwerden.

Die Hodschas auf der anderen Seite hatten dem Leiter der Bezirksvertretung sogar angeboten, daß er sich persönlich in der Moschee an die Gläubigen wenden könne, um seine Sicht der Dinge darzulegen. Der Ausschuß referierte, daß die islamischen Gemeinden aufgerufen worden wären, «ihre Formen des Zusammenlebens zu überprüfen und stärker auf die Beschwerden der deutschen Siedler Rücksicht zu neh-

* Jungen

men». Sprecher der ausländischen Bürger räumten ein, daß einige der Klagen «im Kern berechtigt» seien, nur bestehe die Gefahr, bestimmte Dinge zu hoch zu hängen.

Horst Pudzun macht zum Schluß unseres Gesprächs die «gesamtpolitische Lage» für einige der Konflikte im «Isenbecker Hof» verantwortlich. Er habe kurz vor der Wahl einen Lautsprecherwagen mit Dortmunder Kennzeichen in der Siedlung gesehen, der Propaganda für die «Deutsche Volksunion» gemacht habe. «Wie ein Maschinengewehr Gottes. Da lief es einem kalt den Rücken runter. So muß Goebbels damals geredet haben.»

Er meint, daß sich die Leute nicht direkt hätten beeinflussen lassen. «Aber manche von den Deutschen lesen nur die Bild-Zeitung und lassen sich von Schlagworten leiten. Sie schmeißen Asylanten, Ausländer, alles in einen Topf. Sie wollen nicht so sehr die Probleme beseitigen, sondern nur allgemein etwas gegen die Richtung tun.»

Das bestätigen indirekt sogar die deutschen Sprecher der «Siedlergemeinschaft». Auch die «Republikaner» hätten weder ein Programm, wie etwas in der Siedlung zu verändern sei, noch hätten sie Reklame für ihre Ideen gemacht.

«Nicht Traditionspflege oder gar der Luxus der Nostalgie, sondern die Notwendigkeit, auf die Herausforderungen ihres Schicksals zu reagieren, bestimmen das Verhalten», schreiben Lutz Hoffmann und Herbert Even, zwei Soziologen, zum Thema «Ausländerfeindlichkeit». Diese sei nicht immer nur die Folge, sondern auch schon Ursache. «Die hochgeschraubte Erwartung, daß jemand zuerst im Gewande der Inländer daherkommen müsse, bevor er sich an deren Tisch setzen dürfe, übersieht, daß niemand sich ein solches Gewand kauft, wenn er nicht eingeladen wird.» [1]

Natürlich gibt es in jeder Gesellschaft Menschen, die von Haß und Aggression geprägt sind, aus welchen Gründen auch immer. Wer sich aber aus den Konflikten heraushält oder nur den Weg des geringsten Widerstands wählt, bewirkt nichts.

Das geben auch die deutschen Vertreter der «Siedlergemeinschaft Isenbecker Hof» zu. Auf die Frage aber, wer denn nun die «Republikaner» eigentlich gewählt habe, bekomme ich keine Auskunft. «Wer nicht wählt, ist feige», sagt Horst Kletzin nur.

Ganz rechts unten

Inkognito

Nun bin ich also Schatzmeister bei den «Republikanern». Mein Zuständigkeitsbereich ist klein: er umfaßt einen Ortsverband in Berlin-Schöneberg mit rund 40 Mitgliedern und wird «Rheingau» genannt, nicht wegen der Vorliebe der REPs für das Wort «Gau», sondern nach einer gleichnamigen Straße. Ich habe mich nicht in diesen verantwortungsvollen Posten gedrängt. Er fiel mir, nach einer kleinen Mauschelei vorab, in den Schoß. Außerdem war mein Amtsvorgänger spurlos verschwunden, vermutlich wegen Desinteresse, und die Ortsgruppe litt ohnehin an Personalmangel.

Zwei Gründe bewogen mich, gegen meine politische Überzeugung – und deshalb inkognito –, den «Republikanern» beizutreten: Die Partei hat, im Gegensatz zu ihrer Gründerzeit, Kreide gefressen. Sie leugnet, rechtsradikal und neofaschistisch zu sein, obwohl bekannt ist, daß ehemalige Rechtsextremisten unter ihren parlamentarischen Fittichen Zuflucht gesucht haben. Ich wollte zum einen wissen, welchen Einfluß Neonazis dort ausüben und wie sie ihn nutzen. Zum anderen interessierte mich, wie die einfachen Mitglieder sich selbst sehen.

Ich war gespannt auf die Atmosphäre, die der Presse normalerweise nicht zugänglich ist. Hinzu kam, daß während der Monate, in denen ich aktiv war, die ersten Ortsgruppen im Ostteil Berlins und in der DDR gegründet wurden – davon hatte ich erfahren. Ich würde Gelegenheit haben, deren Mitglieder kennenzulernen.

Zur gleichen Zeit, Ende Februar 1990 – ich sammelte die ersten Eindrücke –, erklärte der Berliner Innensenator Erich Pätzold vor dem Ausschuß für Verfassungsschutz des Abgeordnetenhauses, nach seiner Einschätzung stellten die «Republikaner» keine extremistische Partei dar. Er werde sich bei der Innenministerkonferenz nicht für eine Beobachtung einsetzen. Im Gegensatz zu seinem Kollegen in Nordrhein-Westfalen, Herbert Schnoor, der die Rechtspartei mit nachrichtendienstlichen Mitteln seit September 1989 ausspähen läßt, und dem Hamburger Innensenator Werner Hackmann werde sich Berlin diesem Schritt selbst dann nicht anschließen, wenn die Mehrheit der Länder sich für eine Observierung entscheide.

Das Landesamt für Verfassungsschutz hatte zwar bemerkt, «Elemente in der Programmatik der REPs auf Bundesebene» appellierten an «niedere Instinkte», das sei aber nicht verfassungsfeindlich. Ohnehin, so die Einschätzung aus dem Protokoll der Sitzung, bestünden die Berliner REPs «zum größten Teil aus enttäuschten bisherigen CDU-Mitgliedern». Es suchten aber «wie bei jeder Partei an den politischen Rändern» auch tatsächlich Extremisten «Unterschlupf». Man müsse daher über solche Erkenntnisse reden. Offenbar hätten die REPs sogar schon Konsequenzen gezogen.

Die Quellen, die die zuständigen Stellen heranziehen, um die REPs einzuschätzen, bestehen weitgehend aus öffentlichen Äußerungen hochrangiger Funktionäre. Da aber genügend Erkenntnisse vorliegen, daß wichtige und seit Jahren in dem neonazistischen Dunstkreis umtriebige Personen weiterhin Positionen bei den REPs bekleiden, war ich im Zweifel, ob diese Partei so harmlos ist, wie sie gegenüber der Presse glaubt erklären zu müssen. Das Kölner Bundesamt für Verfassungsschutz hatte sogar behauptet, die «allgemein-politische Zielsetzung» unterscheide sich nur im «Tonfall» von der Programmatik der NPD und DVU, und nahezu 20 Prozent der Funktionäre im Bundesvorstand seien früher «an maßgeblicher Stelle in rechtsextremen Organisationen» aktiv gewesen.

Einzelne Mitarbeiter der Kölner Behörde wagten sich mit separaten Papieren vor, in denen die Auffassung vertreten wurde, «eine vergleichbare Entwicklung im linksextremistischen Spektrum hätte zweifellos schon längst zu nachrichtendienstlicher Beobachtung geführt». Die REPs, sagt der Referatsleiter Winfried Ridder, machten die Verfassung verächtlich. Falls die Partei sich weiter parlamentarisch verankere, würde die notwendige Arbeit erschwert.

Demgegenüber wehren sich die REPs mit Strafanzeigen, wenn sie jemand in einem Atemzug mit rechtsradikalen, rechtsextremistischen und neofaschistischen Gruppen nennt. Das sei «Verleumdung». Diejenigen Personen, die Verbindungen zum neonazistischen oder kriminellen Milieu gehabt hätten, seien, vor allem nach dem Berliner Parteitag im Februar 1990, entfernt worden.

Nach dem Rücktritt Schönhubers schrieb der Landesvorsitzende Carsten Pagel am 28.5.1990 an die Mitglieder, daß sich die «insgesamt verfahrene Situation» nach dem Ausscheiden des REP-Chefs «bereinigt» habe. «Der Respekt vor diesem ehrenvollen Schritt wird allerdings durch die von Franz Schönhuber gegebene Begründung getrübt. Seine Angabe, daß die Republikaner von Rechtsextremisten unterwandert seien, ist einfach falsch.»

Dies waren Gründe genug, sich einmal in die Niederungen der Partei zu begeben, um sich dort umzusehen. Die REPs sind, das behaupten Sozialwissenschaftler, mittlerweile eine «Partei der kleinen Leute», der angelernten Arbeiter und Facharbeiter mit niedrigem und mittlerem Bildungsniveau. Werden diese Menschen von politischen Abenteurern und rechtsradikalen Drahtziehern für deren Ziele ausgenutzt? Trägt unsere Gesellschaft selbst die Schuld daran, daß sich ihr unteres Drittel vom demokratischen Konsens abwendet? Gibt es Parteien wie die «Republikaner» nur deshalb, weil die CDU nicht mehr die geistige Kraft besitzt, ihre ausfransenden Ränder zu reintegrieren?

Es gelang mir nicht sofort, Mitglied zu werden. Ich hätte, wenn ich gefragt worden wäre, glaubwürdig die politischen Ziele der REPs oder etwas Ähnliches vertreten können. Die wollte aber niemand wissen. Nachdem ich im Abgeordnetenhaus meinen Aufnahmeantrag ausgefüllt und abgegeben hatte, passierte mehrere Monate lang gar nichts. Dann, auf meine Nachfrage, ob mein Anliegen in irgendeinem Bermuda-Dreieck verschwunden wäre, ein Kontoauszug: Der Kreisverband Steglitz hatte meine Mitgliedsbeiträge abgebucht. Nun gehörte ich dazu.

Um aber ein Amt und intensivere Einblicke zu bekommen, bedurfte es eines Zufalls. Mein Ortsverband stand, das erfuhr ich bald, in Treue fest hinter dem früheren Landesvorsitzenden Oliver Straube, dem Inhaber eines Küchenstudios. Dieser hatte jedoch versäumt, sich nach den ewigen Querelen um den alten REP-Führer Bernhard Andres eine Hausmacht innerhalb der Partei zu schaffen.

Andres, ein beurlaubter Polizeiobermeister, war von der Münchener Zentrale aus seiner Funktion als Landesvorsitzender gedrängt worden, nachdem die Staatsanwaltschaft ein Ermittlungsverfahren wegen Untreue und Verdacht des Betruges gegen ihn eingeleitet hatte. Unter seiner Leitung hörte die Öffentlichkeit von Prügeleien der REPs untereinander, von gegenseitigen Denunziationen und einer Welle von Gerichtsverfahren. Da Straube, so die Meinung vieler Mitglieder, zu sehr in die Machenschaften von Andres und seiner mittlerweile ausgetretenen Freunde verstrickt gewesen sei, hätte er keine Chance gehabt, auch nur einen Zipfel der neu zu verteilenden Macht in der Partei zu erhaschen.

Am Abend vor meiner Wahl hatte ich mich mit allen Schöneberger Ortsvorsitzenden der REPs in den «Ratsstuben», im Erdgeschoß des Rathauses getroffen, da mir bedeutet worden war, ich könne mich, falls ich den Ortsverband wechseln wolle, frei entscheiden. Da eine erhebliche Anzahl von aktiven Mitgliedern in Steglitz nach dem Landesparteitag im Februar ausgetreten war – ihr Favorit Ekkehard Birkholz war Carsten Pagel bei der Wahl zum Vorsitzenden mit Pauken und Trompeten unterlegen –, mußten neue Delegierte auf Kreisebene gewählt werden. Ich hatte mich bei Diskussionen um personelle Probleme bisher stark zurückgehalten und wurde, vielleicht deswegen, vom Vorsitzenden meines Ortsverbandes aufgefordert, in seinem «Schattenkabinett» mitzuwirken.

Der vom Parteivorstand kommissarisch eingesetzte Leiter des Kreises, ein ehemaliger Fluchthelfer, der längere Zeit in Gefängnissen der DDR verbracht hatte, galt als strammer Gefolgsmann Pagels. Mehrere Gespräche überzeugten mich, daß ich, wenn ich als Vertreter des ehemaligen Straube- bzw. Birkholz-Flügels aufgetreten wäre, nie eine Chance gehabt hätte, tiefere Einblicke in Atmosphäre und Treiben der Partei zu erhalten.

Der Vorsitzende der Schöneberger Ortsgruppe, die das Wohngebiet politisch bearbeitete, zu der meine Deckadresse gehörte, lud mich für den nächsten Abend zu einem Treffen mit dem Kreisvorsitzenden ein. Auch ihre Gruppe litte unter Personalmangel, meinte er. Er brauche aktive Leute. Wir könnten gemeinsam über meine künftige Arbeit und meine Funktion beschließen. Jetzt würde ich also Farbe bekennen müssen.

Drahtzieher und Hintermänner

Ausgerechnet am Karl-Marx-Platz. Ein normales Mietshaus: hier residiert die Kreisgeschäftsstelle der «Republikaner». Ich soll dem Kreisgeschäftsführer vorgestellt werden. Spät am Abend steige ich die Treppen hoch. Am Türschild zwei Namen: Pahlow und Kösling.

Das macht mich stutzig: alte Bekannte! Udo Pahlow, Geschäftsführer der Firma «Omnisfinanz» mit Sitz in eben derselben Wohnung – man vermittelt laut Handelsregister Darlehen, Kapitalanlagen, Immobilien und Versicherungen aller Art –, tauchte vor einigen Jahren im Zusammenhang mit einer obskuren neonazistischen Gruppierung auf, der «Nationalen Deutschen Befreiungs-Bewegung» (NDBB). Im Prozeß gegen diese Gruppierung ging es um Maschinenpistolen, Morddrohungen, Anklagen wegen Geheimbündelei. Offenbar gibt es hier Querverbindungen zu den REPs.

Ich läute. Ein Mann öffnet: Johannes Kösling, Kreisgeschäftsführer der Schöneberger REPs. Ich kenne ihn von Fotos: mittelgroß, etwas füllig, in den Fünfzigern. Er bittet mich ins Besprechungszimmer, in dem andere Parteimitglieder auf mich warten.

Auf der Tagesordnung stehen ausschließlich Personalfragen. Während ich Platz nehme, löchern der Ortsvorsitzende Richard P. und sein Stellvertreter den Kreisgeschäftsführer mit Fragen zum Vorgehen. Was machen wir mit einem Schatzmeister, der die alleinige Verfügungsgewalt über das Konto hat, aber zu keiner Sitzung auftaucht? Setzen wir ihn einfach ab und teilen ihm das telefonisch mit? Was ist mit einem neuen Konto? Viele Zweigstellen der Sparkasse und anderer Geldinstitute lehnen eine Kontoeröffnung zugunsten der «Republikaner» ab, höre ich erstaunt und erfreut. Gehen wir, fragt man, direkt zur Deutschen Bank? Der Landesverband soll angeblich dort seinen Geldverkehr abwickeln.

Nachdem wir uns geeinigt haben, den alten Schatzmeister des Ortsverbandes telefonisch zu befragen, schlägt Richard P. mich zum Beisitzer des Ortsvorstandes vor. Dafür kann ich mir nichts kaufen, denn «Beisitzer» heißt nicht viel mehr, als sich «bei Sitzungen» in der Nähe der Funktionäre aufzuhalten.

Johannes Kösling hat eine andere Idee: «Warum macht ihr Herrn Schröder nicht zum Schatzmeister? Der ist doch Unternehmer und sollte etwas von Soll und Haben verstehen.» Dieses Amt machte mir der Ortsvorsitzende schon ein paar Tage vorher schmackhaft, um mich zu einem Wechsel von Steglitz nach Schöneberg zu bewegen. Vielleicht soll es für die anderen Mitglieder, einem halben Dutzend Personen, nach einer spontanen Idee aussehen. Ich erkläre, daß ich die Wahl annehmen würde. Zunächst verwalte ich das noch nicht vorhandene Geld also kommissarisch. Beim nächsten Zusammentreffen werden wir richtig wählen.

Das anschließende zwanglose Gespräch überstehe ich, ohne daß jemand Interesse gezeigt hätte, meinen Lebenslauf durchzuforsten. Wir diskutieren über die kurz bevorstehende Wahl zur Volkskammer der DDR, wobei der Konsens besteht, daß SPD und PDS das Land in ein Chaos führen würden.

Der Kreisgeschäftsführer erzählt Anekdoten: welch schlagkräftige

Truppe die NPD damals, zu seiner Zeit, gewesen sei – «500 Mann, auf die konnte man sich verlassen» – oder wie der verrückte Professor Rubin mit einem Fallschirm von einer Brücke gesprungen sei, um eine Entführung vorzutäuschen. Vor allem die jüngeren Anwesenden lauschen mit großem Interesse. Kösling hebt die Stimme am Ende eines jeden Satzes. Niemand würde es wagen, ihm ins Wort zu fallen, obwohl er sich duzen läßt – das ist Brauch unter Parteigenossen – und derbe Scherze in Richtung der beiden anwesenden mittelalterlichen Damen macht.

Hier ist jemand, der ihnen Erfahrungen voraushat und von dem sie lernen können, jemand, der trotz des früheren desolaten Zustandes der rechtsextremistischen Szene den Kampf nicht aufgegeben und jetzt sein Ziel erreicht hat, einer richtigen, «demokratischen» Partei anzugehören.

Köslings politische Laufbahn ist eine eingehende Betrachtung wert. Sie beleuchtet nicht nur die Geschichte des Rechtsradikalismus in Berlin, sondern zeigt, aus welchen Quellen die heutigen «Republikaner» ihre Kader rekrutieren.

Natürlich ist es nicht immer angebracht, jemandem seine politischen Jugendsünden vorzuhalten. Jeder hat das Recht, seine politische Meinung zu ändern. Das setzt die Fähigkeit voraus, die eigenen Ansichten als Irrtum anzuerkennen, sowie die Einsicht in die Bedingungen, die einen dazu gebracht haben, politischen Unsinn zu vertreten. Die Ursachen könnten in der individuellen Geschichte liegen: Opposition gegen das, was die Eltern oder wichtige Bezugspersonen verkörperten; oder der Einfluß bestimmter Ereignisse, denen man sich nicht entziehen kann – wie etwa die Verherrlichung der chinesischen Kulturrevolution durch große Teile der Studentenbewegung.

Johannes Kösling ist ein anderer Fall. Wenn sich jemand über zwanzig Jahre im rechtsextremen Lager bewegt, darf man vermuten, daß er seine politische Heimat gefunden hat. Wenn jemand wie er zwei Jahrzehnte lang, trotz einer gewissen ironischen Distanz zu jugendlichem Überschwang, noch nicht einmal die CDU als wählbare Partei akzeptiert, kann man getrost von einem Außenseiter sprechen, dessen Extremismus sich als Charakterzug manifestiert hat.

Kösling taucht immer dort auf, wo alte Nazis, querulantische Kleinbürger und junge Rechtsradikale mit größenwahnsinnigen Spinnern, Terroristen oder politischen Drahtziehern der rechten Szene zu einer braunen Brühe verkochen und andere, leicht beeinflußbare oder haltlose Menschen für ihre eigenen Ziele benutzen. Dabei entstehen Seilschaften, die es in jeder Partei, aber auch im neonazistischen Sumpf gibt. Bei den REPs haben sie sich wiedergefunden, halten sich aber, laut Anweisung Schönhubers, im zweiten Glied auf, um die Partei in der Öffentlichkeit als «demokratisch» darstellen zu können.

Die Geschichte beginnt vor mehr als 35 Jahren in Berlin. 1953 gründete sich eine sogenannte «Aktionsgemeinschaft 17. Juni», die sich «aus Personen des rechtsradikalen Spektrums» [1] zusammensetzte und Kontakte zu «verschiedenen neonazistischen Organisationen» pflegte.[2] Diese Gruppe bewies ein erstaunliches Durchhaltevermögen. Sie existierte zumindest bis zum Jahr 1988.

Am 26. April 1975, der Verein war schon über 20 Jahre alt und dementsprechend selbstbewußt, schrieb man, ganz durchdrungen von der eigenen politischen Bedeutung, an «die Sowjetunion, die Vereinigten Staaten von Nordamerika, das Vereinigte Königreich England, die Republik Frankreich, die Volksrepublik Polen und die Volksrepublik Tschechoslowakei»: Die Gründung der Bundesrepublik sei die «Abschaffung der deutschen Souveränität» und die Abtrennung Österreichs vom Deutschen Reich eine «Annexion». Die «Aktionsgemeinschaft» forderte bescheiden «die Freigabe aller annektierten deutschen Gebiete», unter anderem Teile Frankreichs, Polens, der damaligen ČSSR und Österreichs. Auch der ehemalige Berliner Innensenator Heinrich Lummer stand mit dieser Gruppe in Verbindung.

Unterzeichnet hatte den offenen Brief, neben zwei weiteren Personen, ein NPD-Kreisvorsitzender: Manfred Plöckinger. Plöckinger wird später unter anderen Umständen bekannt. Er war nicht nur Landesvorsitzender der «Deutschen Union», in der auch der Seniorchef von «Schuh-Leiser» in Berlin, Dietrich Bahner sen.[3], mitwirkte, sondern auch Chef der «National-Liberalen Aktion» (NLA), einer Vorläuferin des CSU-Freundeskreises in West-Berlin. 1971 täuschte er zusammen mit dem rechtsradikalen Professor Berthold Rubin, einem Mitarbeiter der «Deutschen National-Zeitung», und dem Hamburger Rechtsanwalt Jürgen Rieger eine Entführung vor, um vier Tage vor der Landtagswahl in Schleswig-Holstein «den Volkszorn auf die Linken zu lenken».[4]

Mitunterzeichner des ominösen Briefes waren ein Philipp Gölles, Schneidermeister und späteres NPD-Mitglied, sowie Johannes Kösling. Der Brief dieses Triumvirats an die Weltöffentlichkeit war nicht die erste gemeinsame Aktion. Man kannte sich schon aus den Tagen der NPD, in der alle drei eine Führungsposition innegehabt hatten.

Die rechtsextremistische NPD, die im März 1966 einen Berliner Landesverband gründete, der gut hundert Personen umfaßte, geriet bald nach Aufnahme der politischen Arbeit in einen Strudel von Skandalen und Affären, ähnlich wie die REPs unter ihrem früheren Chef Bernhard Andres. Der ehemalige zweite Vorsitzende der NPD, Richard Voigt, gestand, für den Staatssicherheitsdienst der DDR gearbeitet zu haben. Außerdem stellte sich heraus, daß er wegen Betruges, Unzucht mit Abhängigen und Kindern vorbestraft war und seine Titel «Dr. med.» und «Dr. phil.» unberechtigterweise führte. Voigt wurde im August wegen eines Sittlichkeitsverbrechens an einem elfjährigen Jungen und wegen Urkundenfälschung zu achtzehn Monaten Gefängnis verurteilt. Er verschwand von der politischen Bühne.

Am 5.11.67 wählten die Neonazis im Wilmersdorfer Lokal «Bundesplatz-Casino» Rudolf Kendzia, damals 29, zum neuen Landesvorsitzenden. Kurz zuvor war ein zweiter Skandal in der rechtsradikalen Szene ruchbar geworden: Kendzias Vorgänger, Gerhard Borris, hatte 23 «Hausgehilfinnen» in seiner Berliner Wohnung in der Augsburger Straße polizeilich angemeldet, was die Behörden bewog, ein Ermittlungsverfahren wegen Kuppelei anzustrengen. Borris bezeichnete die Damen als «Gartenhilfsarbeiterinnen». Als sich dann noch herausstellte, daß er mehrfach wegen schweren Diebstahls vorbestraft war, mußte er gehen.

Schon damals ähnelte die Zusammensetzung der Neonazis der heutigen Struktur der REPs. Der Innensenator Albertz sagte, das seien «alte Nazis, einige mißvergnügte Kleinbürger und etwa 25 Prozent jüngere Leute».

Kendzia kennt sich wie sein damaliger Weggefährte Johannes Kösling im Gestrüpp von parteiinternen Querelen aus. Kurz nach seiner Wahl hatte er sich bei der NPD-Bundesführung mit einem deutschlandpolitischen Entwurf profiliert, der die West-Orientierung der NPD zugunsten einer Neutralitätspolitik und gesamtdeutscher Unabhängigkeit ablösen wollte. Die «National-Zeitung» bezeichnete Kendzias Ansichten als «abartig». Zur Diskussion kam es nicht mehr: Am 16.10.1968 beschloß der Vorstand der Berliner NPD, im Beisein des Bundesvorsitzenden Adolf von Thadden, sich aufzulösen. Vorausgegangen war ein Antrag der regierenden SPD/FDP-Koalition an die alliierte Kommandantur, die neonazistische Partei verbieten zu lassen. «Dies wäre die offene Rückkehr zum Besatzungsregime», meinte die NPD.

Überraschend waren nicht alle Mitglieder mit dem Beschluß einverstanden. Der uns bekannte Philipp Gölles, Köslings Mitstreiter aus der «Aktionsgemeinschaft 17. Juni», klagte gegen den Vorstand und bekam im Januar 1969 vor dem Landgericht recht. Der Auflösungsbeschluß sei satzungswidrig gewesen. Gölles bezeichnete Kendzia als «ewigen Studenten» und den Parteiflügel, der ihn unterstützte, als «bolschewistisch». Im Frühjahr prozessierte ein anderes NPD-Mitglied gegen den Vorstand und Rudolf Kendzia. Ratzek, so hieß der Mann, kündigte eine Serie von Verfahren an. Es ging um Disziplinarmaßnahmen, illegale Beschlüsse von Kreisverbänden und andere komplizierte Satzungsfragen.

Kendzia ersuchte um Aufnahme in die CDU. Der CDU-Abgeordnete Gerhard Kox meinte dazu, so war in der Presse zu lesen: «Warum sollen wir Herrn Kendzia nicht eine neue politische Heimat sein? Ich habe mich eine halbe Stunde mit ihm unterhalten, er hat hier draußen als Baubetreuer in der Gropiusstadt beste Referenzen.» Die CDU beschloß aber eine fünfjährige Bewährungsfrist. Zu einem Eintritt Kendzias kam es, soweit man weiß, nicht.

Kendzia, Plöckinger und Kösling trafen sich kurz nach dem Hickhack um die Macht in der NPD wieder: in den «Charlottenburger Festsälen». Am 14.11.1970 versammelten sich dort 23 Personen, um die «National-Liberale Aktion» ins Leben zu rufen. Ein Rechtsanwalt aus der Bundesrepublik, Franz Mader, hielt ein Grundsatzreferat über die politische Lage im allgemeinen und besonderen. Zwischen der SPD und der CDU/CSU gäbe es ein Vakuum, die FDP sei zu links, hätte von Wahl zu Wahl «Schlappen und Einbußen» erlitten und werde von den Wählern nicht mehr als eine Partei der Mitte angesehen. Hier wollte die NLA hineinstoßen. Insbesondere seien «die Bedürfnisse des deutschen Volkes» zu berücksichtigen. Man ziele, neben «dem Bürgertum», auf Kreise, die von der «pseudonationalen Partei NPD» enttäuscht seien.

Kösling hatte es damals bis zum NPD-Kreisvorsitzenden in Schöneberg gebracht, zu derselben Funktion, die er jetzt* für die «Republikaner» ausübt. Das Programm der NLA scheint wenig überzeugend gewesen zu sein, jedenfalls ist nicht bekannt, daß er dort ein Amt übernommen hätte.

Johannes Kösling ließ sich in seinem politischen Weg nicht beirren. Anfang der siebziger Jahre taucht er mit diversen Ämtern wieder auf. Er ist unter anderem «stellvertretender Reichsführer», «Reichsgeschäftsführer» und «Vorsitzender der Stadt Berlin» in der «Nationalen Deutschen Befreiungs-Bewegung» (NDBB), einer Gruppe, von der wir noch hören werden.

* Die Recherchen wurden im April 1990 abgeschlossen.

Am Abend des 19. Juli 1971 treffen sich einige Herren in der Wohnung von Peter Bengs, dem Landesorganisationsleiter der Berliner NPD. Anwesend sind unter anderem: Philipp Gölles, Aktivist der «Aktionsgemeinschaft 17. Juni», der sonderbare Professor Rubin und Johannes Kösling. Ein Zeuge berichtet, es sei fast die gesamte «rechte Prominenz» versammelt gewesen.

Kösling hatte die NPD «aus persönlichen Gründen» verlassen. Jetzt ist er, neben seiner Funktion in der NDBB, die damals gut 40 Personen umfaßte, Landesvorsitzender der rechtsradikalen «Deutschen Volks-Partei» (DVP), gleichzeitig ihr 2. Bundesvorsitzender und Bundesgeschäftsführer, ferner einer der drei Arbeitskreisleiter der DVU.

Es geht um Aktionen zum 13. August, dem Jahrestag des Mauerbaus. Kösling schlägt vor, die Eingangstüren zum russischen Reisebüro «Intourist», die des Wohnhauses von Klaus Schütz und den Eingang zum Rathaus Schöneberg zuzumauern. Mauersteine und Zement seien bereits besorgt worden. Auf die Mauern sollten dann Parolen geschrieben werden. Kösling, so ein Informant, habe sich mit anderen rechten Gruppen kurzgeschlossen, man könne mit einer beträchtlichen Zahl von Leuten rechnen, die mitmachten.

Zwei Tage später findet ein weiteres Treffen in der Privatwohnung von Kösling statt. Teilnehmer der Gesprächsrunde sind Herbert Rosbach, Arbeitskreisvorsitzender der «Deutschen Volksunion» (DVU) des rechtsradikalen Verlegers Gerhard Frey, und Klaus Scherer, ebenfalls ehemaliges NPD-Mitglied.

Taxifahrer Scherer berichtet von dem Gespräch bei Bengs. Der «Bund Heimattreuer Jugend» (BHJ) habe geplant, «Linke» aufzusammeln, zu verprügeln und am Checkpoint Charlie über die Mauer zu werfen. Von diesem Vorhaben habe man inzwischen Abstand genommen. Er verstehe allerdings die jungen Leute, die das unternehmen würden.

Dazu muß man wissen, daß der BHJ neben der «Wiking-Jugend» die älteste neonazistische Jugendorganisation ist. Der BHJ will «Kämpfer für die Einheit unseres Reiches» erziehen und Deutschland in den Grenzen von 1937 wiederherstellen. Man versammelt sich unter dem Zeichen der Odalsrune und grüßt mit «Heil Dir».

Man dürfe sich den «Terror der Linken» nicht ewig gefallen lassen, fährt Scherer fort. Er selbst würde sich «mit der Knarre» an die Mauer stellen und einen Volkspolizisten «runterholen», Scherer bezeichnet sich als «ausgesprochenen Nationalsozialisten, auch wenn man das nicht so sagen darf». Johannes Kösling meint – das berichtet jemand, der an dem Treffen teilnahm –, er könne sich den Ausführungen «der Kameraden anschließen».

Natürlich werden die Türen nicht zugemauert. Auch gelingt es glücklicherweise niemandem, einen «Linken» über die Mauer zu werfen. Der rechte Sumpf aber brodelt weiter. Im September 1971 versammeln sich knapp fünfzig Mitglieder und Sympathisanten der «Deutschen Volksunion» am Bundesplatz in einem Restaurant und diskutieren über die Weltlage. Neben Kösling nehmen auch seine alten Bekannten Manfred Plöckinger, Philipp Gölles und, als Referent, Karl-Heinz Schroter teil, der gleichzeitig in Köslings NDBB aktiv ist.

Einer der Herren hält ein Referat mit dem Titel «Die gelbe Gefahr – Deutschlands Chance?», in dem er die nicht weiter überraschende Behauptung aufstellt, die Chinesen würden unterschätzt. Schon in der altgermanischen Sage «Edda» sei zu lesen, «der Feind deines Feindes sei dein Freund». In chinesischen Zeitungen fragte man nämlich, da im fernen Reich der Mitte die Deutschlandfrage «durchaus richtig gesehen» würde, was die Sowjetunion in Königsberg zu suchen habe. Das Publikum klatscht begeistert. Man ist sich in der folgenden Diskussion einig, daß die Rechte durch «Verrat» und «Kulissenkämpfe» stark geschwächt sei und jetzt zusammenhalten müsse. Bisher habe es aber keine «anständige, fortschrittliche Rechtspartei» gegeben.

Der Appell an die Einigkeit nützt nichts. Wenig später muß Kösling die DVU verlassen. Frey hat ihn aufgefordert, sich von der ominösen NDBB zu distanzieren. Man verbreitete über ihn, sagt Kösling, er sei ein «Linker». Dabei wäre er «rechter wie die alle zusammen», nur führte er «nicht so 'ne idiotische Geschwätze». Er sei von Thadden und Frey unabhängig und sei ein «Diener der nationalen Sache».

Im Juli 1972 kündigte Kösling an, es werde bald zu einer Parteigründung kommen, womit er die NDBB meinte. Diese Organisation sei weniger eine Neugründung, sondern eine «Neubelebung» der sanft entschlafenen «Deutschen Partei». Es würden Leute mitmachen, die «nicht so angenehm» wären, es käme aber auf eine Ausgangsbasis an. Mit den alten NPD-Mitgliedern wollte er hingegen nichts mehr zu tun haben, obwohl er selbst noch immer auf dem Boden des Programms und der Satzung der NPD stünde. Er nehme nicht an, daß es noch einmal eine gute Rechtspartei in der Bundesrepublik geben werde – eine Prophezeiung, die sich leider als falsch herausstellen sollte. Er werde, so Kösling damals, bei der NDBB bleiben.

Die NDBB setzte sich dafür ein, «Großdeutschland» wiederherzustellen. Man beabsichtigte, in «allen Teilen des Reichen» aktiv zu werden. «Zuerst wollen wir Deutschland in Ordnung bringen», kündigte der «Reichsführer» Tabbert an, «dann Europa und dann die ganze Welt. Und zwar nach dem gleichen System, wie wir Deutschland in Ordnung gebracht haben.» Ihm schwebten die Grenzen von 1914 vor. Tabbert schmückte seine Broschüren ausschließlich mit Illustrationen aus dem 1934 erschienenen «Buch der NSDAP».

Schon damals pflegte Kösling seine Kontakte in die DDR, die er in seiner Eigenschaft als REP-Aktivist nur aufwärmen mußte. Im November 1989 gründete sich ein «Landesverband Mark Brandenburg» im Hinterzimmer einer Kneipe in Königs-Wusterhausen. Die Mitglieder waren allerdings schon stark vergreist, niemand vom Vorstand war jünger als 65. Alle hofften auf einen «neuen 17. Juni» und auf die Hilfe der Alliierten.

Auch Udo Pahlow arbeitete – mit Kösling zusammen – in der NDBB mit. Pahlow war, nach Aussage eines Informanten, wegen «Geheimbündelei» vorbestraft, als Mitglied der verbotenen «Nationaljugend Deutschlands» (NJD), einer winzigen neonazistischen Splittergruppe.

Zu größeren Aktionen der «Befreiungsbewegung» kam es jedoch nicht mehr. Intern war es inzwischen hoch hergegangen. Roland Tabbert, ein Hanauer Gebrauchtwagenhändler, 43, hatte seinen Gedanken in einem Interview freien Lauf gelassen: «Wir werden diesen dreckig veranlagten bolschewistischen Schweinen endlich einmal ihre verkommenen Schnauzen plattschlagen, wo wir sie treffen.»

Er mußte sich wegen dieser Äußerungen vor dem Landgericht Berlin wegen Voksverhetzung verantworten. In zweiter Instanz gab es sechs Monate mit Bewährung, was Tabbert veranlaßte, die Richter als «freischwebende Arschlöcher» zu bezeichnen – weitere fünf Monate und Widerrufung der Bewährungsfrist folgten auf dem Fuß.

Ein politischer Freund Tabberts war der NPD-Mann Friedhelm Busse, der heute bei der militanten neonazistischen FAP aktiv ist. Busse wurde damals verhaftet, weil er versucht hatte, im Alleingang die sowjetische Botschaft in Rolandseck zu stürmen.

Ähnlich radikal verhielt sich der Mitgründer der NDBB, Georg Retza, der dem Journalisten Jochen Maes, der über die Angelegenheit berichtete, die Wette anbot: «Bis zum Jahresende wirst du dich mit einer Kugel im Kopf wiederfinden.» Retza hatte das SDS-Büro überfallen und im Jahre 1971 mit einer rechtsradikalen Bande in Frohnau Schüsse auf die Grenze abgegeben. Er beschrieb sich selbst als «Jungfaschisten». Bekannt wurde er nicht zuletzt dadurch, daß er eine von ihm abmontierte Gedenktafel für Rosa Luxemburg durch die Fenster des Berliner APO-Lokals «Drehscheibe» warf.

Die NDBB geriet stark ins Trudeln, als sich ein Informant einschleusen ließ: Jürgen N. aus Berlin. Der informierte die Polizei, daß die NDBB Anschläge gegen die Mauer plante. Tabbert erwog auch, ein paar DDR-Grenzer zu erschießen und den Westberliner Chef der FDJ uber die Mauer zu werfen, offenbar eine potentielle Lieblingsbeschäftigung rechtsextremer Aktivisten. Die Polizei fand in der Wohnung des «Reichsführers» eine Maschinenpistole, Colts, Pistolen, diverse Gewehre und 2400 Schuß US-Munition. Tabbert drohte: «Verräter werden erschossen.»

Es kam zum Prozeß und zu heftigem Streit zwischen Roland Tabbert und seinem Stellvertreter Johannes Kösling. Als Zeuge war Udo Pahlow geladen worden, der heutige Mieter der REP-Geschäftsstelle Schöneberg am Karl-Marx-Platz.

Es stellte sich heraus, daß der Angeklagte Tabbert wegen «landesverräterischer Beziehungen» und wegen Diebstahls vorbestraft war. Kösling erklärte vor der Presse, daß er Tabbert gefeuert hätte. «Auch unsere Organisation ist vor einer Art ‹Guillaume› nicht gefeit.» Und: «Bei uns jedoch wird innerhalb weniger Stunden konsequent reagiert, ohne zu verniedlichen, sich widersprechende Dementis auszustreuen, die Bevölkerung für dumm zu verkaufen.»

Das gefiel dem «Reichsführer» nicht. Er nannte das Verhalten Köslings «unkameradschaftlich» und konterte seinerseits mit einer Presseerklärung, nach der er «kraft meines Amtes» «den inneren Notstand» ausrief und den gesamten Vorstand auflöste. Das «Ehrengericht» der NDBB habe entschieden, Johannes Kösling aus der Bewegung auszuschließen. Ferner: «Die NDBB stellt ab sofort ihre Öffentlichkeitsarbeit bis auf Widerruf ein und wird als Freicorps eine abwartende Haltung einnehmen bis zu dem Tag, wo Deutschland deutsche Männer benötigt...»

Kösling trat am 10.05.1974 aus der merkwürdigen «Befreiungs-Bewegung» aus. Deutschland ginge an Leuten wie Tabbert kaputt, meinte er.

Der Verteidiger Tabberts im Prozeß war Wilhelm Schöttler aus Recklinghausen. Schöttler, in Presseberichten häufig mit der schmeichelhaften Bezeichnung «Staranwalt» tituliert,[5] ist eine Persönlichkeit, die man am besten mit dem Wort «schillernd» umschreibt. Er hält Vorlesungen an der Universität Bagdad und arbeitet in einer «deutsch-mauretanischen Gesellschaft» mit. Einen Namen machte er sich unter anderem dadurch, daß er Rechtsextremisten vor Gericht vertrat: den Heinemann-«Attentäter» Carsten Eggert, der mit einem Dolch im Gewande und einem Hitler-Bild in der Nähe des Amtssitzes des Bundespräsidenten verhaftet worden war; ferner Angehörige der neonazistischen «Europäischen Befreiungsfront» (EBF). Dem NPD-Landtagskandidaten Hartmut Neumann, der mit uniformierten Rollkommandos linke Kneipen im Rheinland terrorisiert hatte, verhalf er im Prozeß gegen die EBF zum Freispruch.

Nach dem Massaker von Fürstenfeldbruck, ausgelöst durch die Geiselnahme im israelischen Quartier des olympischen Dorfes, wurde Schöttler von anonym gebliebenen Arabern beauftragt, die drei überlebenden Terroristen zu verteidigen. Sogar die Vereinigung arabischer Rechtsanwälte mit Sitz in Kairo sprach sich für Schöttler aus.

Anfang 1972 hatte Kösling noch versucht, weltweit Kontakte zu Kämpfern gegen den Kommunismus zu knüpfen. Einziges Ergebnis: Der südvietnamesische Botschaftsrat Van Thin konnte tatsächlich gewonnen werden, zusammen mit Tabbert und Kösling einen Kranz an der Berliner Mauer niederzulegen.

Jetzt, im Jahr 1973, treffen sich Schöttler und Kösling in einer anderen weltumspannenden Organisation, der «Gesellschaft für deutsch-arabische Freundschaft», die Kösling zusammen mit dem ehemaligen NPD-Kreisvorsitzenden von Schöneberg, Ratzek, aufgezogen hatte: Schöttler war «Ehrenpräsident» der Gesellschaft. Wegen seiner Kontakte sei er aber «in vielen Sachen Ehrenpräsident», wenn es «etwas mit Arabern zu tun hat». Er kenne von der GDAF nur Kösling. Ansonsten könnten ihn «Ismen und Ideologien am Arsch lecken».

Die Kontaktaufnahme der Freundschaftsgesellschaft zu arabischen Botschaften gestaltete sich schwierig, da die Gruppe weder über größere finanzielle Mittel verfügte noch klar umrissene politische Ziele vorweisen konnte. Ratzek erklärte, die Botschafter seien «sehr vorsichtig. Die haben sich erst mal den Schöttler geholt.» Im April 1974 planten Ratzek und Kösling eine dreimonatige Reise durch arabische Länder, zusammen mit dem Anwalt, aus der aber wohl nichts wurde.

Offenbar hat der «Staranwalt» mit den guten Kontakten zur arabischen Welt den Herren aus dem Morgenland den Mund nicht wäßrig genug gemacht, denn die «deutsch-arabische Freundschaftsgesellschaft» blieb ohne größere Geldbeträge, so daß sie sang- und klanglos in der Versenkung verschwand.

Von links nach rechts: Johannes Kösling, Kreisgeschäftsführer der REP, hier als «Stellvertretender Reichsführer der NDBB», der vietnamesische Botschaftsrat Van Thin, Roland Tabbert, «Reichsführer» der NDBB. Erster v. rechts: Karl-Heinz Schröter (1972)

Fünf Jahre später tauchte einer der politischen Freunde Köslings, mit dem er 1971 illegal an der Mauer plakatiert hatte, vor Gericht auf: Karl-Heinz Schröter, der noch als Vorstandsmitglied der NDBB die Presseerklärung Köslings zum Hinauswurf Tabberts mit unterzeichnete. Am 10. Juli 1979 mußten sich zehn Männer und Frauen vor der 2. Großen Strafkammer des Landgerichts Berlin wegen Neugründung der verbotenen NSDAP verantworten. Karl-Heinz Schröter war in dieser winzigen Neonazi-Partei der «Beauftrage für Volksaufklärung und Propaganda». Kurz zuvor in der NDBB hatte er noch das Amt des «Reichspressechefs» erreicht. Alle Beteiligten leugneten, es mit ihren Parteiaktivitäten ernst gemeint zu haben. Einer der Rechtsextremisten verstieg sich sogar zu der Behauptung, er habe die Protokolle der «Ortsgruppe» der NSDAP nur geschrieben, um sie an den israelischen Geheimdienst zu verkaufen.

Die Polizei fand bei einer Durchsuchung Nazi-Embleme, Aufkleber, Hakenkreuzarmbinden und Plakate. Die Einladungen zu den Mitgliederversammlungen wurden mit Hakenkreuz und Reichsadler versehen. Man hatte «Führers Geburtstag» gefeiert und «Gauleiter» ernannt. Im November beschlagnahmte die Polizei unter anderem eine geladene Pistole, Messer und Schlagstöcke.

Als intellektueller Drahtzieher galt Wolfgang Rahl, der sich als «kommissarischer Ortsgruppenleiter» bezeichnet hatte. Rahl war 1971 Vorsitzender des «Arbeitskreises Wedding» der DVU; die NPD erschien ihm nicht radikal genug. Auf einer Veranstaltung, das schrieb Jochen Maes, habe Schröter den damaligen Außenminister Scheel einen «Halunken» genannt und angekündigt: «Wir haben noch zwei Jahre Zeit, diese Verräter dorthin zu bringen, wohin sie gehören, nämlich in die Hölle.»

Der vorsitzende Richter führte aus, Rahl und seine Kumpane seien von der US-Nazi-Bewegung des Gary Lauck unterstützt worden, was auch für die heutige illegale Kleinst-NSDAP gilt.[6] Richter Hiller schloß seine Ausführungen mit den Worten: «Wir sind entschlossen, zu verhindern, daß die verbrecherische Gaskammerpartei wieder ihr Haupt erhebt.» Rahl erhielt drei Jahre ohne Bewährung, Schröter anderthalb Jahre.

Um Kösling selbst wird es still. Nur noch einmal wagt er sich an die Öffentlichkeit. Am 13.8.1974 sollte eine Veranstaltung im Restaurant «Turm» in Berlin-Neukölln stattfinden. Neben den schon bekannten Röthke, Schröter und Kösling, später auch Philipp Gölles, fanden sich zwei Aktivisten des «Bundes Heimattreuer Jugend» ein – die mit der Odalsrune – und: der Wehrsportgruppenführer Karl-Heinz Hoffmann. Ein Zeuge: Nach einer kurzen Rede eines der Rechtsextremisten, die der WDR filmen durfte, wurde die Sache abgeblasen. Das ausgesprochene «Redeverbot» für Hoffmann «erregte Kösling und die anderen sehr». Hoffmann sei enttäuscht über die mangelnde Resonanz gewesen. Wenn er das in die Hand genommen hätte, wäre das anders verlaufen. Ohne Umschweife bezeichnete er sich als «internationalen

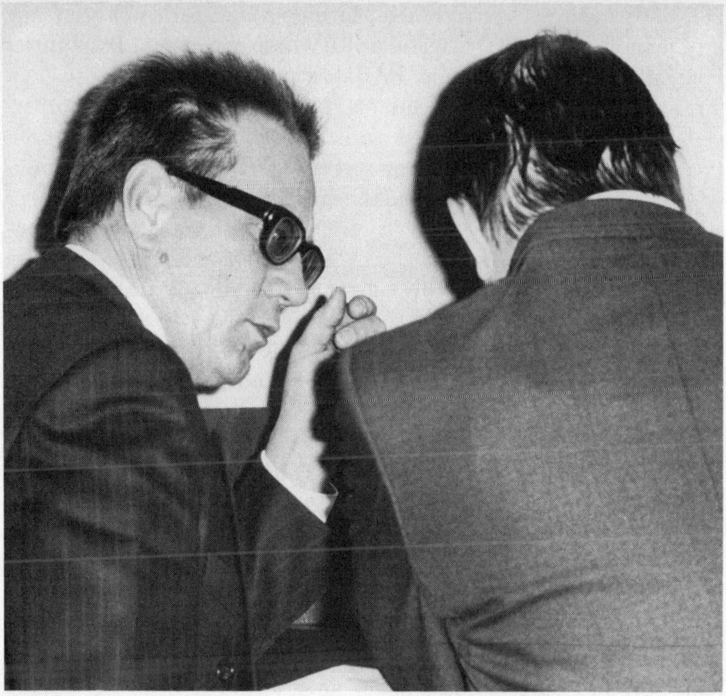

Rudolf Kendzia, MdA Berlin der «Republikaner», ehemaliger Landesvorsitzender der NPD

Faschisten». Karl-Heinz Hoffmann hatte damals seine paramilitärische «Wehrsportgruppe» initiiert, die später von der «Deutschen Volksunion» Gerhard Freys als Ordnungstruppe eingesetzt wird. Er trat für einen autoritären Führerstaat ein und errichtete ein Zentrum in der einstigen NSDAP-Gauführerschule Schloß Emrcuth.[7]

Die «taz» schrieb über ihn: «Reiche Freunde, wie z. B. der Verleger der ‹Nationalzeitung›, Dr. Frey, beglichen die fälligen Geldbußen wegen Verstößen gegen das Versammlungsgesetz. Schon im April 1979 kann der Verfassungsschutzmann Werner Gottwald alias ‹Reiser› seinem Amt melden, ‹fast alle NSDAP-Leute haben bereits bei Hoffmann an Lehrgängen teilgenommen›. Er schätzte die Zahl der Aktivisten auf 250. Sowohl der Oktoberfest-Attentäter Gundolf Köhler als auch der rechte Topterrorist Odfried Hepp oder der ehemalige Kühnen-Mitstreiter Arndt-Heinz Marx gehörten zur Truppe Hoffmanns.»

Die WSG wurde 1980 verboten. Hoffmann engagierte sich zeitweilig im Libanon und in PLO-Lagern. 1981 wurde er auf dem Frankfurter Flughafen festgenommen und drei Jahre später wegen Geldfälschung, Strafvereitelung, Freiheitsberaubung, Nötigung, gefährlicher Körperverletzung und anderer Delikte zu neun Jahren und sechs Monaten Freiheitsstrafe verurteilt. Der Vorwurf des Doppelmordes an dem jüdischen Verleger Shlomo Levin und seiner Lebensgefährtin im Dezember 1980, der ihm laut Anklageschrift zur Last gelegt wurde, mußte fallengelassen werden. 1989 wird er aus der Haft entlassen, obwohl die Strafvollstreckungskammer bis zuletzt auf die «ungünstige Sozialprognose» hingewiesen hatte.

Im selben Jahr gibt der Berliner Landesverband der NPD, unter Federführung von Thomas Salomon, eine Pressemitteilung heraus. Darin heißt es: «Nach ausführlicher Diskussion» sei beschlossen worden, «den Mitgliedern und Freunden der NPD die Unterstützung der «Republikaner» zu den Wahlen zu empfehlen. «Die Berliner Wahlaussage der REP enthält weitgehende Anleihen aus der NPD-Programmatik; insbesondere in den Forderungen zur Ausländerpolitik sind kaum Unterschiede auszumachen.»

Rudolf Kendzia zieht für die REPs ins Abgeordnetenhaus ein und verschafft Johannes Kösling, so die «taz», einen Job im Rathaus. Er halte dort die «Bürgersprechstunde» ab.[8]

Die Ortsgruppe wählt

«Habe ich Sie nicht schon mal irgendwo gesehen?» fragt mich ein Schöneberger Parteifreund und mustert mich unverhohlen. Diese Situation mußte ich fürchten, obwohl mir direkt kein Unheil droht. Meinem Optiker hatte ich den Auftrag gegeben, mir eine Brille zu fertigen, die mich bis zur Unkenntlichkeit entstellt; mein dunkelgrauer Anzug, inklusive Hemd und Binder, entspricht bei weitem nicht meiner normalen Kleidung.

Ich kann zurückfragen, die beste Taktik, unangenehmen Vorhalten auszuweichen. Ob er häufiger Taxikunde sei? Oder zufällig die Fernsehsendung gesehen habe, in der ich als Taxifahrer Belangloses über einen Neubau in der Nähe eines Halteplatzes zum besten gegeben hatte?

«Nein», sagt der Mann hartnäckig, er fahre nicht Taxi, und zum Fernsehen hätte er keine Zeit. Seine Nachbarin, Frau M. beruhigt den Neugierigen. So etwas sei bestimmt Zufall, meint sie. Häufig käme einem jemand bekannt vor, den man noch nie gesehen habe.

Ich sitze wieder in den «Kleinen Ratsstuben». Der Ortsverband «Schöneberg 5» hält eine Versammlung ab. Ein neuer Schatzmeister muß gewählt werden. Dafür bin ich vorgesehen, das hatten wir in der Kreisgeschäftsstelle kurz vorher so organisiert. Dazu Delegierte zum Kreisparteitag, ferner ein Kassenprüfer. Es gibt ein Problem: es sind mehr Posten und Aufgaben zu vergeben als Mitglieder anwesend. Außerdem droht Beschlußunfähigkeit.

Neben mir sitzt Johannes Kösling als amtierender Kreisgeschäftsführer. Diese Situation sei mittlerweile normal, erzählt er. Im Verband Reinickendorf, dem stärksten aller Berliner REP-Organisationen, seien, trotz schriftlicher Einladung, von knapp 150 Mitgliedern außer dem elfköpfigen Vorstand nur noch zwei Mann erschienen. Woanders könnten keine ordentlichen Versammlungen mehr stattfinden, weil nur noch die kämen, die ein Amt hätten.

Seit dem Fall der Mauer scheinen die REPs politisch am Ende zu sein. Meinungsumfragen attestieren ihnen in der Bundesrepublik weit weniger als fünf Prozent, nicht genug, um in den Bundestag einzuziehen. Ihre Hoffnung richtet sich auf die Bürger der DDR. Das sind allerdings zuwenig, denn bei gesamtdeutschen Wahlen müßten dort zweistellige Prozentzahlen erreicht werden, um den Einzug ins Parlament zu sichern.

Niemand nähme von ihnen Notiz, beklagt man sich, die Presse boykottiere sie. Und ein Hauch von Selbstkritik: Von oben, vom Landesvorstand, käme nichts, der Landesgeschäftsführer produziere mit den neu angeschafften Computern einen Programmabsturz nach dem anderen, weil er ahnungslos sei, und die Parteispitze interessiere sich nicht für das, was an der Basis vorgehe.

Mein anderer Nachbar, ein jüngerer Mann im Angestellten-Look, mit kleinem Knopf im Ohr, von den anderen in seiner Abwesenheit «Fix Niedlich» genannt – weil er sich sehr dynamisch gibt –, beugt sich zu mir. Ob ich nicht interessiert sei, den Posten des Kreisgeschäftsführers zu übernehmen? Kösling sei amtsmüde und wolle doch ohnehin im Osten aktiv werden. Drei bis vier Stunden in der Woche in der Geschäftsstelle zu verbringen, läge selbst für einen Geschäftsmann wie mich im Rahmen des Möglichen.

Warum immer ich? Ich sage doch kaum etwas und schon gar nicht

Dinge, die man als Profilierung im Sinne des Parteiprogramms verstehen könnte. Aber vielleicht kommt es darauf nicht an. Vielleicht muß ein Kandidat für eine Aufgabe, ungeachtet der Organisation, um die es sich handelt, nur einen einigermaßen rechtschaffenen Eindruck machen, muß sich in zusammenhängenden Sätzen äußern können und den Verdacht zerstreuen, er würde sich bei der erstbesten Gelegenheit mit dem Parteivermögen in sonnigere Gefilde absetzen.

Der Ortsvorstand hat Platz genommen. Das Gesicht des Vorsitzenden, einem unauffälligen Rentner mit viel freier Zeit – deshalb sein Amt –, wird zunächst, was die Anwesenden sofort bemängeln, von einer recht großen Parteifahne verdeckt. Die steht, wie es an Stammtischen üblich ist, vor ihm auf dem Tisch. Hinter ihm an der Wand ebenfalls eine Fahne, in Blau, mit den Rauten natürlich.

Sein Stellvertreter: ein Jüngling, der großen Wert darauf legt, jeden Brief mit dem extra angefertigten Stempel «Stellvertretender Ortsvorsitzender» zu versehen. Er vergißt nie das REP-Abzeichen am Revers seines Anzugs, ebensowenig die Krawattennadel mit der deutschen Fahne und dem Reichsadler. Er macht ununterbrochen den Eindruck, als käme er gerade von einer Konfirmationsfeier. Die Satzung ist ihm vertraut. Er führt sie zusammen mit einem Stapel amtlich aussehender Papiere in seinem Diplomatenkoffer mit sich.

Nein, dieser junge Mann ist kein Nazischläger. Er ist lediglich jemand, der dazu erzogen wurde, brav zu sein, seine Pflicht zu tun, und nur die. Er hat sich damit abgefunden, nichts zu hoffen, was über seine enggezogenen Grenzen hinausgeht. Er fühlt sich unbedroht und anerkannt, weil er sich so benimmt, wie man es von einem ordentlichen, anständigen Menschen erwartet. Die Welt besteht aus einem festen System aus Regeln, die das bedrohliche Chaos ordnen. Um in diesem Regelwerk zu leben, muß man die Ordnung bejahen, man muß sauber sein und stolz auf das wenige, was man erreicht hat: er ist stolz, ein «Deutscher» zu sein. «Deutsch» heißt für ihn, sich als Teil eines größeren Ganzen zu fühlen, weil es in seiner unmittelbaren Umgebung, in der alltäglichen Realität nicht viel gibt, worauf man stolz sein könnte.

Wenn er erst älter ist, wird er darauf bestehen, daß auch die anderen sich so benehmen wie er. Mit seiner Person hat er bewiesen, daß man ohne Anfeindungen ordentlich, ohne anzuecken, durchs Leben kommt. Wehe dem, der sein Weltbild bedroht! Jemand, der seine Regeln nicht akzeptiert und trotzdem mehr Erfolg hat als er, wird ihn irritieren. Das kann nicht sein, das darf nicht sein. Wenn er die Macht hätte, würde er diese Person aus seinem Gesichtsfeld verbannen.

Zu dem ehrgeizigen Kreis der Polit-Yuppies um den REP-Vorsitzenden Carsten Pagel dürfte er nicht passen. Dafür ist er zu schüchtern und zu wenig zynisch. Zynisch kann man nur sein, wenn die eigenen Hoffnungen schon einmal enttäuscht wurden, wenn man erlebt hat, daß die anderen sich nicht an jene Gesetze und Vorschriften halten, die man selbst für verbindlich hält. Er ist noch nicht zu der Einsicht gekommen, daß Appelle an die Anständigkeit nur für die Dummen sind, daß die da oben, die das Heft in der Hand halten, diese Appelle brauchen, um die da unten davon abzuhalten, an der Legitimation der Macht zu zweifeln.

Er könnte Befehle nicht kraft seiner persönlichen Autorität, sondern nur von Amts wegen erteilen. Deshalb braucht er ein Amt und dessen Symbole, seien es auch nur ein Stempel oder eine Satzung, auf die man sich im Konfliktfall berufen kann. Deshalb ist er nie schnoddrig, weil es einer gewissen Souveränität bedarf, mit den Regeln zu spielen. Er muß korrekt bleiben, denn die Anpassung ist das einzige, was er besitzt, was seiner Existenz einen Sinn gibt.

Sein Anzug, der ihn erheblich «overdressed» erscheinen läßt, hebt ihn von den anderen ab. Er ist mehr als nur ein Mensch, der in Freizeit- und Feierabendkleidung Parteifunktionäre wählt. Er meint es ernst. Schlips und Kragen hat er den anderen voraus. Er ist wer. Was Johannes Kösling durch jahrelange Erfahrung, durch schlichte physische Präsenz, durch aufheiternde Sprüche erreicht, liegt ihm fern. Ihm fehlt nur noch eine Uniform.

Der Dritte im Bunde: während der Jüngling eher ein typischer Vertreter des «kleinbürgerlichen Milieus» ist, das laut sozialwissenschaftlichen Untersuchungen das größte Wählerpotential der REPs darstellt, gehört der andere Stellvertreter der Gruppe «Selbständige und Freiberufler» an. Er hat einen Laden im Europa-Center.

Dieser Herr verkompliziert seinen Titel um zwei zusätzliche Silben. Die Visitenkarte läßt die Spannung langsam ansteigen: Auf der Titelseite das Symbol der REPs, Innenseite links die Einbindung in das größere Ganze – die Kenntnis des Staates, um den es sich handelt, vorausgesetzt: «Landesverband Berlin, Kreisverband Schöneberg, Ortsverband 5». Innenseite rechts die nicht weiter originelle Mitteilung: «überreicht durch», nämlich den «stellvertretenden Ortsverbandsvorsitzenden», dann, endlich, der Name.

Der «stellvertretende Ortsverbandsvorsitzende» war mir schon vorher aufgefallen. Er machte auf einer Sitzung den merkwürdigen Vorschlag, die zum Abriß bzw. Verkauf freigegebene Berliner Mauer zum Teil stehenzulassen, «alle zehn Meter ein Stück», als Mahnmal, das dann, so meine Assoziation, wie ein überdimensionales, aber durch und durch kariöses Gebiß mit klaffenden Lücken die frühere Grenze markieren würde. Kösling, der wohl zu NPD-Zeiten mit ähnlichen Personen konfrontiert worden war, hatte ihm sanft, aber nachdrücklich nahegelegt, daß es zur Zeit nicht die wichtigste Aufgabe der Partei wäre, sich um die architektonische Gestaltung der Mauerreste zu kümmern.

Jede Äußerung des zweiten Stellvertreters ist von einer erhabenen Feierlichkeit, die die banalen Anlässe konterkariert. Dabei erfreut er sich einer gewissen Narrenfreiheit: die anderen lassen ihn ausreden, obwohl er sich in dem Gestrüpp seiner zwar mit Engagement, aber ohne das notwendige grammatikalische Durchhaltevermögen gedrechselten Sätze verheddert und nicht immer zum passenden Ende kommt. Er preßt die Worte wie unter großem inneren Druck hinaus. Das macht das Gesagte auf eine verquere Art glaubwürdig: Der Mann hat ein Anliegen, irgendwie und irgendwo, dessen Essenz aber nicht im Politischen zu finden sein wird. Er zwingt seine Zuhörer zum Mitleiden: Wenn er nicht ein Amt hätte, würde er kein Gehör finden. Er macht die Welt auf seine Probleme aufmerksam, ohne sie aussprechen zu können.

Leute wie er sind ebenfalls überdurchschnittlich anfällig für rechtsradikale Positionen. Das kann zwei Gründe haben. Selbständige, die noch zu den unteren Einkommensschichten zu rechnen sind, haben sich häufig «hochgearbeitet», auf vieles verzichtet, um sich eine sichere Existenz aufzubauen. Sie sind von der konservativen Regierung enttäuscht, weil diese, besonders bei der Gesundheitsreform, nicht davor zurückschreckt, in den Geldbeutel ihrer eigenen Klientel zu greifen. Der zweite Grund: Selbständige, kleine Ladenbesitzer zum Beispiel, sind es nicht gewohnt, ihre Entscheidungen mit einer Gruppe von Gleichgestellten abzustimmen. Sie haben Angestellte, Untergebene, die von ihnen und ihrem wirtschaftlichen Erfolg abhängig sind. Kollektiven Aktionen stehen sie mit Mißtrauen gegenüber: sie haben erfahren, daß sie im Zweifelsfall doch alleine dastehen und selbst ausbaden müssen, was sie angerichtet haben. Gewerkschaften lehnen sie ab, weil sie der Druck von Arbeitnehmervertretungen direkt treffen würde. Die mächtigen Arbeitgeberverbände sind eine Nummer zu groß für sie. Sie könnten keine staatlichen Hilfen beanspruchen, falls sie bankrott gehen; deshalb auch ihre Zustimmung zum Programmpunkt der REPs: «Sozialer Anspruch soll wieder in Wechselbeziehung zur eigenen Leistung stehen.» Wenn uns nicht geholfen wird, sollen andere auch nicht unterstützt werden.

Auch eine andere Gruppe der Gesellschaft, die die REPs überproportional gewählt hat, ist in meiner Ortsgruppe vertreten: Angestellte und Beschäftigte des öffentlichen Dienstes. Mindestens drei der Anwesenden arbeiten bei den Berliner Verkehrsbetrieben, der BVG. Im Vergleich zu ungelernten Arbeitern sind sie relativ gut gestellt. Hajo Funke beschreibt sie so: «Sie können sich auf ihre persönlichen, häufig innerhalb des Betriebs privilegierten, partikularen Gruppeninteressen konzentrieren oder sie in strenger Identifizierung mit den Unternehmen durchzusetzen versuchen.»[9] Das gleiche gilt auch für die Polizei, von der nach Einschätzung der Gewerkschaft in einzelnen Landesteilen bis zu 20 Prozent mit den «Republikanern» sympathisieren. Sie sind an ihrer Karriere interessiert, aber enttäuscht, daß ihnen die «Volksparteien», insbesondere die CDU, finanzielle Knüppel zwischen die Beine werfen.

Die Ortsgruppe schreitet jetzt zur Wahl. Jemand hat farbige Stimmzettel organisiert, die in der Mütze eines der Anwesenden deponiert werden müssen. Die fehlende Beschlußfähigkeit wird durch einen Verfahrenstrick umgangen, indem alle so tun, als hätte die Versammlung sich schon einmal zusammengefunden, sich dann aber vertagt: beim zweitenmal muß nicht ein bestimmter Prozentsatz der Mitglieder anwesend sein. Es gilt vielmehr die einfache Mehrheit der Anwesenden. Ein Protokoll dementsprechend zu ändern ist ein leichtes.

Ich stelle mich vor, mache wahrheitsgemäße Angaben, verschweige aber meine literarischen Ambitionen. Von den gültigen abgegebenen Stimmen, sieben an der Zahl, entfallen alle auf mich. Einen Gegenkandidaten gibt es ohnehin nicht. Ich nehme die Wahl an.

Dann der Kassenprüfer. Leider findet sich zunächst niemand, da alle Anwesenden entweder schon ein Amt haben oder zeitlich oder intellektuell nicht dazu in der Lage sind. Ein junger Mann, den ich zum erstenmal sehe, sagt, er sei gerade erst eingetreten, arbeite in einem Büro und würde die Aufgabe übernehmen. Auch er wird ohne Gegenstimme gekürt, weil alle froh sind, daß sich einer bereit erklärt hat.

Zu Delegierten für den Kreisparteitag wählen sich alle Stimmberechtigten selbst, nach der Devise: es sind ohnehin nicht genug da, und wenn die anderen kein Amt wollen, machen wir alles allein. Die Partei muß funktionieren. Eine Situation, die überall, insbesondere in Ortsgruppensitzungen vorkommt, nicht nur bei den REPs.

Auch der obligatorische gemütliche Teil bleibt kurz. Eine junge Dame kündigt an, daß sie die Partei verlassen werde, wenn nicht bald etwas gegen «Tempo 30» unternommen würde. Sie trauere Bernhard Andres nach: Der habe immer kurz und knapp ausgedrückt, was alle dächten. Der Pagel sei ihr zu kalt, total arrogant. Der fände keinen Kontakt zu ihnen. Für die Motivation der Mitglieder sähe sie schwarz, sagt sie.

Ich habe den Eindruck, das Wesentliche für diese Frau sind nicht die Ziele der Partei, sondern das Gefühl, daß da jemand ist, der so ist wie sie, der die Entfremdung zur «hohen Politik» dadurch abbaut, daß es ihm noch nicht einmal peinlich ist, eine Rede im Abgeordnetenhaus mit dem schon legendären «Es lebe die Feuerwehr!» zu beenden.

Unter Männern (Ost)

«Da vorn», sagt der REP-Abgeordnete Michael Häusler zu uns, seinen Parteifreunden, und zeigt auf einen Sitzplatz, «saß eine hübsche Negerin.» Sie habe wirklich sehr gut ausgesehen. Die hätte behauptet, er sei ein Volksverhetzer. «Die wußte es nicht besser», fügt er entschuldigend hinzu. Er will der besagten Dame keine Böswilligkeit unterstellen. Schuld sei der rot-grüne Senat, insbesondere die Alternativen. Vor dem «Parteiengespräch» mit Vertretern der Alliierten, das in einem Sitzungssaal des Schöneberger Rathauses stattfand, hätten Vertreter der Regierungsparteien die REPs als Rechtsextreme denunziert und die Amerikanerin, um die es sich bei der dunkelhäutigen Frau handelte, beeinflußt.

Kurz vor der Wahl in der DDR trafen sich jeden Mittwoch abend Funktionäre, einfache Mitglieder und Sympathisanten der REPs aus dem Ostteil Berlins und der DDR, um Kontakte zu knüpfen, Propagandamaterial zu empfangen und die anstehenden politischen Aktionen zu besprechen. Termin und Ort waren per Mundpropaganda bekanntgegeben worden. Niemand nahm Anstoß daran, daß ich den Saal betrat, denn wer von der Zusammenkunft wußte, war eingeweiht. Ich wollte erste Erkundigungen einziehen, ob die Hoffnung des Herrn Kösling, nur die Ost-REPs wären noch motiviert, zuträfe.

Daß die «Republikaner» aus den noch illegal arbeitenden Gruppen in der DDR nur zögernd eintreffen, nimmt der Abgeordnete zum Anlaß, längere Ausführungen über sich und seine Erfahrungen zu machen. Herr Häusler ist Kameramann und Regisseur, wie es heißt. Er war für die Neuköllner Jugendförderung als «Videofilmer mit Kindern und Jugendlichen tätig»[10]. Heute ist er Vertreter der Fraktion im REP-Arbeitskreis Medien, der von Rolf von Niewitecki geleitet wird. Anläßlich der Wahlen zum Berliner Abgeordnetenhaus schusterte er einen unsäglichen Werbespot zusammen, indem er Bilder von ausländischen Bürgern mit der Filmmusik «Spiel mir das Lied vom Tod» unterlegte. Der «Bürgerinitiative gegen Steuerverschwendung der Parteien» fiel unangenehm auf, daß sich die REPs eine professionelle Video-Farbkameraanlage für 64 000 DM zugelegt hatten. Man brauchte die, so die Fraktion auf Anfrage, für die Öffentlichkeits- und «Medienarbeit», um «das öffentliche Meinungsmonopol durch eigene Spots» zu durchbrechen. Das Geld für die Anlage, die Michael Häusler bestellte, stammte aus den staatlichen Zuschüssen für die Fraktionen – für «personelle, sachliche und politische Bedürfnisse» sowie «der Unterhaltung der Fraktionsbüros».

Herr Häusler, dessen Redestrom, wenn er erst einmal sprudelt, schier unerschöpflich ist, nutzt die Gelegenheit, solange ihn niemand unterbricht, weitschweifig von seinen rhetorischen Erfolgen bei Andersdenkenden zu berichten. So habe er vor Studenten über die Ziele der REPs diskutiert, obwohl die langhaarig gewesen seien und merkwürdige Kleidung getragen hätten. Er habe sich sogar insgeheim gefragt, ob das nicht verlorene Mühe sei, sich mit Leuten auseinanderzusetzen, die ohnehin als Wählerpotential nicht in Frage kämen. Doch weit gefehlt! Wer erst einmal das Programm zur Kenntnis nähme, merke gleich, daß die REPs keine Nazis wären.

Der Unterschied zu den anderen Rechtsparteien, fährt Herr Häusler fort, sei eben, daß die kein Programm hätten und, wenn man genauer nachfragte, auch nicht wüßten, warum sie stolz wären, Deutsche zu sein. Das gälte für die NPD, die DVU und die FAP.

Hier schaltet sich einer der Anwesenden ein. Ungefähr dreißig junge Männer sind mittlerweile im Raum, alle, wie es scheint, unter vierzig, außer dem Potsdamer Kraftfahrer Peter Gillian, dem frischgebackenen Vorsitzenden des Landesverbandes Brandenburg.[11] Die meisten tragen die üblichen «stone-washed» Jeans, einige Bomberjacken. Der stellvertretende Vorsitzende des Kreisverbandes Brandenburg zum Beispiel hat eine Art Sweatshirt an mit der Aufschrift «Let's get sweat», zusammen mit einem stilisierten Gewichtheber. Er ist von stämmiger Gestalt, mahlt ununterbrochen mit den Kiefern auf Kaugummi, trägt sein Haar hinten zu einem kleinen Pferdeschwanz und redet, wie ihm das Maul gewachsen ist. Berichtet der Abgeordnete von seinem Lampenfieber vor der ersten Parlamentsrede, weil er keine Erfahrung darin gehabt hätte, und von den anfangs störenden Zwischenrufen eines «schwulen Alternativen», nickt der junge Mann zustimmend, als könne er das nachvollziehen.

Er wisse überhaupt nicht, wer diese anderen Parteien wären, sagt einer meiner Nachbarn, der eine winzige Unterbrechung im Redefluß des Abgeordneten für eine Frage ausnutzt. Die FAP kenne er nicht. Herr Häusler geht nicht darauf ein. Merkwürdig ist, daß er an der FAP nur das fehlende Programm und nicht deren Aktionen kritisiert. Diese Gruppe, die «Freiheitliche Deutsche Arbeiterpartei», wurde 1979 in Wiesbaden gegründet und diente als Sammelbecken für die Anhänger des militanten Neonazis Michael Kühnen und dessen verbotener ANS/NA, einer Splittergruppe, deren Schlägertrupps sich auf die Tradition der SA beriefen.

Der Zwischenrufer, der aus der Gegend von Köpenick kommt, ist unter anderem Fußballschiedsrichter und interessiert sich für Jogginganzüge mit Symbolen der REPs. Wenn möglich mit einem Porträt Franz Schönhubers. Er würde sich nicht scheuen, so etwas zu tragen, notfalls aber nach innen gewendet. Wie die meisten der Anwesenden aus Ost-Berlin wird er die «Allianz für Deutschland» wählen, mangels besserer Alternativen, da die «Republikaner» noch verboten seien. Er weiß auch von einem Kiosk in der Nähe eines S-Bahnhofs, wo Propagandamaterial der konservativen Parteien ausläge. «Ich kann nicht einfach unsere Flugblätter dazulegen», sagt er, «die würden mich auseinandernehmen.» Aber ein paar dazwischenschmuggeln, das kriege er hin.

Einer seiner Kameraden wagt es, da der Herr Abgeordnete offenbar einen Moment schweigen will, von seinen Aktionen zu erzählen. Sie hätten drüben ein stillschweigendes Abkommen mit der «Allianz», daß die Ost-REPs auf deren Veranstaltungen nicht offen auftreten würden. «Wir verteilen aber deren Flugblätter», berichtet er, und die eigenen gleich mit.

Die Menschen, die er auf dem Alexanderplatz anspräche, wären zunächst erschrocken, wenn er sich als REP zu erkennen gäbe. «Wenn sie aber unsere Flugblätter lesen», meint der Aktivist, «dann denken die ganz anders über uns.» Der Schiedsrichter fällt mit einer weiteren Anekdote ein. In seinem Haus wohne ein Altkommunist, «so um die 80». Der wäre schon bei Ernst Thälmann mitmarschiert, aber nie Mitglied der SED gewesen. Ihm hätte er ein Flugblatt zugesteckt. «Der gab es mir am nächsten Tag zurück», sagte er, «hat keinen Kommentar abgegeben, aber draufgeschrieben, das sei annehmbar.» Während er erzählt, gerät er in Begeisterung, die der Herr Abgeordnete meint ein wenig dämpfen zu müssen. «Wenn uns Kommunisten gut finden, müssen wir vorsichtig sein», warnt Michael Häusler.

Ein sonderbarer Druck, sich vor einem nicht vorhandenen Publikum zu rechtfertigen, lastet auf den Gesprächen der jungen Rechtsradikalen. Wie ich mehrfach, auch bei ihren «Kameraden» aus dem Westteil der Stadt, erlebt hatte, drehen sich viele Unterhaltungen um das Thema, daß sie egentlich keine «Nazis» seien, selbst wenn ihnen niemand zuhört, den sie als Gegner identifiziert haben. Das unterscheidet die Jung-REPs noch von den militanten Neonazis etwa der FAP oder der «Nationalistischen Front». Nur: konkret werden sie nie; keine Diskussionen, was einen Nazi von einem Nichtnazi unterscheiden könnte. Es geht vielmehr darum, sich wechselseitig zu bestätigen, daß man doch nichts Übles wolle und nicht so bösartig sei, wie die von der Presse verhetzte Öffentlichkeit immer annimmt.

Das bestätigt auch eine Beobachtung von Sozialwissenschaftlern, die sich mit dem Phänomen des modernen Rechtsradikalismus beschäftigt haben. Die Wähler der REPs, etwa in einer Großstadt wie Berlin, kommen nicht aus einer bestimmten sozialen Schicht, obwohl die sogenannten «kleinen Leute» deutlich überrepräsentiert sind. Vielmehr spiegeln sie ein «interklassistisches Protestpotential» wider, so Claus Leggewie[12], dessen «populistische Quersumme der Unzufriedenen» aus allen Lagern stammt: nationalkonservative Unionsanhänger und Nationalliberale gehören ebenso dazu wie heimatlose Sozialdemokraten, bisherige Nichtwähler sowie Jung- und Erstwähler.

Besonders für die Sympathisanten der REPs im ehemaligen SED-Staat dürfte zutreffen, was Leggewie über den «Verlust des Politischen» schreibt: «Wenn ihr uns vorgaukelt, eure Kommuniqués seien Politik, dann spielen wir Wählen.» Die klassische Parteien«landschaft» des «Realen Sozialismus» hat sich dermaßen diskreditiert, daß selbst ein extremes Protestverhalten gesellschaftsfähig wird. «REPs wählt, wer die banal-komplizierte Wirklichkeit nicht mehr aushält; REPs zu wählen ist die Übertragung einer weitverbreiteten «exit»-Option (z. B. Wahlenthaltung, politisches Desinteresse) zurück ins politische System.»[13]

Wer leugnet, ein Nazi zu sein, obwohl ihn alle dafür halten, muß das Gefühl haben, aus dem allgemeinen Konsens politischen Denkens herausgefallen zu sein. Dennoch möchte er aber akzeptiert werden. Sich immer als Opfer, nie als Täter zu fühlen sei, meint Claus Leggewie, das Verhalten des modernen, «eindimensionalen» Gemütsmenschen. «Ich bin es nicht, nur Adolf Hitler ist ein Nazi gewesen.» Vielleicht liegt diesem Gefühl auch der unbewußte Wunsch zugrunde, einmal Täter zu sein, einmal Macht auszuüben, nicht immer jemand zu sein, über den bestimmt wird und auf den unbekannte Kräfte einwirken.

Der Herr Abgeordnete ist mittlerweile schon wieder bei den «Negern» angelangt. Die Ost-REPs scheinen kein Interesse zu haben, sich detailliert über republikanische Programmatik auseinanderzusetzen. Sie stecken die Flugblätter ein, die ihnen der anwesende Vorsitzende des Kreisverbandes Brandenburg vorlegt, mustern die zum Verkauf angebotenen Skat-Spiele und schweigen. Zum Schluß des Gesprächs mit den Amerikanern, referiert Michael Häusler, hätten ihn zwei Neger angesprochen. Bei ihnen in den USA gäbe es auch zu viele Ausländer, meinten die. Das ist Anlaß zu befreiendem Gelächter – mit dem Unterton: wir sind ja gar nicht so, selbst «die Neger» haben eine ähnliche Meinung wie wir.

Der einäugige König

Gesichtskontrolle im Vorfeld: ein junger Mann im dunkelgrauen Anzug sieht mich scharf an, ich zeige wortlos meinen «Republikaner»-Ausweis, passiere die schweren Holztüren zu einem Sitzungssaal im Rathaus Schöneberg. Dahinter zwei Herren in grüner Bomberjacke, Knobelbechern, Jeans, mit kurzgeschorenen Haaren, die gelangweilt die Hereintretenden mustern.

Heute, einen Tag vor der Volkskammerwahl der DDR, im März 1990, wird der Landesverband Ost-Berlin der REPs gegründet. Da man sich offenbar nicht sicher ist, ob eine derartige Veranstaltung im Ostteil der Stadt störungsfrei abliefe, wurden die Parteifreunde aus der DDR in das Rathaus West-Berlins geladen. Termin und Ort waren geheimgehalten worden, Pressevertreter mußten leider draußen bleiben.

Der Saal bietet 150 Personen Platz und ist fast ganz gefüllt. Ordner tragen zusätzliche Stühle herein. Ich sehe Johannes Kösling neben den Ost-Berlinern sitzen. Kurz vorher hatte er mir gesagt, sein Traum wäre es, noch einmal Vorsitzender eines Ortsverbandes im Ostteil der Stadt zu werden, etwa Marzahn oder Lichtenberg. Ich begrüße ihn, ebenso Matthias Bath, der in Berlin-Steglitz seine Fäden spinnt und heute eine wichtige Rolle spielen wird, da er bisher die Kartei der Ost-Mitglieder geführt hat.

Rechts ist der Devotionalienstand, wie immer umlagert von Interessierten: hier gibt es Bierseidel, die unvermeidlichen Skatspiele und Kugelschreiber, Aufkleber, Programme, unter anderem ein «Wahlprogramm zu den Volkskammerwahlen», sowie blaue Hemden mit REP-Initialen, die noch zu den Zeiten des Herrn Andres bestellt worden waren und jetzt losgeschlagen werden müssen. Merkwürdig, daß die Bücher Schönhubers nicht feilgeboten werden, wahrscheinlich deshalb, weil sie für die armen Brüder und Schwestern aus dem Osten unerschwinglich wären.

Schwestern sehe ich kaum. Unter den 68 stimmberechtigten Parteimitgliedern aus der Noch-«Hauptstadt» gibt es nur ein halbes Dutzend Frauen, von denen sich mindestens zwei eindeutig als Gattinnen identifizieren lassen. Die anderen sind Teenager, denen man auf den ersten Blick weder politisches Charisma noch erwähnenswerte intellektuelle Fähigkeiten zutraut. Bezeichnend für die REP-Frauen jüngeren Alters, so mein subjektiver Eindruck, ist eine Mimik, die entfernt an ein Computerspiel erinnert: nur drei oder vier mögliche Varianten der Gefühlsregung, gekoppelt entweder mit einer Hartfaserfrisur oder einem extrem auffälligen Haarstyling, in dem sich die Blicke der Männer verfangen.

Je länger ich die Anwesenden beobachte, desto mehr komme ich zu dem Schluß, daß es sich hier um die größte Ansammlung unattraktiver Männer handelt, der ich, außer bei der Bundeswehr, jemals beigewohnt habe. Zwei Drittel schätze ich auf unter dreißig, die anderen mehr im Rentenalter. Die wenigen zwischen dreißig und fünfzig kenne ich als aktuelle oder potentielle Funktionäre der West-REPs.

Bekanntlich sind unsere Maßstäbe für Schönheit oder Attraktivität von schichten- und geschlechtsspezifischen Vorurteilen geprägt. Manchen Männern macht es nichts aus, sich mit einem aufgeschwemmten Bauch, der über den Gürtel der Hose schwappt, in der Öffentlichkeit zu zeigen, auch wenn sie sonst keine Qualitäten haben, die diesen ästhetischen Mangel kompensieren könnten. Vielleicht tragen die Jung-REPs deshalb, in Ermangelung sonstiger individueller Merkmale, T-Shirts mit der Deutschland-Fahne, mit dem Adler und dem Motto: «Ich bin stolz, ein Deutscher zu sein.» Je weniger persönliches Selbstbewußtsein man hat, desto mehr wird man dazu neigen, die eigene Identität mit Symbolen der sozialen Gruppe, in der man sich bewegt, äußerlich zu verstärken.

Viele der einfachen Mitglieder stammen, das sieht man hier noch deutlicher als auf dem West-Berliner Parteitag der REPs im Februar

1990, aus dem Arbeitermilieu. Denen macht es überhaupt nichts aus, auf einer feierlichen Gründungsversammlung der Partei mit Jeans und in weißem Unterhemd zu erscheinen. Ein subtiles Symbol, wie etwa ein dezent blauer REP-Schlips, ist nicht ihre Sache. Das ist etwas für jene, die einen Posten haben wollen.

Der Stoppelschnitt, fast in Skinhead-Manier, den sich viele der jungen Männer im Saal zugelegt haben, wirkt asketisch, ja aggressiv, fast ein offen vorgezeigter Verzicht auf erotische Ausstrahlung.

Carsten Pagel, der frisch gewählte Vorsitzende des Westberliner Landesverbandes, nimmt vorn Platz. Er beherrscht mehrere soziologische Codes. Zum einen distanziert er sich nicht von den Männern, die ihn später, wenn es Gesamtberliner REP-Landesparteitage geben wird, wählen sollen: ordentlicher Haarschnitt, wie es sich für einen angehenden Juristen geziemt, gepflegte Kleidung, heute aber eher leger: schwarzes Hemd ohne Binder, sportliche Hosen. Zum anderen kann er sich aber auch unter Polit-Youngstern vom Schlage des österreichischen Aufsteigers Jörg Haider bewegen.

Über die Wirkung dieser neuen Sorte rechter Politiker auf ganz unterschiedliche Personengruppen schreibt der Journalist Walter Oswalt: «Die Blicke junger Mädchen und Hausfrauen, das Klatschen der kleinen Angestellten und leitenden Beamten, das beifällige Nicken der Yuppies und das Gegröle alter Nazis werden zu einer Einheit.» [14]

Carsten Pagel hat einen bewegten politischen Lebenslauf. 1981, damals war er 18, wurde er Kreisvorsitzender der Jungen Union Tiergarten, nachdem er sich in der rechtslastigen Berliner Schülerunion profiliert hatte. Die BSU, 1972 zu Hochzeiten der Linken gegründet, galt von Beginn an manchen Christdemokraten als sehr konservativ, was etwas heißen will. Zwei Jahre später, 1983, gab es den ersten politischen Skandal. Der damalige Kreisvorsitzende der CDU in Wilmersdorf, Ekkehard Wruck, sah sich gezwungen, seine Partei zur «aufklärerischen Abgrenzung gegen jede Form von Radikalismus» aufzufordern. Was war geschehen?

Mitglieder der Jungen Union produzierten seinerzeit die Zeitschrift «Klartext», die in einigen Schulen, unter anderem am Französischen Gymnasium in Tiergarten, Verbreitung fand. Dessen Leiter schrieb Ende Januar 1983 einen Brief an den Landesvorsitzenden der JU. Er verbitte sich, daß dieses Blättchen vor seiner Schule weiterhin verbreitet würde. Die «Süddeutsche Zeitung» schrieb: «Das von ihm beanstandete Heftchen enthielt einen heroisierenden Nachruf auf Hans-Ulrich Rudel, den Fliegeroberst im Zweiten Weltkrieg, der sich – und das verschwieg der Autor – auch nach dem Krieg zum Nationalsozialismus bekannte und gerngesehener Gastredner bei Alt- und Neonazitreffen war. Dieser Beitrag habe, so ließ der Oberstudiendirektor wissen, unter den deutschen und französischen Lehrern und Schülern erhebliche Verwirrung über die politischen Ziele der Jungen Union hervorgerufen... Der Artikel bedient sich der sprachlichen Klischees der Hitlerzeit... aber auch der gedankliche Inhalt ist zu beanstanden: Er verherrlicht einen Offizierstyp, ohne den die deutschen Angriffskriege, auch der Überfall auf Frankreich, nicht möglich gewesen wären.» Mitherausgeber des «Klartext» war, das stellten Berliner Zeitungen fest, der Kreisvorsitzende der JU Tiergarten, Carsten Pagel. Der meinte dazu, von dem Artikel vorher nichts gewußt zu haben.

Der CDU-Politiker Wruck berichtete, ihm sei zu Ohren gekommen, daß sogar ein Verbot der Schriften von Bertolt Brecht an den Schulen verlangt worden wäre. Die «Rechtsaußen-Tendenzen» in der Union würden von Älteren geduldet, man dürfe die Schuld nicht nur bei den Jüngeren suchen. Er habe schon im vergangenen Jahr den Kreisvorsitzenden der Tiergartener CDU und den stellvertretenden Landesvorsitzenden, Peter Kittelmann, auf diese Erscheinungen hingewiesen.

Kittelmann hatte sich in der Berliner CDU vor allem durch gezielte Förderung des Nachwuchses verdient gemacht. Er organisierte eine informelle Gruppe, den sogenannten «Kittelmann-Kreis», auch die «K-Gruppe» genannt, die sich regelmäßig traf und dessen Teilnehmer sich in, wie Michael Sontheimer schreibt, «Kaderpolitik und Kungelkunst» [15] übten. Sontheimer zitiert das ehemalige «K-Gruppen»-Mitglied Wolfgang Hackel: «Diejenigen Politiker, die über die Junge Union in ihrem Verband in verantwortliche Positionen gekommen waren, konnten nicht nur über die Mitarbeit in ihrem Verband avancieren, sondern in fast allen Fällen durch die Zugehörigkeit zu einer informellen Kerngruppe.» [16] Zu den Schützlingen Kittelmanns zählte auch Carsten Pagel.

Einer der Chefs der «K-Gruppe» war – neben dem ehemaligen Bürgermeister Eberhard Diepgen – Klaus-Rüdiger Landowsky, wie Pagel ein früherer Vorsitzender des JU-Landesverbandes. Als organisatorische Vorläuferin der «K-Gruppe», in der das heute benötigte Politiker-Handwerk vermittelt wurde und in der man Entscheidungen informell vorbereitete und durchsetzte, darf die sogenannte «Elfer-Riege» gelten, die in den sechziger und siebziger Jahren die Parteispitze dominierte, mit der «Galionsfigur» Peter Lorenz, wie ihn Sontheimer nennt, der wiederum Eberhard Diepgen protegierte.

Die damaligen Frontlinien prägten auch die Frühzeit der politischen Karriere Carsten Pagels. Der Rechtsanwalt Wruck, der vor rechtsradikalen Tendenzen in der Jungen Union gewarnt hatte, wurde als Vertreter des «Reformflügels» gehandelt, der sich gegen die «Betonfraktion» durchzusetzen versuchte. In Wilmersdorf siegten die «liberaleren» Kräfte, wobei sich ihre Vorgehensweise nicht von der der Hardliner unterschied. Sontheimer läßt einen – namenlosen – ehemaligen Senator zu Wort kommen: «1977 haben der heutige [Das Buch «Antes & Co.» erschien 1986, B. S.] Kultursenator Volker Hassemer und Dietrich Mahlo und Ekkehard Wruck, die heute im Abgeordnetenhaus sitzen, in Wilmersdorf tabula rasa gemacht.» Die «Reformisten» hätten die Mehrheiten umgedreht und dann «gnadenlos durchgewählt».[17]

Kittelmann bemühte sich nach dem Aufsehen, das der umstrittene «Klartext»-Artikel erregt hatte, und nachdem eine Durchsicht der anderen Nummern ebenfalls gewaltverherrlichende und zu Haß und Intoleranz anstiftende Tendenzen offenbarte, Ruhe zu schaffen. Er sprach davon, daß die «schwarzen Schafe» sich distanziert hätten. Carsten Pagel trat als JU-Kreisvorsitzender zurück.

Die entsprechende Sitzung zur Wahl seines Nachfolgers gestaltete sich allerdings etwas chaotisch und zeigte einiges von den damals schon vorhandenen Führungsqualitäten Pagels. Der mit zwei Stimmen Mehrheit knapp obsiegende Volker Liepelt kam «plötzlich auf die Idee», Pagel und einige seiner Freunde zu seinen Stellvertretern wählen zu lassen, und offenbarte damit, wie die «Süddeutsche» kommentierte, «seine Marionettenfunktion». Die Versammlung platzte und mußte wiederholt werden.

Im Frühjahr 1984 war Carsten Pagel wieder Vorsitzender der Jungen Union im Bezirk, außerdem gehörte er dem Kreisvorstand an und zog im nächsten Jahr in die Bezirksverordnetenversammlung ein. Mitglieder der JU führten das Ausbleiben des nach der «Rudel-Affäre» eigentlich angesagten Karriereknicks Pagels auf die schirmende Hand Kittelmanns zurück. «Ohne Kittelmanns Unterstützung wäre der nie wieder hochgekommen», zitierte die «taz» einen Insider.

1987 jedoch kam es zum Bruch. Kittelmann hatte sich einen anderen Zögling, Gunnar Sohn, für das Amt des Landesvorsitzenden der Jungen Union vorgestellt. Pagel jedoch, so ging das Gerücht in der Partei, würde einen Vertreter des Reformflügels unterstützen. Die «taz» schrieb: «‹Wer bei Kittelmann aus der Reihe tanzt, fliegt raus!› erläutert ein JU-Funktionär – und so geschah es.» Vor der entscheidenden Versammlung stimmte Kittelmann zu, daß aus einem anderen Bezirk, nämlich Charlottenburg, ein gutes Dutzend Parteimitglieder nach Tiergarten «überwiesen» wurden, was Pagels Hausmacht ins Wanken gebracht hätte.

Während der Wahl tauchten plötzlich schwarzgekleidete Gestalten in lederner Motorradfahrerkluft auf, die den Charlottenburgern den Zutritt in den Raum verwehrten und den damaligen Landesvorsitzenden Dieter Dombrowski in den Polizeigriff nahmen, eine Maßnahme, die der spätere REP-Chef Bernhard Andres liebend gern in der Öffentlichkeit vorführte. Vielleicht rührt Pagels Spitzname unter früheren Parteifreunden daher: sie nennen ihn «Zorro». Damals sprachen einige Mitglieder der Jungen Union von «SA-Methoden».

Ein Parteiausschlußverfahren drohte, dem Carsten Pagel mit seinem Übertritt zu den «Republikanern» im Dezember 1987 zuvorkam. Ebenfalls zu den REPs wechselte Markus Motschmann, der Verfasser des umstrittenen «Klartext»-Artikels über Rudel. Motschmann hatte auch die Tätowierung von AIDS-Infizierten «auf einer nur beim Geschlechtsverkehr sichtbaren Stelle» [18] gefordert.

Bis zum REP-Parteitag im Februar 1990 stand Pagel noch im Hintergrund. Als graue Eminenz der Fraktion im Abgeordnetenhaus werkelte er an seiner Karriere, deren vorläufiger Gipfel nur das Amt des Landesvorsitzenden sein konnte. Sein Kontrahent, der Polizist Bernhard Andres, sah sich bald von Feinden umzingelt. «Republikaner sind Wölfe», sinnierte Andres, «und wer die Wölfe losläßt, der ist selber schuld.» Der Oberwolf mußte aber nach unzähligen Querelen und erbittertem parteiinternem Grabenkrieg das Handtuch werfen.

Kurz vor dem entscheidenden Griff nach der Macht tauchte für Carsten Pagel ein unerwartetes Hindernis auf. Der noch amtierende Landesvorsitzende Oliver Straube wollte es nicht wagen, gegen Pagel zu kandidieren. Das tat jedoch Dr. Ekkehard Birkholz, stellvertretender Direktor der Clay-Schule in Berlin-Neukölln, aktiver Schachspieler und ehemaliges SPD-Mitglied. Der versuchte, die REPs durch Appelle zur Zusammenarbeit der verfeindeten Lager für sich einzunehmen. Dem «Harmoniebedürfnis der Mitgliedschaft» stehe «Mangel an Geduld, Beharrlichkeit, Organisationsvermögen und Kompromißfähigkeit der jeweiligen Führungsgremien gegenüber.»

Birkholz verteilte eifrig Flugblätter, die zum «Neubeginn» – unter seiner Führung natürlich – aufriefen. «Wie groß muß der Leidensdruck sein», klagte ein Aufruf, den mehrere Neuköllner Mitglieder unterschrieben, «bevor wir zueinander finden?»

Die Wahl geriet jedoch zum Fiasko. Carsten Pagel sammelte mehr als doppelt so viele Stimmen hinter sich wie Birkholz. Damit nicht genug: der Unterlegene wurde noch nicht einmal in den Landesvorstand gewählt. Bei der Wahl der Beisitzer, für deren Posten sich ein gutes Dutzend Kandidaten bewarben, präsentierte Pagel der Versammlung einen vorher gedruckten Stimmzettel mit seinen fünf Vorschlägen an der Spitze, nicht als Versuch der «Beeinflussung», sondern nur, um den Delegierten das mühevolle Mitschreiben der Namen zu ersparen. Exakt diese fünf erhielten die meisten Stimmen, was niemanden mehr überraschte: ein lehrbuchmäßiger Durchmarsch.

Eines der älteren Parteimitglieder sagte während der Veranstaltung zu mir: «Der Birkholz hat ja 'ne nette Rede gehalten, aber der ist nicht hart genug.»

Nun, da Pagel im Westen am Ziel ist, sich aber seiner Macht bei den Ost-REPs noch vergewissern muß, kann er auf seine Seilschaft bauen: neben ihm, als Verwalter der Mitgliederkartei (Ost), sitzt Matthias Bath, ein Mann mit weichen, jungenhaften Gesichtszügen und wie Pagel Jurist.

Die beiden kennen sich seit den Zeiten der Berliner Schülerunion. Bath war damals 15 und schon einer der Vordenker. Die Menschen seien von Natur aus ungleich, formulierte er vor der Presse sein konservatives Weltbild, und «zu mindestens 50 Prozent» durch Veranlagung, nicht durch Umwelt bestimmt. Er wetterte gegen die Liberalisierung des Demonstrationsrechtes und des Abtreibungsparagraphen 218 durch die damalige sozialliberale Koalition sowie gegen die «an den Schülern vorbeigeplante» Bildungspolitik. Die Union sollte ruhig kämpferischer sein, er dächte dabei an das Beispiel Alfred Dregger.

Vorbild und Beispiel für Matthias Bath dürfte aber eher sein Vater gewesen sein, der Landesschulrat Herberth Bath, ein früheres SPD-Mitglied. Der hatte 1982 auf einer Veranstaltung ein Referat gehalten, in dem er sich gegen den Begriff «Integration» im Zusammenhang mit einer künftigen Ausländerpolitik wandte. Kernpunkt des Vortrages war die Behauptung einer schleichenden Landnahme durch eine fremde Bevölkerung. Die Deutschen sollten ihren Anspruch sichern, nicht in einem Vielvölkerstaat zu leben – Thesen, die heute vor allem von den REPs vertreten werden. Teile der SPD strengten folgerichtig ein Parteiausschlußverfahren an, die GEW eine Dienstaufsichtsbeschwerdekampagne.

Matthias Bath, der auch der Jungen Union angehörte, geriet Ende der siebziger Jahre in die Schlagzeilen der Presse. Im Juli 1979 berichteten die Zeitungen in großer Aufmachung vom Austausch des «Meister-

Carsten Pagel und Matthias Bath (rechts)

spions» und ehemaligen Sprechers der Berliner SPD, Heinrich Burger, gegen vier von der DDR inhaftierte Westberliner. Einer der Ausgetauschten war der Student Bath, der drei Jahre vorher wegen Fluchthilfe, im Jargon der damaligen DDR wegen «staatsfeindlichen Menschenhandels», zu fünf Jahren Haft verurteilt worden war.

Bath, der vom Staatsanwalt des Bezirksgerichts Frankfurt/Oder als «Schleuserknecht» bezeichnet wurde und der die Angelegenheit nicht unter finanziellem, sondern unter einem sehr idealistischen Aspekt gesehen hatte, war von einem Funktionär der Jungen Union zu dem waghalsigen Unternehmen überredet worden. Bei der Vernehmung durch die DDR-Behörden gewann er den Eindruck, irgendwie hintergangen worden zu sein. Er wäre nicht der erste Mitarbeiter des «Herrn R.» gewesen, der aufgeflogen war. Der Zubringer, der den Flüchtling auf die Transitstrecke gebracht hatte, von wo aus Bath ihn in den Westen bringen sollte, könnte «sogar mit dem Stasi zusammengearbeitet» haben.

Über die 1197 Tage seiner Haft schrieb Bath ein Buch, schweigt sich aber über die Hintermänner der merkwürdigen Affäre aus. Es gab nämlich ein Nachspiel, das eine Illustrierte inszenierte. Die behauptete verwegen, die Hintermänner der Fluchthilfeaktionen würden «Millionen verdienen» und hätten «ihre große Karriere in der CDU» noch vor sich. Einer dieser Herrschaften kannte Bath schon aus den Zeiten eines Schularbeitskreises der JU, dem er als Mentor vorstand. Es wurde gemunkelt, Bath habe dessen «Hang zum Berliner Nachtleben mit seinen vielen Massagesalons, Etablissements und Klubs» nicht gepaßt. «Die Zeitschrift legte den Schluß nahe», faßte der Journalist Benedict M. Mülder zusammen: «Wohl deshalb habe man den jugendlichen Eiferer auf der Transitstrecke ins Messer laufen lassen.»

Die betroffenen CDU-Politiker bestritten vehement jegliche Verwicklungen in das schmutzige Geschäft mit der Fluchthilfe. Der Autor der Illustrierten-Geschichte einigte sich mit seinen Gegnern und zahlte Schmerzensgeld. Merkwürdigerweise tauchte er später als Verfasser von Werbeblättern für die CDU wieder auf.

Der Dritte im Bunde, der jetzt vorn neben Pagel und Bath Platz genommen hat, ist der beurlaubte Polizeihauptmeister und REP-Fraktionsvorsitzende Frank Degen, dem innerhalb der Partei gute Kontakte zum Verfassungsschutz nachgesagt werden. Zumindest gilt das für die Kriminalpolizei. Am 11. Oktober hatte sich Degen zum Beispiel mit Ulrich Gähner, dem Landesvorsitzenden des Bundes Deutscher Kriminalbeamter, in einem Café zum Frühstück getroffen, um «allgemeine Grundsatzfragen» zu diskutierten. Die beiden Gesprächspartner kannten sich aus der gemeinsamen Tätigkeit in einer Polizeidirektion. Gähner mußte, als ihm Degens schriftliche Bitte um ein Gespräch zuging, ein «bißchen überlegen», wie der «Tagesspiegel» schrieb, «denn nach einem Beschluß des BDK dürfen extreme Parteien nicht angesprochen werden.» Der Landesvorsitzende kann aber jeweils entscheiden, mit wem er bei Kaffee und Schrippen zusammensitzt.

Einen vierten Herrn, der sich in der Vergangenheit schon einmal politisch exponiert hat, sehe ich bei der Prominenz sitzen: Frank Schwerdt, heute Leiter des Arbeitskreises «Gesamtdeutschland». Schwerdt war in den sechziger Jahren letzter Landesvorsitzender der «Gemeinschaft Deutscher Jugend», einem Zentrum des jugendlichen Rechtsextremismus in Berlin. Dort hatte auch der rechtsradikale Gewalttäter und Bombenleger Ekkehard Weil seine politische Heimat gefunden. Nachdem sich die «GDF» über die Frage zerstritten hatte, ob nun die NPD unterstützt werden müßte, landete Schwerdt ebendort und stieg in den Landesvorstand auf. Damals war er als Organisationsleiter für alle NPD-Veranstaltungen verantwortlich. Während er heute im Umfeld von Pagel aktiv ist, treibt sich Ekkehard Weil «als Beobachter» bei der rechtsextremistischen «Nationale Alternative» in Ost-Berlin herum.

Natürlich muß sich jeder fragen, was Herren wie Carsten Pagel, Matthias Bath oder den Staatsanwalt Rolf von Niewitecki, Mitglied des Vorstandes, bewegt, in einer Partei zu agieren, deren überwiegende Anzahl von Mitgliedern aus einem völlig anderen Milieu als sie stammt und intellektuell einige Spielklassen unter ihnen rangiert. Ist es die Lust an der Macht über Leute, die ihnen nicht gewachsen sind? Ist es die Arroganz derjenigen, die andere benutzen, um ihre egoistischen Ziele durchzusetzen? Ist es bloßer Zynismus: woanders konnte man nichts mehr werden, also macht man einen eigenen Laden auf? Oder steht hinter dem Drang, in einer Parteihierarchie nach oben zu klimmen, die Unsicherheit und Ellenbogenmentalität eines gesellschaftlichen Aufsteigers, der ständig befürchten muß, wenn er versagt, wenn er nicht rabiat genug gegen Konkurrenten vorgeht, wenn er nicht gleich Nägel mit Köpfen macht, wieder nach unten zu fallen?

Der Berliner Sozialwissenschaftler Richard Stöss skizzierte die typischen «Republikaner»-Wähler als «Modernisierungs-Verlierer». Die REPs fänden überdurchschnittliche Resonanz in «Dienstleistungszentren und in urbanen (auch klein- und mittelständisch geprägten) Regionen, die weithin durch moderne Industrien, wirtschaftliche Prosperität, starken sozialen Wandel, hohe Mobilität und abnehmende Milieubindungen gekennzeichnet» seien. Der durchschnittliche Anhänger sei jedoch kein Nutznießer der Modernisierungspolitik, die auch die CDU betriebe, sondern gehöre mehr zum unteren Drittel der Gesellschaft, das unter den negativen Begleitumständen der Modernisierung leide. «Entscheidend» seien nicht Armut und soziales Elend, sondern Widersprüche zwischen «Modernisierungsverlierern» und «Modernisierungsgewinnern»: Ohne selbst arbeitslos zu sein, fühlten sie sich von der «großen Politik» vernachlässigt.

Eine psychologische Untersuchung, die im Herbst 1989 veröffentlicht wurde, spricht den REP-Wählern ein eigenes «Profil» zu: «In der Richtung des allgemeinen psychologischen Wandels haben sich die Schönhuber-Anhänger mit signifikantem Vorsprung abgesetzt.» Das gelte insbesondere für die Männer, aus denen sich der Anhang der Rechtsradikalen überwiegend rekrutiert.

Diese sehen sich, im Vergleich zu anderen, noch eigensinniger, noch stärker bemüht, andere zu übertreffen, noch massiver bestrebt, zu dominieren, noch häufiger in Auseinandersetzungen mit anderen verstrickt, noch weniger um andere besorgt.[19] Hinzu kommen eine erhöhte Neigung zu Mißtrauen und Schwierigkeiten bei enger Zusammenarbeit mit anderen. «Zugleich macht der Argwohn, den sie sich persönlich bescheinigen, ihre paranoide Vorstellung von einer Nation plausibel, die fortwährend von Übervorteilung, Ausnutzung oder Bedrohung durch Gegner, Fremde oder Randgruppen auf der Hut sein müsse.» Psychologisch sei das rechtsextreme Weltbild konsequent: eine «aggressive Überkompensation» einer im Kern ängstlich mißtrauischen Grundhaltung.

Auf diesem Nährboden können Politiker wie Pagel hervorragend gedeihen, er zieht sie geradezu an. Menschen, die keine politische Heimat in einem bestimmten sozialen Milieu finden können, sind auf Gedeih und Verderb darauf angewiesen, sich an Personen zu binden. Nicht Ideen, Überzeugungen, moralische Haltung zählen, sondern Loyalität zu dem, der einen selbst protegieren kann, der aufgrund seines informellen Vorsprungs die Macht hat, Parteikarrieren zu stiften oder auch zu verhindern. Eine Partei wie die REP kann nur eine Führerpartei sein, die sich an der Basis in viele kleine Möchtegern-Führerparteien aufsplittert.

Die «Macher» spiegeln den Verlust des politischen Anspruchs auf höherer Ebene wider. Der vielzitierte «kleine Mann», der die REPs wählt, fühlt sich von der hohen Politik allein gelassen. Ihm ist es egal, wer regiert, er ist auf jeden Fall dagegen. Er fühlt sich, so eine Formulierung Claus Leggewies, als «Vertriebener im eigenen Land». Er hat Angst, den mühsam erreichten und permanent gefährdeten sozialen Status zu verlieren. Er braucht dazu nicht den Ausländer nebenan, um sich unwohl zu fühlen: ihm reicht sein subjektives Klischee, das er sich aus dumpfen Stammtischvorurteilen, dem, was im Fernsehen gezeigt wird und was ihm seine Parteioberen als angebliche Realität vorkauen, zusammenbastelt. Nicht zufällig entspricht diesem «Leckt mich doch»-Gefühl der Werbeslogan der Rechtsradikalen: «Man kann wieder wählen.»

Männer wie Pagel zeigen, was man tun kann. Um welche Partei es sich handelt, in der man Karriere macht, ist relativ egal. Wir boxen uns durch, wir zeigen Ellenbogen, wir zeigen es denen da oben. Was ihr von uns denkt, ist uns doch schnuppe. Wir halten eurer Gesellschaft den Spiegel vor. Wenn ihr denkt, ihr kriegt uns klein, habt ihr euch getäuscht. «Wir spielen auf Angriff»: eine umjubelte Phrase Franz Schönhubers.

Parallel dazu die klammheimliche Einschränkung: Wir sind aber gar nicht so, wir sind keine Nazis. Wir sind wie ihr, schöne Demokraten. Ihr müßt uns anerkennen. Wir sind nicht dafür verantwortlich, wenn die Ausländerfeindlichkeit zunimmt, wir nicht, immer die anderen. Wir sind für überhaupt nichts verantwortlich.

Carsten Pagel versucht in seiner programmatischen Rede vor den Ost-Berlinern, dieses Gefühl vorsichtig zu formulieren. Frank Degen hatte die Veranstaltung eröffnet, die Prominenz vorgestellt, einschließlich sich selbst, und einen Versammlungsleiter vorgeschlagen, der, da natürlich niemand widerspricht, prompt gewählt wird. Dann wird, um authentisch Demokratie zu spielen, eine Mandatsprüfungskommission eingesetzt, die die Anzahl der stimmberechtigten Mitglieder überprüfen muß. Ich sehe den Abgeordneten Richard Miosga nach vorn eilen, der als Beruf «Kaufmann» angibt und den der alte Vorsitzende Andres schon deshalb als «Sicherheitsrisiko» ansah, weil seine Ehefrau angeblich Tschechin sein soll und «zwei Staatsbürgerschaften» besäße.

Pagel redet frei und wirkt, obwohl er in den Augen des Publikums als angehender Jurist zu etwas Höherem berufen ist, überaus volksnah. Während Pagels energischer Ausführungen über die zukünftigen Aufgaben der Partei hörte ich ein älteres Mitglied flüstern: «Da spricht der Staatsanwalt.» Das unterscheidet ihn vom demagogischen Populismus Schönhubers oder Le Pens: Er ist nicht der Typ für vom Bierdunst geschwängerte Säle, benutzt keine kräftigen Ausdrücke, pöbelt den politischen Gegner nicht an.

Das ist gleichzeitig seine Schwäche. Wenn es den schon gäbe, wäre er ein Mann des Apparats. Er kennt seine Grenzen, begeht nicht den Fehler, das nicht vorhandene Charisma durch rhetorische Kraftanstrengungen herbeireden zu wollen. Man hat den Eindruck, daß er sich nicht über das notwendige Maß hinaus exponiert. Dieser Mann macht keine Fehler, weil er keine Ecken und Kanten hat. Er wartet darauf, daß andere ins Fettnäpfchen treten, um ihnen dann ihr Versagen vorzuwerfen. Er ist auf alles vorbereitet, hat den zweiten Satz im Kopf, während er den ersten noch formuliert.

Er muß große Angst vor dem Versagen haben, weil er sich gegen alle Risiken perfekt absichert: er kennt die Tricks der Geschäftsordnung, hat für jeden zu vergebenen Posten, soweit es psychologisch opportun ist, einen Vorschlag, ohne seinen informellen Vorsprung allzusehr aufzudrängen. Das funktioniert, weil die Anwesenden froh sind, daß ihnen jemand die lästigen Formalitäten abnimmt. Pagel ist der Einäugige unter den Blinden und deshalb ihr König.

«Wir wollen keine Rabaukenpartei», sagt er, weil er seine Pappenheimer kennt. Ein Beispiel sei der Bericht des «Spiegel-TV» über eine Parteiveranstaltung in Kamen. Ein junger Mann habe sich verführen lassen, mit dem Hitler-Gruß zu posieren, was prompt als repräsentatives Beispiel für die «Republikaner» durch die Medien gegangen sei. Kein Wort darüber, was jemanden dazu bewegen könnte, gerade diesen Gruß zu zeigen, statt etwa der geballten Faust. Kein Wort, wer oder was dafür verantwortlich ist, daß bei dem im Mai in Berlin-Lichtenberg verhafteten Parteivorsitzenden der «Nationalen Alternative» – die NA kandidierte in Ost-Berlin – neben diversen Waffen, Reizgas, Benzinkanistern und Totschlägern auch Propagandamaterial der REPs gefunden wurde.

Nur einmal schießt Pagel über das Ziel hinaus. Er kann der Versuchung nicht widerstehen, auch einen Lacher zu ernten. «Wenn hier im Saal Neonazis sind», ruft er, «mögen sie sich bitte melden.» Sie müßten dann hinausgehen, fügt sein Nachbar hinzu. Ich sehe zu Johannes Kösling, der völlig ungerührt die Szenerie beobachtet. Auch niemand von den zahlreichen jungen Männern mit kurzgeschorenen Haaren, Knobelbechern und Bomberjacken rührt sich.

Die Abgrenzung zu den «Rabauken», will sagen «Nazis», ist so ziemlich der einzige programmatische Punkt, der Pagel vor den DDR-Bürgern einfällt. Seine Rede ist blaß und wohl nur dazu gedacht, das Plansoll an intellektueller Kapazität, die man einem künftigen gesamtberliner Vorsitzenden der REPs zutraut, zu erfüllen.

Die Wiedervereinigung spielt eine Rolle, hat aber, da sie ohnehin jeder will, nicht die Funktion, einen eventuellen Hauch von Utopie herbeizuzaubern. Sie wären schon immer dafür gewesen, und zwar konsequenter als alle anderen Parteien, sagt Pagel im triumphalen Ton des Igels, der vor dem Hasen da ist. Starker Beifall, aber mehr in dem Sinn: Was sein muß, muß sein.

Der interessante Teil folgt jetzt. Es gilt, einen Ost-Vorsitzenden zu wählen. Ich bin gespannt, wer die Regie führen wird. Die meisten der knapp siebzig Stimmberechtigten sind erst seit kurzem Mitglied und dürften sich im gruppendynamischen Gestrüpp von politischen Seilschaften und personellen Intrigen nicht auskennen.

Das Problem ist folgendes: drei Kandidaten haben sich gemeldet. Der erste schlug sich selbst vor, Christian Czajka, ein junger Mann im T-Shirt, Anfang Zwanzig. Er habe nichts gelernt, sagt er mit fester Stimme: im Gefängnis hätte man keine Gelegenheit dazu. Er ist früh mit dem SED-Staat aneinandergeraten und wegen kritischer Äußerungen verurteilt worden. Jetzt arbeitet er als Lagerist in der Nähe der Schönhauser Allee.

Der zweite trägt einen Schlips, zwar erheblich zu kurz gebunden, aber immerhin: Harald Reppin hat sich schon lange für die Ziele der REPs engagiert, keine Vorstrafen, war bei der FDJ, aber nie freundschaftlich mit der SED verbunden. Er sitzt in einer der vordersten Reihen, umgeben von ähnlich ordentlich aussehenden Leuten, und scheint auf die Wahl vorbereitet zu sein.

Ein Dritter hat außer Alter und Beruf nichts zu sagen, was die Kandidatur verwegen erscheinen läßt. Pagel ergreift das Wort. Natürlich werde er sich hüten, eine Empfehlung zu geben oder beeinflussen zu wollen, sagt er. Jetzt warten alle darauf, warum er sich trotzdem zu Wort gemeldet hat. Er gebe zu bedenken, daß jemand mit Vorstrafen, weswegen auch immer, ein schlechtes Bild als Vorsitzender der «Republikaner» abgäbe. Die Presse würde sie gnadenlos ans Licht der Öffentlichkeit zerren. Außerdem müsse der Landesvorsitzende in der Lage sein, über die Ziele der Partei Auskunft zu geben und in gewisser Weise zu repräsentieren.

Damit ist alles gesagt, was gesagt werden mußte: der Herr mit dem Schlips hat dank der indirekten Empfehlung hervorragende Chancen. Die Mitglieder füllen jetzt die Stimmzettel aus, diese werden, allerdings nicht in Wahlurnen, sondern in der bloßen Hand, eingesammelt. Das Ergebnis: eine überwältigende Mehrheit für Reppin, der Lagerist bekommt nur sieben Stimmen.

Frank Degen, vorn am Podium, wird von seinen Gefühlen überwältigt. Er sei gerührt, sagt er, löst den Knoten seiner blauen Krawatte mit den REP-Rauten und schenkt sie tief bewegt dem neuen Vorsitzenden, der sie, mit ähnlichen emotionalen Wallungen und vom Beifall umrauscht, entgegennimmt.

Die Wahl zu den beiden Stellvertretern ist gelaufen, bevor sie richtig angefangen hat. Der neue Vorsitzende schlägt einen seiner Kameraden vor, Christian Claus, der zu adrett aussieht, als daß er irgendwo, weder positiv noch negativ, auffallen könnte. Der zweite, Peter Boche, hat vier Kinder, was zu Applaus animiert, und arbeitet bei den Berliner Verkehrsbetrieben (Ost). Die beiden heimsen mit Abstand die meisten Stimmen ein, während der dritte Kandidat, der bei der Wahl zum Vorsitzenden durch die Abwesenheit inhaltlicher Äußerungen glänzte, wieder durchfällt.

Schatzmeister wird Ronny Grimm, der mir schon bekannte Schiedsrichter. Er sagt, er sei Maurer, was für sein Amt nicht unbedingt qualifiziert, aber doch für eine gewisse Solidität bürgt.

Rechtsextremismus in der DDR

Randale in Leipzig: Ende Januar 1990 gründeten die «Republikaner» den Kreisverband «Leipzig-Stadtmitte». Kurz nach der Wahl des Vorstands stürmten einige Dutzend vermummte Gestalten die Bierbar des Hotels im Bahnhofsviertel, wo die Veranstaltung stattfand, warfen mit Pflastersteinen, zertrümmerten die Scheiben und das Mobiliar. Es gab Verletzte, wenige Festnahmen und später ein Flugblatt der REPs, in dem der stellvertretende Landes- und oberbayrische Bezirksvorsitzende Franz Glasauer, der dabeigewesen war, mit den Worten zitiert wurde, der Ablauf des Überfalles lasse «keine Zweifel aufkommen, daß hier Stasi-Agenten und roter Pöbel Hand in Hand gearbeitet haben». Der Vorfall zeige exemplarisch auf, «wo die wirklichen Faschisten sitzen».

Deftige Sprüche und anderes mehr ist man von Glasauer gewöhnt. Er sei wegen gemeinschaftlicher Bedrohung und Nötigung sowie fahrlässiger Körperverletzung vorbestraft, war in der Tagespresse zu lesen. Im März wurde er vom Amtsgericht Regensburg wegen «Volksverhetzung» zu einer Geldstrafe von 5000 DM verurteilt. Nach Ansicht des Gerichts hatte er mit Sätzen wie «Die Polen sind zu dumm und zu faul, um zu arbeiten» die in der Bundesrepublik lebenden Aussiedler «beschimpft, sie verächtlich und sich damit strafbar gemacht». Im Juni wurde sein Parteiausschluß verkündet: er hatte gegen Schonhüber opponiert.

Ich fuhr nach Leipzig, um mir selbst von den dortigen Anhängern der REPs ein Bild zu machen. Die Presse in der DDR hatte schon vor Monaten davor gewarnt, daß sich «der Faschismus» verbreite. Es gäbe einen allgemeinen Rechtsdruck. «Spontane» und auch «organisierte Gewalttaten» seien zu verzeichnen. In der Nähe von Rostock flog eine «streng konspirativ wirkende Gruppe» auf, die sich «SS-Geheimorganisation Wolgast» nannte. Die «Thüringisch Neuesten Nachrichten» berichteten von einer schon seit längerem bestehenden «eindeutig rassistischen Gruppe» in Blankenhain in der Nähe von Weimar, mit dem Namen «Graue Wölfe»; in Weimar operiere außerdem eine Skinhead-Gruppierung, die «Weimarer Front».

Zunächst suchte ich Dr. Wolfgang Brück auf, einen Rechts- und Kriminalsoziologen am Zentralinstitut für Jugendforschung in Leipzig. Dieses Institut, das in einem nördlichen Bezirk Leipzigs residiert, unterstand vor der Revolution dem sogenannten «Amt für Jugendfragen». Auch die Abteilung «Jugend» beim ZK der ehemaligen SED versuchte, als «Zuchtmeister» bei der Forschung mitzumischen, wie es ein Institutsangehöriger bezeichnet.

Wolfgang Brück hat sich seit längerer Zeit mit der aufkeimenden Neonazi- und rechtsextremistischen Szene beschäftigt. Schon seit Anfang der achtziger Jahre wären die Sozialwissenschaftler auf dieses Phänomen aufmerksam geworden, sagt er. Vorher sei das Thema «Neonazismus» nur von den staatlichen Sicherheitsbehörden, insbesondere dem ehemaligen Ministerium für Staatssicherheit, «verwaltet» worden. Man habe die Forschungsergebnisse der Soziologen, die «keine Gefälligkeitsergebnisse sein konnten», zwar gekannt, aber «mit außerordentlichem Befremden» aufgenommen. «Das hatte zur Folge, daß eine Panzerschrankforschung betrieben wurde», nach dem Motto, daß nicht sein kann, was nicht sein darf.

Im Oktober 1987 versuchte eine Gruppe von Skinheads, unterstützt von Sympathisanten aus West-Berlin, in die Berliner Zionskirche einzudringen. Dr. Wolfgang Brück verfolgte damals die Prozesse gegen die überwiegend jungen Leute: Sie wurden angeklagt wegen «Rowdytum», Körperverletzung und «öffentlicher Herabwürdigung».

Schon damals hätten sie, die Sozialwissenschaftler des Instituts, eine gewisse Überreaktion der Justiz festgestellt. «Wenn ein paar völlig betrunkene Skins grölend durch die Stadt ziehen und dabei das Horst-Wessel-Lied singen, müßte man sie nicht unbedingt ins Gefängnis stecken.» Erst bei Gewalthandlungen sei eine strafrechtliche Würdigung angezeigt. Die jungen Leute wurden seiner Meinung nach in eine Märtyrer- und Heldenpose gebracht. «Die Frage nach dem sozialen Nährboden, den es in dieser Gesellschaft gibt, stellte man sich nicht.»

Es zeigte sich, daß die Skins, die als erste mit faschistischen Symbolen auftraten und offen neonazistische Sprüche losließen, nicht in das Bild paßten, was die staatlichen Organe von traditionellen Straftätern hatten. Auf keinen Fall waren es durchweg «Asoziale», denn die Betriebe stellten ihnen, das berichtete auch die Presse, gute Arbeitszeugnisse aus. Expertisen wurden erarbeitet und die Motive der Skins erforscht. Brück zu den Ergebnissen: «Das waren ganz normale Jugendliche. Aber Jugendprobleme spiegeln ja immer die Probleme der Gesellschaft wider oder greifen sie auf.»

Das rechtsradikale Vokabular wurde anfangs von Jugendlichen als gezielte Tabuverletzung gebraucht. Sie wußten, hier konnten sie das System, das sich als antifaschistisch definierte und in dem der Nazismus angeblich mit Stumpf und Stiel ausgerottet worden war, am Nerv treffen. Gleichzeitig ließen sie provokativ ihrem Ärger und ihrer Wut freien Lauf.

Zu Anfang der achtziger Jahre hatte sich in der DDR zum erstenmal eine Jugendszene gebildet, «völlig spontan». Sie war Ausdruck dafür, daß die junge Generation die offziellen Verhaltensanleitungen, die vom Staat, der Partei, dem Bildungswesen, den Jugendorganisationen und anderen Instanzen ausgingen, nicht mehr akzeptierten. «Das war nicht mehr zumutbar», faßt Wolfgang Brück die damalige Stimmung zusammen. Es hätten sich mehrere Interessengruppen gebildet, «und dabei, was logisch ist, auch ein rechtes Spektrum. Das existiert in jeder Gesellschaft.»

Der Rechtsextremismus, damals unorganisiert und mehr eine Sammlung diffuser Protesthaltungen, habe seitdem mehrere «Verdichtungsstufen» erlebt. Beim Begriff «Neofaschismus» sind die Sozialwissenschaftler aber sehr vorsichtig, «weil es sich hierbei um eine politische Richtung handelt, die ganz bewußt in der Traditionslinie historischer Faschismusmodelle liegt. Die in der DDR entstandenen Formen müßte man dahingehend genau überprüfen.»

So etwas wie Rechtsextremismus habe auch schon vor der deutschen Revolution in der DDR existiert, über Jahrzehnte sogar in Kontinuität zur Faschismuszeit. Es gab Menschen, die durch die Hitlerzeit geprägt waren und «die Konturen für die Zeit danach setzten. Das deutsche Volk hing mit einer Massenbasis am Faschismus, und diese Traditionslinie war nur künstlich unterbrochen.» Rechtsradikale Tendenzen seien vor allem in «Denk- und Handlungsmustern» aufgetreten, «die Art und Weise, wie man mit Problemen umging.» Selbst in der alten Partei- und Staatsführung habe es starke antisemitische Elemente gegeben. Menschen jüdischen Glaubens, die in der sozialistischen Bewegung mitarbeiteten, hätte man irgendwie suspekt gemacht, den bekannten Wissenschaftler Prof. Kuczinsky zum Beispiel aus der politischen Arbeit in die Forschung abgeschoben. Der traditionelle Antifaschismus sei immer selektiv gewesen. Homosexuelle wurden nicht als Opfer des Naziregimes anerkannt. «Noch 1984», das hatte Dr. Brück in einem anderen Interview in Erinnerung gerufen, «verhinderte Polizei eine Ehrung lesbischer Opfer im ehemaligen Konzentrationslager Ravensbrück.»

Das, was wir heute als Rechtsextremismus bezeichnen, die Art der Menschenbehandlung etwa, war offenbar teilweise in das System integrierbar. Dazu kam als begünstigendes Moment die Isolation, die fehlende demokratische Kontrolle: «Hätten Sie es denn für möglich gehalten, daß in Gefängnissen der Staatssicherheit eine absolute Isolierung von Menschen möglich war?» fragt Wolfgang Brück. «Das erinnert an das schlimmste Kapitel der deutschen Geschichte.» In der BRD hätten die Interessengruppen der Rechten immer bessere Möglichkeiten gehabt, sich zu artikulieren. «Hier», in der DDR, «konnte sich der Rechtsextremismus nur unterschwellig zeigen, in ganz bestimmten Institutionen, etwa im Parteiapparat, in den Strukturen der Polizei, der Justiz, in bestimmten Zwangsapparaten, bis in die Schule.» Bei der ehemaligen Stasi sei das besonders stark ausgeprägt gewesen. «Es gibt keine Identität, aber schon eine Ähnlichkeit zwischen MfS und Gestapo, was die Menschenbehandlung angeht.»

Rechtsradikale Haltungen seien in der DDR latent gezüchtet worden, bis sie die Möglichkeit hatten, nach der «Wende», nachdem der Druck staatlicher Organe nachließ, sich zu verselbständigen. Er gehe davon aus, sagt Wolfgang Brück, daß die Bedingungen in der DDR für neofaschistische oder allgemein rechtsextremistische Gruppen günstiger wären als im Westen. «Wenn ein Land mit einem linken Gesellschaftsverständnis seine Identität aufgibt und in eine schwere Krise gerät, liegt ein Rechtsruck in der Natur der Sache. Gerade in der Jugend wirkt sich der Verlust von Orientierungsgrößen besonders schwerwiegend aus. Es entsteht die Bereitschaft, seinen zukünftigen Platz genau auf der Gegenseite einzunehmen.»

Der Rechtsradikalismus erstarkt, das ist mittlerweile bekannt, nicht nur in der DDR. Auch sind die REPs kein Phänomen, das allein die Bundesrepublik betrifft. In ganz Europa treten Parteien auf, die – in modernem Gewande – alte, radikal vereinfachende Modelle anbieten, wie mit sozialen Problemen umgegangen werden soll. In Frankreich rührt der Populist Le Pen offen mit ausländerfeindlichen Parolen die Werbetrommel, nicht ganz ohne Erfolg. In Österreich wurde 1956 von alten Nazis die FPÖ gegründet, die die «soziale Volksgemeinschaft» propagiert. Jörg Haider, ihr mittlerweile bekanntester Politiker, schrieb schon 1966 eine Rede, die die rechtsradikale «Deutsche Nationalzeitung» begeistert nachdruckte. Haider, jetzt Landeshauptmann in Kärnten, vermeidet faschistische Aussagen. Er geht anders vor. «Obwohl Haider für FPÖ-Publikationen politisch mitverantwortlich ist, in denen mitunter die Auschwitz-Lüge vertreten worden ist, bestreitet er selbst nicht die ‹Tatsachen›, sondern ihre Bedeutung. Er erreicht damit viel mehr als isolierte Nazi-Grüppchen.» [20]

In der Schweiz hat sich die «Nationale Aktion» fest etabliert. Einer ihrer Wortführer, Markus Rolf, verehrt Le Pen und will die Schweiz mit

Hilfe einer restriktiven Ausländer- und Asylrechtspolitik vor dem Untergang retten. In Bern schlug ein Stadtrat vor, «sämtliche Neger und Araber» der Schweiz nach Madagaskar zu deportieren.[21]

In Italien schwört die legale, aber faschistische MSI mittlerweile aus taktischen Gründen auf die Demokratie. In Dänemark sympathisieren in manchen Umfragen bis zu 20 Prozent mit der «Fortschrittspartei» des Mogens Glistrup, der Dänemark vor der zu erwartenden «Flut der Mohammedaner» bewahren will. Im belgischen Antwerpen zog 1988 der rechtsextremistische «Vlaamse Block» gleich mit zehn Abgeordneten ins Stadtparlament ein. Diese Partei hat gute Kontakte zu militanten Neonazis wie der Privatmiliz «Vlaamse Militanten Orde», die als Prügelgarde auftritt und wiederum mit deutschen «Wehrsportgruppen» zusammenarbeitet. Der «Vlaamse Block» bildet unter anderem mit den deutschen REPs die rechte Fraktion im Europa-Parlament. Selbst in den traditionell liberalen Niederlanden errang die «Centrumpartij» in Ballungsgebieten großer Städte, ähnlich den REP-Hochburgen in Teilen Berlins, beachtenswerte Prozentzahlen. Ihr Programm: Schuld an allen Problemen sind die Ausländer.

Auch in den ehemals sozialistischen Ländern gärt es von rechts. «Das hängt natürlich auch mit der Unterdrückung nationaler Eigenarten zusammen», meint Wolfgang Brück. «Eine Profilierungsgröße für den Rechtsextremismus» in der DDR sei aber die Tatsache, sagt er, «daß nach dem Verlust aller Werte durch den Untergang des Pseudosozialismus die nationale Identität allein übrigblieb. Wir haben uns daran aufgehängt. In Deutschland ist der Zusammenhang zwischen Nationalismus und ‹national› so fließend, daß die nationale Bewegung gleich ins Nationalistische überzuschwappen droht.»

Nationalismus, ohne komplizierte historische Ableitungen, heißt schlicht: Wir wollen unseren Wohlstand alleine genießen. Das sagen nicht die, die daran teilhaben, sondern die, die ohnehin chancenlos sind. Der Glaube allein zählt. Der Kern rechtsextremer Weltanschauung ist: Das Individuum bedeutet nichts – was der konkreten Erfahrung der «kleinen Leute entspricht –, die «Volksgemeinschaft» alles. Wir sind besser als die anderen. Da es keinen nachweisbaren Grund dafür gibt, sucht man den Beweis in der Biologie – eine andere Variante des religiösen Elitebewußtseins von der «Erwählung».

Walter Oswalt schreibt: «Der rassistische Nationalismus ist eine säkularisierte Religion. Als Mitglied einer höherwertigen Rasse erhält der einzelne, im Industrialismus seiner Individualität beraubt, eine Ersatzidentität. Dort, wo es wenig soziale Zusammenhänge gibt, ist die Vorstellung von der ‹Zusammengehörigkeit› besonders attraktiv.» [22]

Ähnlich sieht es auch Wolfgang Brück. Die Belebung des Rechtsextremismus sei ein Phänomen der Industriegesellschaften. Für einen Teil der Bevölkerung entstehen Bedrohungsängste für Gegenwart und Zukunft. «Jetzt suchen sie nach Ideologien, die schnelle Lösungsmöglichkeiten versprechen. Etwa: Ausländer weg. Also ganz einfache Lösungsmuster.» Das gelte besonders für die Leute, die nicht an den Schlüsseltechnologien beteiligt wären.

Die Dynamik der industriellen Entwicklung grenzt immer schneller große Gruppen von Menschen aus, macht sie arbeitslos, macht ihre Berufsausbildung überflüssig, gibt ihnen keine Chance. Man muß sich immer wieder umstellen auf neue Bedingungen. Das schafft Verunsicherung im Lebensrhythmus. «Vor allem bei Menschen», sagt Brück, «die bildungsmäßig nicht auf der Höhe sind.» Sie könnten nicht alle Aspekte der modernen «Produktivkraftentwicklung» begreifen und sich als Persönlichkeiten darauf einstellen.

Für einen Staat wie die DDR kommt in besonderem Maße hinzu, daß sich die Menschen auch auf der politischen Ebene entfremdet fühlen. Der «Sozialismus» ist ursprünglich mit dem Anspruch angetreten, daß es nur um den Menschen gehe. «Der real existierende Sozialismus hat bewiesen, daß es nur darum ging, daß bestimmte führende Machtgruppen ihre Pfründe und Privilegien sichern konnten.»

In der DDR, das sei die aktuelle Lage, könne man aber keine rechtsradikalen Drahtzieher ausmachen, stellt Wolfgang Brück fest. «Die Profilierungsleute für dieses Spektrum sitzen in der BRD.» Das Ausmaß der «Sponsorentätigkeit» sei ihnen allerdings unbekannt. «Wir haben da keinen Einblick.» Es werde aber in der Zukunft auch Personen in der DDR geben, die eigenständig rechtsextremistische Positionen und Denkmodelle entwickeln würden. «Es wird mehrere Flügel geben, die die Interessengruppen der Gesellschaft widerspiegeln.»

Zur Zeit, das gilt für das Frühjahr 1990, hält sich die betreffende Szene noch zurück. Man pflegt ein biedermännisches Image. Dr. Brück: «Sie sind nicht zufrieden, wenn Jugendliche sehr deftig zu rechtsradikalen Ideologismen greifen, etwa zu antisemitischen Parolen oder Grenzforderungen. Das liegt in der Tatsache begründet, daß der Rechtsextremismus bei uns noch in der Anfangsphase ist, auch in Organisationsstrukturen. Man muß noch um die Massen werben.» Es gäbe jedoch schon Angebote an bestimmte Gruppen der Bevölkerung, erste Ansätze von «zielgruppenorientierten Begrundungskonzepten».

Vor allem die REPs sprechen ganz gezielt die Arbeiter in der DDR an. Im Juni machte der Ost-Berliner REP-Vorsitzende Harald Reppin der rechtsradikalen «Nationalen Alternative», die sich überwiegend aus proletarischen Jugendlichen zusammensetzt, sogar ein offizielles Gesprächsangebot. Selbst in der Skinhead-Szene werden Werte vertreten, die aus der klassischen Arbeiterkultur stammen. Die Skins, sagt Wolfgang Brück, hätten sich niemals als «Abstauber» oder Ausgestoßene der Gesellschaft verstanden. Sie stehen auf dem Standpunkt, daß jeder arbeiten und funktionieren müsse: Ordnung und Regeln müßten sein. «Man müsse auch bestimmten Leuten sagen, wo es langgeht.» «Der ordentliche Kerl» ist eines dieser positiven Bilder. Und, als Kritik an bisherigen Konzepten: «Es war wahrscheinlich falsch, Faschismus nur als Zerfallsprodukt der alten bürgerlichen Gesellschaft zu sehen. Es gibt im Faschismus oder im Rechtsextremismus Wurzelfäden, die in der Masse des Volkes zu finden sind.»

Das gilt zum Beispiel für den Umgang mit Gewalt. Wer nicht funktioniert, wer «nicht spurt», der muß dazu gezwungen werden. Dieses Gewaltmoment war in der Arbeiterkultur immer vorhanden und läßt sich in der familiären Sozialisation nachweisen. Außerdem fließt unter den heutigen Bedingungen «ein bißchen was vom Macho» in das Selbstbild der rechten Männer ein, in einer verdeckten Form, die ihnen nicht immer bewußt sein muß. Der Frau werden bestimmte Rollen zugewiesen. Sie soll in einige Felder nicht eindringen, besonders dann, wenn sie den Männern als Konkurrentin gegenübersteht. Sie soll in den ihr zugewiesenen Refugien bleiben, was von den Männern als «gewisse Schutzfunktion» angesehen wird. Die Aufgabe der Frau sei es, die Reproduktion sicherzustellen. Deshalb dürfe sie sich nicht dem «harten Lebenskampf» aussetzen.

«Wichtig ist auch das Bewußtsein», fährt mein Gesprächspartner fort, «daß es in dieser Gesellschaft sozialdarwinistisch zugeht. Man muß sich durchsetzen, man muß Aggressionen und Stärke zeigen, keine Schwächen.» Das könne man soziologisch nicht genau zuordnen, weder einer bestimmten Schicht noch einer historischen Epoche. «Der Rechtsextremismus hat universelle Reproduktionsmechanismen.»

Der Ausländerhaß ist ein Produkt der Erfahrung, daß man sich mit den Ellenbogen durchboxen muß, um nicht unterzugehen. Er erfüllt eine Sündenbockfunktion. «Ich reagiere meine Probleme» – die ich aber nicht immer als die meinen erkennen muß – «an den schwächsten Gliedern der Gesellschaft ab. Sozialpsychologisch macht man das am

Merkmal der Fremdheit fest.» Da paßt jemand nicht in unseren sozialen oder kulturellen Kontext: der stört. Wer stört, wird zuerst als Angriffsobjekt ausgemacht.

Die rechtsextremen Ideologen hätten immer erkannt, daß man Sündenböcke zur Verfügung haben muß, an denen man sich unter Umständen abreagieren kann. «Die Rechtsextremen haben eine ungeheure Volksnähe. Sie wissen um die Emotionen, sie haben ein gutes Gespür dafür. Sie können Gefühlslagen von Massen in politische Aktionen ummünzen.» Die Linke könnte das nicht «wegen des Hangs zum intellektuellen Einzelgängertum», wegen der Profilierungssucht. Ihr stünde der elitäre Anspruch im Wege.

Schwierig ist es auch, gegen Stimmungen zu argumentieren. Die unkonturierte Szene hängt noch sehr von momentanen Gefühlen ab. Sie will mit dem alten System brechen, weiß aber noch nicht so recht wie. So auch die rechte Skinhead-Jugend: Vieles an ihren «Ideologiefragmenten» sei zurechtgeschustert. Die rechtsextreme Ethik sei ihnen zu streng. Sie lebten eher nach dem Lustprinzip: «Das hat hedonistische Züge. Sie gehen mit der Gewalt um, weil es Vergnügen macht. Die Gefahr sehe ich aber, daß diese Leute von Rechtsextremen als Manövriermasse ausgenutzt werden.»

Anders ist es bei der sogenannten Fascho-Jugend, die man mit den westlichen Neugründungen der «NSDAP» – kleine und kleinste sektiererische Kreise – vergleichen kann. Diese halten sich noch sehr zurück. Ihre Weltanschauung hat aber, das weiß man, ausgesprochen konservative Züge. Auch gäbe es interne Kommandostrukturen, die in Einzelheiten den «Wehrsportgruppen» vergleichbar wären. Deren Kulte und Rituale kreisten um historische Vorläufer, von denen es in der Nazizeit eine Unmenge gab. «Die konspirativen Momente sind wichtig», meint Wolfgang Brück: «Nach außen konziliant, im Innern aber anders, zukunftsorientiert.» Die REPs und die Nationaldemokraten seien jedoch bisher nur auf dem Wege, Argumente für ihre Legalität zu sammeln. Sie knüpften an unmittelbare Tagesforderungen an und hätten keinerlei Konzepte, die darüber hinausgingen. Dr. Brück spricht sich, vielleicht auch deswegen, gegen ein Verbot aus. Die Gesellschaft müssen sich auf den Umgang mit diesem Personenkreis einstellen. «Ich sehe eine größere Gefahr darin, daß sich ein rechtsextremer Untergrund herausbildet.»

Ein Patriot flieht nicht

Ich habe Glück, ein Freund hat mir eine Adresse in die Hand gedrückt. Einer der REPs in der sächsischen Hauptstadt hätte sich schon vor Monaten mit Leserbriefen an das «Neue Deutschland» gewandt, um sich über die schlechte Behandlung der Partei in den Medien zu beschweren.

Die Straße in einem der südlichen Bezirke: verwahrloste Häuser, völlig ohne Putz, keine Klingeln, meistens fehlen die Hausnummern. Ich entdecke in einem der finsteren Treppenhäuser, die ich durchstöbere, den Namen, den ich suche. Ein junger Mann im karierten Hemd öffnet mir. Ich sage meinen Spruch auf. Er ist sofort bereit, mir Rede und Antwort zu stehen. Ich bemerke, daß Steffen M. schwerbehindert ist. Er schwingt sich auf Krücken ins Wohnzimmer: ärmliche Verhältnisse, ein halbes Dutzend Bücher, zufällig läuft Marschmusik vom Band. Im Hintergrund, in der Küche, werkelt die Mutter, mit der der achtzehnjährige Elektromechaniker zusammenwohnt.

Wer die Jugend hat, hat die Zukunft, scheinen sich die REPs (Ost) zu denken. Auch der Vorsitzende des Kreisverbandes «Leipzig-Mitte», Harald Liebheim, ein Werkzeugschlosser, ist erst 21, wohnt bei seinen Eltern, die aber, das erfahre ich später, entnervt jeden Reporter vor der Tür abwimmeln. Das gleiche gilt für meine «Kollegin», die Schatzmeisterin Claudia V., Krankenschwester von Beruf und ebenfalls 18 Jahre alt.[23]

Niemand, schon gar nicht Journalisten westlicher Zeitungen, hätten je von Steffen M. Notiz genommen. Was kann ein einfacher Jungarbeiter aus Leipzig, der körperbehindert ist und sich nur mit Mühe bewegen kann, einem Reporter schon Wichtiges mitzuteilen haben? Wenn da nicht die Auffälligkeit wäre, daß er den in der DDR noch verbotenen ‹Republikanern› beigetreten ist und daraus, in einer gewissen trotzigen Naivität, keinen Hehl macht.

Es scheint, als müsse er die übergroße Aufmerksamkeit, die sein öffentlich – durch Leserbriefe mit Adressenangabe – dokumentierter Schritt erregt hat, dämpfen, gar zurücknehmen, denn zu Anfang des Gesprächs legt er besonderen Wert auf die Tatsache, daß er erst achtzehn sei. «Ich wollte mal in die Szene reinschauen», sagt er. Er wisse schon jetzt, daß er bei dieser Partei wahrscheinlich nicht lange bleibe. Er sei mehr «aus Stimmung» eingetreten, läßt aber zunächst offen, auf was sich dieses diffuse Gefühl gründete.

Wie alles anfing: Montagsdemonstrationen in Leipzig, Flugblätter der REPs, im Fernsehen Berichte über den Parteitag in Rosenheim, eine

Rede Franz Schönhubers. «Ich wußte nicht so recht, was die wollten», sagte er, «aber mir hat die klare Linie gefallen. Den Rest habe ich mir zusammengereimt.» Eine Methode, sich mit politischen Inhalten auseinanderzusetzen, die für viele Bürger der DDR nicht ungewöhnlich gewesen sein dürfte. Ein Flugblatt besitzt er noch: «Ein Patriot flieht nicht», heißt es dort, und: «Ein Patriot kämpft dort, wo ihn das Schicksal hingestellt hat.»

Aber wieso ausgerechnet die REPs? «Ich persönlich war nicht ausländerfeindlich eingestellt», meint Steffen M. auf meine Frage, die ihm bestätigt, was «man» über seine Partei denkt. «Ich war der Meinung, es müßte Grenzen geben.» Welche Grenzen? «Man sollte so lange Ausländer aufnehmen, solange es den Deutschen gutgeht.»

Meinen viele seiner Landsleute, daß an der Misere Ausländer schuld sind? Der Ausländerhaß sei in der DDR größer als im Westen, meint mein Gesprächspartner: «Ich weiß auch nicht, warum. Viele finden fremdartige Gewohnheiten abstoßend. Die Skins sagen sogar, daß die uns die Frauen wegnehmen würden.» Neid wäre auch entstanden, weil es das alte Regime den ausländischen Bürgern, insbesondere den Studenten, erlaubt hätte, mit Westgeld einzukaufen, was eine Bevorzugung gewesen wäre.

Dazu läßt sich allerlei anmerken. Natürlich kaufen zum Beispiel Vietnamesen und Mosambikaner in der DDR Produkte, die in ihren Heimatländern nicht zu haben sind. Sie stehen da ihren Mitbürgern, die sich im Westen bedienen, in nichts nach. Außerdem, das ist aber den meisten DDR-Bürgern aufgrund der mehr als merkwürdigen Pressepolitik unter dem SED-Regime nicht bekannt, leben die meisten Menschen aus der Dritten Welt unter Bedingungen, die ihrerseits ausländerfeindlich sind: Ihr Lohn wird teilweise einbehalten und ihnen erst zu Hause ausbezahlt; Frauen, die schwanger werden, müssen zurück oder gar abtreiben – das wurde bei mehreren Vietnamesinnen bekannt. Es kann daher, wenn man die Sache rundherum betrachtet, nicht davon die Rede sein, daß ausländische Menschen in der DDR irgendwie privilegiert wären.

Vermutlich ist der Vorwurf, den Steffen M. zitiert, auch ganz anders gemeint: Der Zorn richtet sich nicht gegen eine Besserstellung von gewissen Leuten. Wenn das so wäre, könnte man viel geeignetere Objekte finden: Politiker, die Steuern hinterzogen, betrügerische Bankrotteure, die sich auf ferne Inseln abgesetzt haben, oder ehemalige Gewerkschafts- oder sonstige Funktionäre, die in die eigene Tasche wirtschaften und die trotz der Tatsache, daß sie erwischt wurden, ihr Schäfchen im trockenen haben. Eine Frage, die man auch den Wählern der «Republikaner» in der BRD nicht ersparen kann: Warum richtet sich ihr Zorn, ihr Ärger, ihre Abneigung ausgerechnet gegen jene, die am wenigsten dafür können und meistens gleich oder noch schlechter als sie selbst gestellt sind?

Hier hat Steffen M. eine Entgegnung parat. «Ich bin kein Internationalist», bemerkt er in einem Ton, als hätte er eine Selbstverständlichkeit von sich gegeben. Auf die Frage, was das sei, entgegnet er: «Den Linken ist es egal, wo sie leben. Die haben keinen Bezug zur Kultur.» Und: «Ich bin ein bißchen konservativ. Ich halte an den alten Werten fest und bin auch dafür, die Umwelt zu schützen.»

Diese an sich löbliche Einstellung wird durch einige Theoretiker der REPs auf eine weniger löbliche Art mit dem Thema «Ausländer» verknüpft. Diese bedrohten den «deutschen Lebensraum» durch ökonomische und Wohnungskonkurrenz, und, wie der Politologe Hajo Funke in einer Untersuchung über den «Charakter der ‹Republikaner›» referiert, sie verschärften die ökologische Zerstörung, da sie – die Ausländer – den deutschen Lebensraum nicht als ihre Heimat lieben (könnten!).

Die Logik der REP-Wähler ist, wenn man einen Moment innehält, nicht nur sonderbar, sondern falsch. Wenn es zuwenig Wohnungen gibt, liegt das bekanntlich daran, daß die dafür Verantwortlichen nicht genug gebaut haben. Daß es in der DDR keine Bananen gab, lag ja auch nicht daran, daß die Mittelamerikaner oder die Afrikaner sie alle aufgegessen hätten. Die REPs, wie Steffen M., behaupten also schlicht: Menschen, die einen andern Paß haben als wir, sollen uns keine Konkurrenz machen, weder bei der Suche nach Arbeit oder einer Wohnung noch bei den Frauen. «Viele haben Angst», sagt er, «wenn die Wiedervereinigung auf der Tagesordnung steht, dann kommen die Ausländer, die qualifizierter sind, und nehmen uns die Arbeitsplätze weg. Die sind das Arbeiten gewöhnt, wir nicht.» Jemand, der diese Probleme nicht kennt oder der sicher weiß, daß er sich kaum mit ihnen wird auseinandersetzen müssen, dürfte gegenüber rechtsradikalem Gedankengut einigermaßen gefeit sein, wenn er nicht, wie manche Funktionäre, ganz andere Gründe hat, sich politisch rechts zu engagieren.

Rechtsradikales Gedankengut hat also eine Art Entlastungsfunkion. Statt nach einer Lösung zu suchen, zeigt man sich aggressiv gegenüber einer Gruppe, die, so Hajo Funke, «nicht stark sein darf, aber genügend präsent sein muß, um eine genügend breite Angriffsfläche zu bieten». Der schwächere Teil einer Mehrheit wendet sich nicht gegen die Starken, sondern gegen die Minderheit.

Oder, in der Sprache der Sozialwissenschaftler ausgedrückt: «Gegen die empirische Beobachtung des sehr begrenzten Einflusses dieser Minderheiten werden sie mit allen Insignien der Macht, ja gefährlicher tödlicher Macht ausgestattet, um dem dann die Stärke der eigenen Organisation entgegenzuhalten, die es mit diesem wahnhaft verzerrten Gegner aufzunehmen wagt: Mit der Organisation sich zu identifizieren, verheißt die Lösung der Probleme.» [24]

Auch Steffen M. hält sich für mutig. «Das war ganz riskant, wie ich das gemacht habe», erzählt er. Er hätte in Leipzig überall Zettel angeklebt. Das sei nach dem Parteitag in Rosenheim gewesen. «Die Republikaner treffen sich am Opernplatz», mit Datum. Zufällig war einer der REPs aus Bayern, die in Sachsen Propaganda machten, dort gewesen, hätte ihn dann bei dem Treffen, zu dem einige Dutzend Personen erschienen waren, angesprochen, ihn wegen seines Engagements gelobt und Hilfe angekündigt.

Beim nächstenmal kamen viele Skins, die hätten gedacht, «jetzt machen die was los. Dann kamen auch normale Leute und ein Haufen Journalisten.» Am nächsten Montag sei bereits die NPD erschienen, «schon ein bißchen gefährlicher», dann die FAP. «Die waren mir ein bißchen zu radikal», sagt Steffen M., schränkt aber mehrfach ein, er sei eigentlich nicht kompetent, die verschiedenen Gruppen zu beurteilen. Er ist beinahe in der Rolle des Zauberlehrlings, der sich den Geistern stellen mußte, die er ursprünglich nicht rufen wollte. Es ist natürlich sehr schwer, nachdem man wegen seines angeblichen Mutes gelobt worden ist, zu sagen: Ich nehme alles zurück und behaupte das Gegenteil, weil ich eigentlich doch keine Ahnung habe.

Gegen Ende Januar hätten er und einige andere, die in Rosenheim beigetreten waren, dann einen Kreisverband der «Republikaner» gegründet. «Die Westdeutschen kamen daraufhin mit technischem Material, Boxen, Videokameras und so.» Der Saal sei übervoll gewesen, «man konnte gar nicht alle reinlassen.» Viele der Mitglieder hätten allerdings gehofft, merkt Steffen M. an, daß die Partei ihnen ein Haus als Zentrale kaufen oder anmieten und Dienstwagen zur Verfügung stellen würde. «Die sind jetzt ganz schön enttäuscht.»

Das gewaltsame Ende hat er noch miterlebt. «Plötzlich flogen die Scheiben ein. Ich bin ja schwerbehindert. Ich wußte sofort, was los war, und habe mich versteckt. Dann gab es eine große Schlägerei, alles ging zu Bruch. Alle schrien rum wie verrückt. Die kennen ja kein Pardon.»

Die Vermummten seien bestimmt aus Berlin-Kreuzberg oder von

der Hamburger Hafenstraße, «aus der linksradikalen Szene», gewesen. «Für viele war das ein Schock.» Eine große Anzahl der jetzigen Mitglieder, das ist seine persönliche Einschätzung, wären auch «mehr aus Gaudi» eingetreten und jetzt anderer Meinung. Die Frauen hätten Angst. «Die sind empfindsamer und sehen in uns die brutalen braunen Faschisten. Die Frauen, die bei uns sind, haben das aus Stimmung gemacht, oder sie haben was gegen Neger.»

Auch er hätte seine Meinung geändert. «Ich würde entweder zur CDU oder zur DSU gehen. Das sind natürlich Wirtschaftsparteien, das wird hier auch so werden. Ich bin ja noch jung, ich muß erst mal sehen. Ich versuche, mir ein Betätigungsfeld zu schaffen. Wenn ich einer Partei beitrete, hat das nichts mit politischer Überzeugung zu tun. Das ist reine Selbstverwirklichung. Das ist bei vielen so. Reiner Egoismus. Man kann immer schön organisieren und planen.» Der Leipziger Verband der REPs sei mittlerweile «der reine Humbug». «Die könnten nicht mal zur Wahl antreten, weil sie nicht wüßten, wo sie sich anmelden müssen.»

Europa vorn – Intellektuelle von rechts

> «Wir müssen unsere Aussagen so gestalten, daß sie nicht mehr ins Klischee des ‹Ewiggestrigen› passen. Eine Werbeagentur muß sich auch nach dem Geschmack des Publikums richten und nicht nach dem eigenen. Und wenn kariert Mode ist, darf man kein Produkt mit Pünktchen anpreisen. Der Sinn unserer Aussagen muß freilich der gleiche bleiben.»
>
> Thora Ruth 1973

Dieser nicht allzu «ewiggestrige» Satz, der auch einem Handbuch über Grundsätze moderner Werbung entnommen sein könnte, stammt aus der rechtsradikalen Zeitschrift «La-Plata-Ruf» des ehemaligen Pressereferenten von Josef Goebbels, Wilfried von Owen.[25] Rechtsradikale Propaganda richtet sich nicht nur an Menschen wie unseren ahnungslosen sächsischen REP-Aktivisten. Sie beschränkt sich auch nicht darauf, dem dumpfen, ausländerfeindlichen Stammtischfrust politisch entwurzelter Großstadtbürger eine höhere theoretische Weihe zu geben. Nein, der neue Faschismus wird seit Jahren, wenn nicht Jahrzehnten, von intelligenten Leuten vorbereitet, mit Begriffen untermauert, in Zeitschriften publiziert.

Der demokratische Konsens der meisten Medien in der Bundesrepublik würde platte Antisemitismen oder die Nazizeit verherrlichende Äußerungen weder verbreiten noch zur Kenntnis nehmen. Deshalb hat man sich angepaßt.

Zum Thema «Ausländer» fährt der Theoretiker Thora Ruth fort: «In der Fremdarbeiter-Frage etwa erntet man mit der Argumentation ‹Die sollen doch heimgehen› nur verständnisloses Grinsen. Aber welcher Linke würde nicht zustimmen, wenn man fordert: ‹Dem Großkapital muß es verboten werden, nur um des Profits willen ganze Völkerscharen in Europa zu verschieben. Der Mensch soll nicht zur Arbeit, sondern die Arbeit zu den Menschen gebracht werden.› Der Sinn bleibt der gleiche: Fremdarbeiter raus! Die Reaktion der Zuhörer wird aber grundverschieden sein.» [26]

Nach diesem Prinzip handeln moderne Rechte wie etwa der jungdynamische Berliner REP-Vorsitzende Carsten Pagel. Er wird wahrscheinlich wissen, daß platte neonazistische Sprüche bei seinem Publikum nicht immer auf positiven Widerhall stoßen werden, daß klar geäußerte Ausländerfeindlichkeit seinen Ambitionen, für die CDU koalitionsfähig zu sein, schaden könnten, daß für Gewalttaten andere «zuständig» sind. Es gibt aber deutliche Belege dafür, daß sich Theoretiker der «Republikaner» sehr wohl mit Militanten der «Nationalrevolutionäre», der NPD und anderen Rechtsextremisten auseinandersetzen, sich wechselseitig beeinflussen und an einem gemeinsamen Konsens zu zentralen Fragen der «Neuen Rechten» basteln.

Ein Beispiel dafür ist die Zeitschrift «Europa vorn», die seit 1987 erscheint, seit 1990 zweimonatlich. Die Autoren dieser Publikation, die pro Ausgabe selten mehr als 25 Seiten umfaßt, aber relativ aufwendig hergestellt ist, mit gutem Layout und farbigem Titelblatt, kommen aus dem gesamten rechten Spektrum und vertreten unterschiedliche, ja kontroverse Meinungen.

Trotz der modernen Gestaltung enthält «Europa vorn» die alten, erzreaktionären Elemente. In mehreren Ausgaben, in einer sogar ganzseitig, wirbt der «Exilstaat» «Vereinigte Ostdeutsche Länder» für seine Ziele. Damit sind die ehemaligen deutschen Ostgebiete gemeint, die heute zu Polen gehören: unter anderem Posen, Westpreußen und Oberschlesien, aber auch das Sudetenland und Ostpreußen. Es gibt für diesen 1981 gegründeten «Exilstaat» sogar einen Staatskanzler und einen «Sonderbotschafter für außereuropäische Angelegenheiten», der, wen wundert's, jetzt in Chile residiert.

Dem entspricht die Werbung für einen Aufkleber, der Deutschland in den Grenzen von 1914 zeigt, ferner das Angebot, die Musikkassette mit den drei Strophen des Deutschlandliedes zu erwerben, natürlich gesungen von Heino, sowie einen Südtiroler Zinnteller.

Werbung findet man ansonsten nur recht spärlich, was die Frage nach der Finanzierung der drucktechnisch hochwertigen Publikation aufwirft. Nur die Bücher von Armin Mohler und Günter Rohrmoser, die die Union von rechts kritisieren, werden vorgestellt. Dazu ein Werk eines Robert Ardrey: «Der Wolf in uns», über die «Jagd als Urmotiv menschlichen Verhaltens».

Die einzige Organisation, die sich empfiehlt, ist die «Burschenschaft Danubia» aus München. «Wir haben schon manchem auf den rechten Weg geholfen», schreiben die Korporierten über sich.

Die Kurznachrichten: Kritisches über die innerparteilichen Querelen der REPs, unter anderem die Querverbindungen zur faschistischen Mun-Sekte, von der der Sektenbeauftragte der Evangelischen Landeskirche in Berlin, Pfarrer Thomas Gandow, weiß, daß sie den Wahlkampf Le Pens in Frankreich unterstützt hat. Erwähnenswert findet «Europa vorn» auch, daß Nelson Mandela einen Mercedes fährt und daß dem Philosophen Ernst Jünger, der immer eine Symbolfigur der rechtsextremen Avantgarde war, die Ehrendoktorwürde der baskischen Universität zu Bilbao verliehen wurde.

Herausgeber ist Manfred Rouhs, Jahrgang 1965, und zwischen 1985 und 87 Landesvorsitzender der «Jungen Nationaldemokraten», der Jugendorganisation der NPD, für die er sich als Direktkandidat zum Bundestag aufstellen ließ. Danach war er Generalsekretär des «Rings Freiheitlicher Studenten» und ist heute, obwohl zeitweilig ein Parteiausschlußverfahren gegen ihn angestrengt wurde, Mitglied der Fraktion der «Republikaner» im Rat der Stadt Köln. Wie der Journalist Michael Schomers berichtet, hatten ihm die REPs den Chefredakteurposten bei «Credo», einem REP-Monatsmagazin, angeboten, den er aber zugunsten seines eigenen Blattes abgelehnt haben will. Schomers vermutet, daß Rouhs die Zeitschrift durch die Gelder finanziert, die er als Ratsmitglied und Bezirksvertreter in Köln kassiert.[27]

Manfred Rouhs kämpft für ein «Viertes Reich»: «Das Vierte Reich ist das Schreckgespenst einer in- und ausländischen Polit-Schickeria, die von der großen europäischen Katastrophe des Jahres 1945 bis heute profitiert», schrieb er. «Es ist Zielpunkt und Hoffnung für jeden Deutschen, der den Frieden in Europa dauerhaft gesichert sehen will.»[28]

Rouhs, der nach eigenen Angaben Rechts- und Sozialwissenschaften studiert, zählt zum «Arbeitskreis Junger Republikaner», der in einer anderen Publikation, «Die Bauernschaft», schrieb: «Im Dritten Reich sind keine sechs Millionen Juden vergast oder sonstwie ermordet worden.»[29] Man muß wissen, daß der Herausgeber dieses Blattes der ehemalige «SS-Sonderführer für Pflanzenschutz», Thies Christophersen, ist, der auch die unsägliche Hetzschrift «Die Ausschwitz-Lüge» verfaßte und der behauptete, zu den «starken Seiten des Nationalsozialismus» hätte «der Rassismus» gehört.

Als mehrfacher Autor in «Europa vorn» tritt Wolfgang Strauss auf, der sich als «Kenner der politischen Verhältnisse in Osteuropa» bezeichnet. Seine Lebensdaten in der Zeitschrift: geboren 1931, 1949 Mitglied der LDPD in der DDR, dann zu Zwangsarbeit in der UdSSR verurteilt. 1956 wurde er aus dem Zuchthaus Bautzen entlassen, flüchtete in die BRD und ist seit 1970 «Redakteur und Schriftsteller» in der Oberpfalz.

Was er in «Europa vorn» verschweigt: Er war Mitbegründer der «Unabhängigen Arbeiterpartei» (UAP), die sich 1961 als Abspaltung von der «Deutsch-Sozialen Union» DSU gründete – nicht zu verwechseln mit der heutigen DSU in der DDR. Die damalige DSU gab sich nämlich neutralistisch und pseudolinks. Sie forderte die «Vergesellschaftung aller staatlichen und privaten Großunternehmen», und sprach sich, wie die islamischen Fundamentalisten, für «Bankinstitute ohne Zinsgewinne» aus. Im Programm tauchten auch andere merkwürdige Punkte auf wie «Vereinfachung des Zwischenhandels!»

Ende der sechziger Jahre war Strauss Mitglied der NPD und 1972 Redakteur der von der «Aktion Neue Rechte» herausgegebenen «Neuen Zeit». 1977 trat er über zur Splittergruppe «Sache des Volkes – Nationalrevolutionäre Aufbauorganisation» (SdV-NRAO). Strauss schreibt auch für «Nation Europa», einer anderen laut Verfassungsschutz, rechtsextremistischen Zeitschrift, zusammen mit Adolf von Thadden, dem ehemaligen NPD-Chef, Emil Schlee (s. u.) und dem Frankfurter SPD-Mitglied Günter Platzdasch, der das Pseudonym «G. Schatzpald» gewählt hat.[30]

1982 tritt er in die Redaktion der Zeitschrift «Mut» ein. Diese wird von Bernhard C. Wintzek herausgegeben, ebenfalls einem führenden Theoretiker der Neuen Rechten, der schon bei der «Aktion Widerstand» aktiv war. Die forderte damals: «Brandt an die Wand!» «Mut» gibt es seit über zwanzig Jahren. Seit neuestem hat die Zeitschrift einen prominenten Leser: Dr. Helmut Kohl. Der schrieb einen Leserbrief an einen der Autoren, Gerd-Klaus Kaltenbrunner: «Als ständiger Leser von ‹Mut› studiere ich, oft mit viel Sympathie und Zustimmung, Ihre Artikel…»[31]

Ein verwandter Geist ist Marcus Bauer, geboren 1966 und Student der Geschichtswissenschaft und Politik. Bauer gab die Zeitschrift «Der Aufbruch» heraus, in der für rechtsextreme Verlage geworben und auf die rechtsradikale «Thule-Gesellschaft» aufmerksam gemacht wurde.[32] Diese Organisation hatte eine gleichnamige Vorgängerin in der Weimarer Republik, die der NSDAP geistig den Weg bereitete. In einem Aufruf des Thule-Seminars heißt es: «Die Integration großer Massen nichtdeutscher Ausländer ist daher bei gleichzeitiger Erhaltung unseres Volkes nicht möglich und führt zu den bekannten ethnischen Katastrophen multikultureller Gesellschaften.»[33]

Bauer gehört jetzt der Redaktion von «Europa vorn» an und profiliert sich durch Leitartikel und Vorworte. Er entstammte, laut eigener Aussage, dem «nationalrevolutionären Lager», das inhaltlich an den «Nationalbolschewismus der Weimarer Republik» anknüpft. Er war, das verschweigt er in «Europa vorn», Geschäftsführer der nationalrevolutionären Organisation «Politische Offensive».[34] Seit 1988 gehört er aus «pragmatischen Gründen» den «Republikanern» an, für die er ein Mandat im Kölner Stadtteil Ehrenfeld wahrnimmt.

«Nationalrevolutionär» im Sinne Bauers bedeutet, mit linken Phrasen rechtsradikale Politik zu vertreten. In einem Flugblatt, für das er presserechtlich verantwortlich zeichnete, heißt es: «Schluß mit dem Filz aus Politik und Kapital», «Schluß mit Profitgier und Wachstumswahn – Gemeinwohl geht vor Eigenwohl», «Jute statt Plastik», «Für eine menschliche Umwelt».

Ein weiterer Autor in «Europa vorn» ist Prof. Emil Schlee, ehemaliger Abgeordneter der CDU im hessischen Landtag, Landesbeauftragter für Vertriebene und Flüchtlinge im Kieler Sozialministerium, Bundesvorsitzender der Landsmannschaft Mecklenburg, Träger des Bundesverdienstkreuzes, seit 1987 Landesvorsitzender der REP in Schleswig-Holstein und Mitglied des Europa-Parlaments. Schlee war auch bei einer Tarnorganisation der «Europäischen Arbeiterpartei» aktiv: «Patrioten für Deutschland»[35], und steht im Impressum der Zeitschrift «Mut».

Als Kontaktperson zur deutschen Wirtschaft wird vermutlich Dr. Karl Spiess dienen, Jahrgang 1918, ebenfalls Autor in «Europa vorn». Nach eigenen Angaben verbrachte er fünfzehn Jahre in Südafrika, ist Jurist und Chemiker und war seit 1968 Geschäftsführer von Arbeitgeberverbänden, nebenberuflich Wirtschaftsjournalist.

Natürlich fehlen der Erlanger Professor Dr. Hellmut Diwald nicht, der für die REPs das deutschlandpolitische Programm schrieb, ebensowenig der Berufsvertriebene Dr. Herbert Hupka und der REP-Theoretiker Dr. Arnim Mohler.

Wie heterogen «Europa vorn» ist und wie tolerant die Neuen Rechten miteinander umgehen, zeigt ein Interview mit Dr. Franz Pahl, der die Südtiroler Volkspartei (SVP) im Bozener Landtag vertritt. Pahl spricht sich für den Schutz der «völkischen Identität» und für den Anschluß Südtirols an Österreich aus. Am Schluß des Artikels weist «Europa vorn» darauf hin, daß die «Republikaner» die Zusammenarbeit mit der Fraktion der Eurorechten im Europa-Parlament suchten. Dort ist aber auch der italienische faschistische MSI aktiv, der überhaupt nichts davon hält, daß Südtirol an Österreich fallen könnte. «Europa vorn»: «Jede Kooperation mit dem italienischen Faschismus würde die Authentizität des demokratischen Bekenntnisses der Republikaner in Frage stellen und von den Deutschen in Südtirol als Verrat verstanden werden.» [36]

Der Streit mit den REPs über diese Frage führte übrigens dazu, daß der MSI der neuen eurorechten Fraktion nicht beitrat, dafür aber der neonazistische belgische «Vlaams Blok».

Die Zeitschrift «Europa vorn» richtet sich nicht an Leser und Leserinnen, die Populisten wie Franz Schönhuber blind verehren, sondern eher an zweifelnde Intellektuelle, die sich dem neuen rechten Lager zuordnen, aber in einzelnen Punkten Meinungen vertreten, die sich nicht einer bestimmten Partei zuordnen lassen. Sie lehnt sich an das Konzept der «Neuen Rechten» in Frankreich an. Ihr führender Vertreter ist Alain de Benoist, Jahrgang 1943, Journalist, Buchautor und Herausgeber mehrerer Zeitschriften.

Die «Nouvelle Droite» gründete sich nach der französischen Studentenrevolte Ende der sechziger Jahre als Denkfabrik für nationalistische Aktivisten, die aus Kreisen «von SS-Anhängern» und der rechtsextremistischen Terrororganisation OAS stammten. Diese starteten einen Marsch durch die Institutionen, mit umgekehrten Vorzeichen, und gruppierten sich um verschiedene Zeitschriften, vor allem aber um GRECE (Forschungs- und Studiengruppe für die europäische Zivilisation). 1979 «enthüllten Journalisten, daß die Wochenendbeilage eines der wichtigsten Massenblätter Frankreichs, das ‹Figaro-Magazine›, von den Ideologen der ‹Nouvelle Droite› ‹unterwandert› worden war.» [37]

Im Vorwort seines Buches «Kulturrevolution von rechts» schreibt Benoist, daß die «Neue Rechte» in Frankreich mit ihren Ideen zunächst bei den Intellektuellen und Akademikern Erfolg gehabt hätte. Erst mit dem Wahlerfolg Le Pens, des Chefs der «Front National» – der französischen Entsprechung der REPs –, sei für sie eine Chance größerer Einwirkungsmöglichkeiten eröffnet worden. Le Pen wirke «wie eine Pflugschar, die neue Schichten für die Idee einer Neuen Rechten empfänglich macht.» [38] Benoist sagt übrigens, daß er die «Front National» Le Pens «nie gewählt» habe.

In einem Interview, abgedruckt in «Europa vorn» [39], erklärt er seine Ziele und zugleich die Kernpunkte einer nachfaschistischen Rechten. Thema der «konservativen Revolution» sei das Verhältnis zwischen Natur und Kultur, «Vorschläge zugunsten einer organischen Wirtschaftsordnung, direkte Demokratie, Solidarität mit der Dritten Welt, Kritik an der Gesellschaft der Händler, Betonung von Europas Unabhängigkeit von den Supermächten USA und UdSSR».

Dieser wolkige Wust von Begriffen reduziert sich, bei genauerem Hinsehen, auf einige wenige Behauptungen, die in ihrem Wesen den Rechtsextremismus – im Gegensatz zu einer bloß konservativen Haltung – ausmachen. Die modernen Faschisten predigen nicht mehr den Nationalstaat, etwa Großfrankreich oder Großdeutschland. Jetzt geht es um Europa, dessen gefährlichster Feind laut Benoist «die Vereinigten Staaten und ideologisch der philosophische, politische und wirtschaftliche Liberalismus ist». Europa sei «mit der Gesamtheit der Völker der Erde solidarisch», denn alle seien davon bedroht, «daß ihre kollektive Identität verschwindet».

Er ist gegen Einwanderung, weil was den Verlust «von Kultur und Identität» bedeute. Während Franz Schönhuber von «nationaler Wiedergeburt» redet, spricht Benoist von der «Möglichkeit einer Wiedergeburt» Europas und «der Völker». Dahinter steckt: «Die Völker» sollten ihre Eigenarten bewahren, aber gefälligst bei sich zu Hause. Einige sind nämlich besser als die anderen. Die «Forschungs- und Studiengruppe» GRECE beschwor die Überlegenheit des «Indogermanischen» gegenüber dem «Judeo-Christentum».[40]

«Liberalismus» meint – so versteht es die «Nouvelle Droite» – Gleichheit, aus der sich universell gültige Menschenrechte ableiten könnten. Jede «ethnische Sicht» hätte ihr eigenes Wertsystem, oder, wie es die alten Nazis formuliert hätten: Jedes Volk ist anders. Deshalb seien «universelle Wertsysteme zu verwerfen».

Wenn es aber nichts Gemeinsames zwischen den Menschen gibt, keine Menschenrechte, wonach regelt sich dann ihr Zusammenleben? Wir werden nicht überrascht sein, welche Antwort die rechten Intellektuellen darauf geben: «Echte Politik ist Biopolitik.» Es gilt das Recht des Stärkeren. «Evolution bedeutet Differenzierung und Selektion.» [41]

Das gleiche behauptet der «nationalrevolutionäre» «Europa vorn»-

Autor Marcus Bauer, nur kleidet er es in pseudosoziologische Klischees: «Das Streben des multinationalen Kapitals», tönt er in bester Manier linker Flugblätter, «nach einer den Markt- und Profitgesetzen gehorchenden ‹One World› hat einen Kulturimperialismus hervortreten lassen, der die Andersartigkeit und Verschiedenheit der Völker und Kulturen zugunsten eines genormten, geplanten und manipulierten Einheitsmenschen zu beseitigen droht.»

Gegen die Theorie des «Liberalismus» vom «Einheitsmenschen», das heißt gegen die Idee, daß alle Menschen die gleichen Rechte hätten, spreche zum Beispiel – so zitiert die «Neue Rechte» den südafrikanischen Arzt D. J. Hofmeyr – die «genetische Unterentwicklung» der Farbigen gegenüber den Weißen.[42]

Das intellektuelle Wortgeklingel ist in Wahrheit nichts anderes als eine auf modern getrimmte Variante uralten faschistischen Rassendünkels. In der Mai-Ausgabe tönt in diesem Sinne Dr. Reinhold Oberlercher, in seiner Kurzbiographie als «SDS-Theoretiker in der 68er Kulturrevolution» ausgewiesen, über «1917 und die Folgen»: Hier handele es sich um Ereignisse, die als «jüdischer Nationalsozialismus» erscheinen würden. Und, der Rundumschlag zur anderen Seite: Marx könne man auch von seiner «schwächsten Seite nehmen, als jüdischen Nationalchauvinisten». Es werde sich rächen, daß der «spezifisch deutsche Geist» niedergehalten worden wäre, da sich das zwanzigste Jahrhundert seinem Höhepunkt nähere, der «Entscheidungsschlacht». Diese kriegerische Terminologie, verbunden mit der Abwehr eines fiktiven «Jüdischen», kennen wir aus einem unseligen Zusammenhang. Bezeichnend, daß die «Jungen Republikaner» und «Europa vorn» sich liebend gern mit diesen Ideen beschäftigen. Das ist also die «Authentizität des demokratischen Bekenntnisses».

Wie sich die Autoren der Zeitschrift das Recht des Stärkeren vorstellen, erklärt der redaktionelle Mitarbeiter Stefan Raber in dem Artikel «Die deutsche Einheit und ihre Feinde». Er zitiert die britische «Sunday Times», übrigens vergleichbar mit der größten deutschen Boulevardzeitung: «Das vierte Reich wird kommen – und schneller, als viele glauben.» Es gehe um wirtschaftliche Macht und nicht «um den (für Zionisten in aller Welt sehr nützlichen) platten Antisemitismus, um eine Renaissance für Hakenkreuz-Fetischisten oder Schädelvermesser».[43]

Nein, «platten Antisemitismus» hat man nicht mehr nötig. Statt «Rassismus» heißt es jetzt «Ethnopluralismus». Die Menschenrechte sollen zwar gelten, aber jeweils nur für diejenigen, die sich des Bürgerrechts erfreuen. «Völkischer Pluralismus», ein Lieblingswort der Neuen Rechten, ist nur etwas für ein Europa der Arier.

Das ist auch schon bis in die Reihen der CSU vorgedrungen. In der neuesten der rechtsradikalen Zeitungen, die offen an den Kiosken verkauft wird, «Junge Freiheit», tönt Manfred Ritter, CSU-Mitglied und Ansbacher Rechtsanwalt: «Europa muß sich abschotten!» Im Impressum des Blattes, unter «Redaktion»: der Nationalrevolutionär Marcus Bauer.

Dahinter die Angst

> «Nationalismus: Daß ich zum Beispiel Österreicher bin, ist mir auch mit einer Fülle widerwärtiger Individuen gemeinsam, so daß ich es mir verbitten möchte, lediglich mit Hilfe jenes Begriffes bestimmt zu werden: Darauf läuft's aber bestimmt hinaus, je mehr die Anschaulichkeit der Person ins Unbestimmte der Nation verdunstet, woran nur jene interessiert sein könnten, die Grund haben, vor sich selbst auf der Flucht zu sein...»
>
> Heimito von Doderer (1896–1966), Schriftsteller

Wie weit sollte ich gehen, überlegte ich kurz vor meinem Austritt. Ein Ende des Spielchens war nicht abzusehen: Ich hätte noch länger an einer parteiinternen Karriere bei den REPs feilen können. Der Job eines Kreisgeschäftsführers böte reizvolle Perspektiven: Die geheimen Paßworte zum Computer mit den Mitgliederlisten, die internen Machtspielchen auf höherer Funktionärsebene, die Finanziers, verschwiegene Querverbindungen und Absprachen zwischen REPs und CDU im Hinblick auf eine gemeinsame Zukunft.

Doch wozu? Irgendwann, ab einer gewissen Nähe, beginnen Jäger und Gejagte einander zu verstehen. Das Gesetz der Jagd: dem Tier so nahe wie möglich kommen, seine Gewohnheiten kennenlernen, sich zu tarnen, dem Opfer zu suggerieren: Ich bin wie du, du kannst mich in deine Nähe lassen. Der Jäger erlangt Macht über das Gejagte, indem er es imitiert: Er hat zwei Gestalten, die des Tiers und die seines wahren Selbst, das er verborgen hält.

Dieser verführerischen Macht erliegen einige Antifaschisten, weil sie glauben, der am Rechtsextremismus und an der Verfolgung der Neonazis zu wenig interessierten staatlichen Organe eine eigene, «gute», linke, antifaschistische «Polizei» entgegensetzen zu müssen. Das ist nützlich, wenn dadurch die feige Heuchelei der Neuen Rechten entlarvt, wenn zum Beispiel der Berliner REP-Vorsitzende Carsten Pagel der Lüge überführt wird, sobald er kühn behauptet, in seiner Partei gäbe es keine alten und neuen Nazis.

Weniger nützlich ist es, die ständige Entlarvung «des Bösen» mit Antifaschismus zu verwechseln. Die REPs als «Nazipartei» zu bezeichnen ist angesichts der Heterogenität ihrer Wähler zu undifferenziert, obwohl der Einwand berechtigt ist, daß auch die NSDAP die unterschiedlichsten sozialen Milieus und Interessengruppen zusammenführte.[44] Die Mehrzahl der REPs ist, in krassem Gegensatz zu den Funktionären, nicht eindeutig auf ein rechtsextremistisches Weltbild festgelegt. Gerade das Gefühl, daß ihnen niemand zuhört, bewirkt ihren Protest: Wir wählen die, die euch nicht gefallen.

Deshalb geht es um Aufklärung, so antiquiert dieser Begriff klingen mag. Nicht um Aufklärung der REPs über historische Tatsachen, sondern um Aufklärung der Umstände, die sie aus dem demokratischen Konsens herauskatapultiert haben.

Wenn wir uns vergewissern, daß nationaler Größenwahn immer auch mit dem Gefühl zu tun hat, als einzelner verloren zu sein, darf man die Diskussion nicht denen überlassen, die hier ihr eigenes Süppchen kochen, darf man sich nicht in die kokette Sektierer-Ecke zurückziehen: Ihr seid einfach noch zu dumm, um zu erkennen, daß die Weltrevolution zwar nicht bald, aber doch irgendwann kommen wird.

«Politische Entwicklungen oder Revolutionen werden heute nicht mehr dadurch in Gang gesetzt», sagt der ehemalige CDU-Generalsekretär Heiner Geißler ganz richtig, «daß man Bahnhöfe oder Telegrafenämter besetzt, sondern dadurch, daß man Begriffe besetzt.»[45]

Den Vordenkern der REPs und der von ihnen mehr oder minder ideologisch abhängigen Neuen Rechten geht es darum, das, was wir unter «faschistisch» und «neofaschistisch» verstehen, als ganz normal, als «demokratisch» zu verkleiden. Deshalb ihr ewiges «Ja, aber»: Deutschland hat zwar den Weltkrieg angezettelt und verloren, aber «der Fahrkartenschalter nach Canossa ist geschlossen». Wir geben ja zu, daß Juden umgebracht worden sind, aber was haben wir damit zu tun? Wir sind nicht ausländerfeindlich, aber plädieren entschieden dafür, daß zuerst wir, dann die anderen kommen.

Dieser Haltung bin ich überall begegnet, bei hohen Funktionären der REPs bis hin zu einfachen Mitgliedern. Sie führen ununterbrochen das Wort «Demütigung» im Munde, gegen die man sich wehren müsse. Sie beziehen diese «Demütigung» auf die Nation, was auch immer das sei. Sie fordern «Selbstbestimmung» für Deutschland.

Carsten Pagel, Landesvorsitzender der Berliner «Republikaner»

Ich habe den Verdacht, daß alle diese hochtönenden Begriffe nur eine Umschreibung ihrer persönlichen sozialen Lage ist. Nicht die Nation wird gedemütigt, sondern sie. Nicht Deutschland muß seine Grenzen erweitern, sich «verlorengegangene» Territorien wieder aneignen, sondern sie. Das eigene Selbstwertgefühl, das verlorengegangen ist, soll durch «Entgrenzung» aufgebläht werden.

Dem entsprechen die merkwürdigen Gratwanderungen zwischen Minderwertigkeit und Größenwahn, zwischen Ohnmachtsgefühlen und Machtgeilheit, zwischen dem Sich-selbst-Verlieren in der «Volksgemeinschaft», in einem fiktiven Kollektiv, und dem Anspruch, die Elite zu sein. Wer nicht mehr weiß, wer er ist, kennt seine Grenzen nicht mehr. Er muß so lange aggressiv gegen die anderen «vorstoßen», bis er sie wieder spürt.

Der Rechtsextremismus propagiert den «Kampf ums Dasein» und muß deshalb zwangsläufig demokratische Umfangsformen ablehnen, so sehr das die REP-Strategen auch leugnen. Wenn das intakte soziale Umfeld fehlt, das uns rückmeldet, ob wir uns richtig verhalten, gehen wir, bildlich gesprochen, in Angriffsstellung: Das Böse könnte überall lauern.

Ein Tier, das jahrelang in einem Käfig gefangengehalten wurde, wird, wenn die Gitterstäbe plötzlich fehlen, nur zwei Möglichkeiten haben: Es kauert sich in eine Ecke und weigert sich, die neugewonnene Freiheit zur Kenntnis zu nehmen. Es beschränkt sich auf sich selbst, es wird autistisch, oder, boshaft formuliert, es fängt an zu meditieren. Der andere Weg: es läuft davon, weiß aber nicht, wie es sich verhalten soll. Es wird ununterbrochen auf der Hut und aggressiv sein, ständig mißtrauisch und andere eher vernichten, ehe es selbst in Gefahr gerät.

Nicht zufällig kommen die REP-Wähler aus Milieus, die keine mehr sind[46], in denen die überlieferten Regeln des Zusammenlebens nicht mehr gelten. Sie wenden die zwischenmenschliche Kälte, die Gleichgültigkeit, die sie erleben, gegen andere, gegen die, die angeblich nicht dazugehören, gegen die «Ausländer». Ihnen ist es egal, was die Leute über sie denken. Sie versuchen, durch Aggressivität Stärke zu erlangen. Die REPs, so Hajo Funke, befreien durch ihre Agitation «die sozial Benachteiligten von den inneren Hemmungen, die ihre private und auch noch die öffentliche Moral dagegen bislang bot».[47] Sie wenden ihren inneren Zustand nach außen.

Schönhuber als der «ideelle Gesamt-REP» bestätigte das immer wieder. Seine Reden schwankten zwischen jammernder Klage über die bösen Medien, die sie ja so mißverstünden, und Bierzelt-Polterei: «Ab jetzt gilt die Devise Angriff.»

Die ideologischen Versatzstücke, aus denen sich die Weltsicht der «Republikaner» zusammensetzt, ähneln dem, was die Psychologie auf der Ebene des einzelnen Individuums festgestellt hat. Unser Selbstwertgefühl steht auf wackligen Füßen, wenn wir uns auf uns selbst beschränken. Wir brauchen die anderen, wir müssen uns an ihnen reiben, um uns zu spüren, um uns zu vergewissern, daß wir nicht allein auf der Welt sind.

Diese kollektive Identität wird durch entsprechende kollektive Rituale und Symbole vermittelt. Wenn es die nicht gäbe, wüßten wir nicht, wie wir an der Gemeinsachft, in der wir leben, teilhaben könnten. Ein soziales «Milieu» ist ein Beispiel für kollektive Verkörperungsformen: Eine Gruppe von Menschen, deren soziale Lage und Interessen sich ähneln, einigt sich, mehr oder minder bewußt, Regeln zu befolgen, die, wenn sie eingehalten werden, ein Gefühl der Sicherheit geben.

Das können Sitten und Gebräuche sein, die Art, wie man auf Fremdes reagiert, gemeinsame Tradition, Religion, öffentliche Rituale, seien es Massenaufmärsche, Schützenfeste oder auch nur ein Volkslauf.

Diese «kollektiven Verkörperungsformen», wie es Sozialwissenschaftler formulieren, sind brüchig geworden. Nicht alle Menschen finden sich in dem wieder, was die Gesellschaft ihnen an Identifikationsmöglichkeiten bietet. Der einzelne hat nur zwei Möglichkeiten, diesem Dilemma zu begegnen: Rückzug auf sich selbst, was die Psychologie als «Narzißmus» oder, im Extremfall, mit «Autismus» beschreibt – die Umwelt wird nicht mehr richtig oder überhaupt nicht mehr wahrgenommen. Die zweite: Man verkehrt die Teilhabe an der Gemeinschaft in sein Gegenteil, indem man sich dem Sog kollektiver Pathologien hingibt. Ich merke, daß ich nicht mehr weiß, wer ich eigentlich bin, also unterwerfe ich mich der Macht der Gruppe, die bestimmt, wer und was ich sein darf. Bevor andere mich zerstören, zerstöre ich mich freiwillig selbst.

Diese Selbstaufgabe hat alle Merkmale einer Suchtkrankheit. Ein Drogen- oder Alkoholabhängiger bekämpft die Einsamkeit, indem er «sich verliert», sich selbst zerstört. Auf einer anderen Ebene dürfen wir durchaus den Vergleich mit solchen Leuten ziehen, die ununterbrochen politische Kleinstparteien gründen. Sie sind, aufgrund welcher Ursachen auch immer, nicht fähig, sich mit den Ritualen und Symbolen einer demokratischen Gesellschaft anzufreunden und daraus ihr Selbstwertgefühl zu speisen. Sie machen lieber ihren eigenen Laden auf, der dementsprechend verquere Ziele propagiert.

Diese Gruppen, zu denen ich auch die REPs zähle, ziehen zwei Arten von Personen an: die, welche nicht ohne strenge, hierarchische, autoritäre Regeln leben können, weil ihr Selbstwertgefühl nur schwach entwickelt ist, oder jene, die immer Macht über andere ausüben, die permanent die Macher spielen müssen – aus dem gleichen Grund: weil sie sich fürchten, daß jemand hinter die Maske ihrer scheinbaren Macht blicken könnte und sähe, daß sich dort nur ein kleiner, furchtsamer Mensch versteckt.

Versklavte Seelen

Die Superwesen, in uns und auch anderswo

Vor langer, langer Zeit, vor 35 Milliarden Jahren – andere sprechen von 75 Millionen Jahren – lebte auf einem recht weit entfernten Planeten ein böser Fürst namens Xenn. Der Planet war nur einer von insgesamt sechsundsiebzig, die die Galaktische Konföderation bildeten. Er hieß Helotrobus. Seine klimatischen und geologischen Eigenarten sind nicht überliefert, nur die Tatsache, daß er an Überbevölkerung litt. Es gab zuviele Theta-Wesen, auch Thetanen genannt. Man spricht von 250 Milliarden.

Thetanen sind, so eine verkürzte Charakterisierung, körperlose Wesen, die aber, wenn sie wollen, humanoide Merkmale annehmen können, etwa einen Kopf, Beine oder Arme. Das Theta-Wesen – so beschreibt es ein Forscher – «ist reiner Geist und hat weder Masse, Energie, Zeit, Raum oder Wellenlänge, außer wenn es sie ‹postuliert›».

Der böse Fürst Xenn (manchmal auch Xenu gerufen), ließ, falls wir unserer Quelle glauben, zwei Milliarden der armen Thetanen auf die Erde transportieren, die damals noch Teegeack hieß. Anschließend befahl er, sie in Wasserstoffbomben zu stopfen, die er in einem Vulkankrater explodieren ließ. Die Explosion schleuderte die Thetanen hoch in den Himmel. Dann wurde ihnen die gesamte R6-Bank eingeprägt. Was das ist, kriegen wir später. Nur eins dazu: In ihren Köpfen waren nun einige falsche Schaltungen, die sie manchmal zu merkwürdigen Handlungen veranlaßten. Die Helfershelfer des bösen Fürsten sammelten sie hoch oben wieder ein, luden sie in Flugzeuge und warfen sie über unserer Erde ab. Vielleicht haben sich die Ereignisse genauso abgespielt, vielleicht aber auch anders.

Niemand hätte von diesem schändlichen Komplott gegen die Thetanen erfahren, wenn da nicht ein US-Amerikaner mit Namen Lafayette Ron Hubbard – geboren am 13. März 1911 in Tilden/Nebraska – gewesen wäre, der die Öffentlichkeit im Dezember 1967 darüber informierte.

Es gab nämlich eine Palastrevolte gegen den Fürsten. Details der militärischen Auseinandersetzung sind nicht bekanntgeworden, nur daß Xenn nach einem sechsjährigen harten Kampf in eine elektrische Kiste gesperrt wurde und seitdem in einem Berg im Westen der USA vor sich hin schmort.

Die Thetanen jedoch befinden sich, so die große Entdeckung Hubbards, in unseren, den menschlichen Körpern, gewöhnlich in der Nähe des Kopfes, und sollten befreit, «exteriorisiert», werden. Das geschieht zum Beispiel dadurch, daß man in fester Überzeugung vor sich hin murmelt: «Es ist nur ein Blendwerk.» Genauer gesagt: man auditiert zwei Engramme, die vor Trillionen von Jahren eingeprägt wurden...

Die meisten Leserinnen und Leser werden jetzt an schlechte Science-fiction oder an «Fantasy»-Groschenhefte denken, zumindest aber, daß sie sich im falschen Buch befänden. Weit gefehlt! Wir beschäftigen uns mit der Vorstellungswelt eines Sektenführers, des 1986 verstorbenen L. Ron Hubbard, Gründer der «Scientology-Kirche» und Verfasser eines millionenfach verbreiteten Buchs mit dem Titel «Dianetik».

Die merkwürdige Geschichte des Fürsten Xenn und seiner Thetanen gehört zum Ausbildungsprogramm des «OT III-Grades» der Scientology-Kirche, einer hohen Stufe der «Erkenntnis», die man aber erst nach langen, nicht zuletzt finanziellen Mühen erreicht.

Nun sind Erzählungen, in denen es von bösen galaktischen Herrschern, außerirdischen Wesen und fremden Planeten nur so wimmelt, für den unbefangenen Zuhörer nicht viel unwahrscheinlicher als etwa die Vorstellung, vor langer, langer Zeit haben es zwei Personen – die überhaupt ersten! – in einem idyllisch gelegenen Garten gegeben, die nach einer Unterhaltung mit einer sprechenden Schlange von verbotenen Früchten genascht hätten. Oder die phantastische Idee, es existierte ein allmächtiges Überwesen in einem nicht näher vorstellbaren Raum, das zu allem Überfluß auch noch seinen Sohn in unsere irdischen Gefilde geschickt hätte, um den Endkampf mit dem sogenannten «Fürsten der Finsternis» positiv zu beeinflussen.

Die Scientology-Kirche ist nicht so plump, das berichten ehemalige Mitglieder, mit der oben nacherzählten Science-fiction-Geschichte auf Seelenfang zu ziehen. Außerdem handele es sich nicht um eine Religion. Diese Form hätte man nur gewählt, um Steuern zu sparen. Nein, das

Ganze sei ein Trick, in möglichst kurzer Zeit aus ahnungslosen Interessenten an einer neuartigen «Therapie» möglichst viel Geld herauszupressen. Die «Scientologen» bedienten sich sogar verschiedener Tarnorganisationen mit unverfänglichen Programmen, um neue Opfer anzuziehen. Das, was innerhalb der Veranstaltungen geschehe, könne man, so ein ehemaliger hoher Funktionär, nur als Gehirnwäsche bezeichnen. Der Interessent müsse sich sogar einem Test mit einer Art Lügendetektor unterziehen.

Ziel der Sekte ist, das entnehme ich verschiedenen Berichten, der «Clear». Das ist ein Mensch, der völlig frei von psychischen Schwächen, Komplexen oder Neurosen ist, der keine Krankheiten mehr kennt, dessen Intelligenzquotient schon während der Ausbildung sprunghaft in die Höhe schnellt und der sich, so Hubbard, «zum gewöhnlichen normalen Individuum wie der gewöhnliche Normale zum Geisteskranken» verhalte. Schöne neue Welt, wenn da etwas dran wäre!

Das weckt mein Interesse ungemein. Ich werde aber gewarnt: Wer sich mit der Scientology-Sekte auseinandersetze, müsse damit rechnen, wenn er sich in der Öffentlichkeit kritisch äußere, mit Prozessen überzogen, von Mitgliedern bespitzelt und verfolgt, ja sogar, wie die Münchener Journalistin Constanze Elsner, zu mitternächtlicher Stunde telefonisch mehrere Male mit dem Tode bedroht zu werden.

Selbst ein stockkonservatives Magazin wie «Readers Digest» schreibt: «Die Scientology-Kirche ist in den Vereinigten Staaten eine der ältesten, reichsten – und gefährlichsten aller größeren ‹neuen Religionen› oder Sekten. Einige der fanatischen Mitglieder schrecken selbst vor Einbrüchen, Spionage, Entführungen und Rufmordkampagnen nicht zurück, wenn es um die Ziele ihrer Kirche geht.» [1]

Besonders gefürchtet sei ein sekteninterner Sicherheitsdienst, das «Guardian Office». Ein Strafkatalog für Mitglieder, die in den Zentren der Gruppe arbeiten – er wurde schon in den siebziger Jahren bekannt –, sieht zum Beispiel siebeneinhalb Stunden Strafarbeit vor, minimale Essenspausen und Arbeitskleidung mit schwarzen Strafstreifen und Urlaubsentzug.

Ein Köder wird ausgelegt

«Scientology ist super!»
Gottfried Helnwein, Kunstmaler, Wien

«Kostenloser Persönlichkeits-Test!» werben große Lettern am Fenster des «Dianetik-Zentrums» in Berlin-Friedenau. Ein modernes Gebäude, umgeben von gutbürgerlichen Wohnhäusern, Blumen vor den oberen Fenstern, ich halte sie für Geranien, Gardinen, der gebräuchliche Rasen. Hinter diesem «Dianetik-Zentrum» verbirgt sich die Scientology-Kirche.

Im Foyer ein Tresen. Eine Dame begrüßt mich zuvorkommend. Ich sei an «Dianetik» interessiert, sage ich. Ob ich mich hier informieren könne? Sie nickt erfreut, reicht ein Exemplar von L. R. Hubbards «Dianetik» vom Bücherstapel, drückt mir einen Testbogen in die Hand, den ich in den nächsten Tagen zur sofortigen Auswertung vorlegen könne, ferner einen Veranstaltungskalender. Freundliches Lächeln und «Hallo!» der anderen, zumeist jüngeren Anwesenden begleiten mich zum Ausgang.

Der Test, den ich mir als Hausaufgabe vornehme, hat einen vornehmen Titel: «Die Standard-Oxford-Kapazitätsanalyse». Dieser Test ist auch unter der Bezeichnung «ARC Persönlichkeits-Test» (München 1972) oder «ARK Fähigkeitstest» (München 1974) bekannt – unter Scientologen.

Die Fragen sind etwas sonderbar. «Blättern Sie einfach zu Ihrem Vergnügen in Eisenbahnfahrplänen, Telefonbüchern oder Wörterbüchern?» Leicht: «überwiegend nein» kreuze ich an.

«Bekommen Sie manchmal ein Zucken in Ihren Muskeln, auch wenn es keinen ersichtlichen Grund dafür gibt?» Ebenfalls nein, selbst wenn es einen ersichtlichen Grund dafür gäbe.

«Kümmern Sie sich im allgemeinen nicht um anerkannte Regeln zum Schutz Ihrer Gesundheit?» Schwierig, da logisch verquer: Soll ich «ja» ankreuzen, wenn ich «im allgemeinen nicht» meine?

«Geraten Sie gelegentlich in Schwierigkeiten?» Einfach: Aber wer gerät nicht manchmal in Schwierigkeiten?

«Wenn Sie in ein anderes Land eindringen würden, hätten Sie Mitgefühl für die Kriegsdienstverweigerer in diesem Land?» Ja, aber nicht nur für die, gesetzt den Fall, ich würde wirklich in ein anderes Land «eindringen».

«Wenn Sie an einem hübschen Kind vorbeigehen, vermeiden Sie es,

Interesse zu zeigen, anstatt hinzuschauen und zu lächeln?» Merkwürdig: Wird hier gefragt, ob ich eventuell vorhandene pädophile Neigungen leugne?

«Sind Sie manchmal eine Zeitlang traurig oder niedergeschlagen, anstatt mehr oder weniger auf demselben Stimmungsniveau zu bleiben?» – So geht es 200 Fragen lang weiter. Um den Aussagewert des Testes zu testen, lasse ich ihn von drei Frauen gemeinsam ausfüllen, zwei davon Psychologinnen. So gerüstet, besuche ich eine der angekündigten Veranstaltungen, gebe den Test aber vorher zur Auswertung ab. Nach dem Vortrag werde mir das Ergebnis mitgeteilt, sagt der junge Mann, der sich mir als mein Betreuer vorstellt.

«Das Reinigungsprogramm: ein Saunaprogramm, um den Körper von Umweltgiften zu reinigen und geistige Vitalität zu erhalten. (Dieser Vortrag mit Videofilm ist kostenlos)», heißt es. Die anderen Angebote: «Haben Sie vor diesem Leben schon gelebt?», wurde die Woche zuvor gefragt (kostenlos). Und, im feinen Hotel «Steigenberger», amerikanische und europäische Folklore: «Die Golden Bough». Eintritt zehn Mark. Also doch die Sauna.

Prüfend sehe ich mich um. Ein kleiner, modern eingerichteter Raum, an der Frontseite ein raumhohes Bücherregal, ungefähr ein Dutzend Werke in schrillen Farben, ausschließlich von Hubbard. Nebenan eine große Tafel mit Dankesschreiben von Menschen, die die Kurse durchlaufen haben. Ihnen ginge es jetzt viel besser als vorher, lernen und leben machten mehr Spaß – mit Unterschrift.

Sechs Personen harren der Darbietung, darunter eine Frau. Der Referent gibt sich betont leutselig, baut weder sprachliche noch möblierte Distanz zu seinem Publikum auf. Unsere Umwelt sei vergiftet, beginnt er. Nicht nur Drogen wie LSD, sondern auch diverse Gifte wie Konservierungs- und Schädlingsbekämpfungsstoffe, Schlankheitspillen, Kodein und andere feindselige Substanzen würden in unserem Körpergewebe festgehalten. Ihre Akkumulation brächte wahrscheinlich die biochemischen Vorgänge und das Flüssigkeitsgleichgewicht durcheinander. Nicht zuletzt gelte das für radioaktive Strahlung.

Ich horche auf. Die radioaktive Strahlung lagere sich in den Zellen ab, fährt der gute Mann fort, und müsse gleichfalls entfernt werden. Sollte ich im Physikunterricht nicht aufgepaßt und sogar das Kapitel «Radioaktivität» völlig falsch verstanden haben? Die Strahlung aus dem Körper entfernen? Wie sollte man radioaktive Isotope, welche die schädliche Strahlung aussenden, ausfindig machen und zum Verlassen der Zellen bewegen können?

Der Vortragende entschuldigt sich dafür, daß er Ausdrücke verwendet, die er für Fremdwörter hält. «Sie wissen ja, als Wissenschaftler redet man manchmal unverständlich.» Er fügt hinzu, er arbeite als «Auditor», was auch immer das ist.

Habe ich es hier mit einem «Wissenschaftler» zu tun, der nur einen religiösen, hier: scientologischen Tick hat, oder ist er gar ein Scharlatan? Mein Mißtrauen wächst, da er in jedem zweiten Satz «wissenschaftliche Forschungen» zitiert. Wer etwas so laut herausposaunt, hat es meistens nötig.

Ein Videovortrag werde seine einleitenden Worte bestätigen und vervollkommnen, sagt er und schaltet das Licht aus.

Zunächst diverse Ausschnitte aus der «Tagesschau», in denen der Sprecher mit unheilschwangerer Stimme auf die Gefährdung unserer Umwelt aufmerksam macht. Dazu Bilder sterbender Wälder, toter Fische, die Atomkraftwerksruine in Tschernobyl. Unmittelbar danach ein Mann in nachlässig zugeknöpftem weißen Kittel, der sich zum Thema äußert. Er kommt mir zu jung vor, um vom Fernsehen befragt zu werden. Die «Journalistin», die ihm gegenübersitzt, ist nicht echt, dafür würde ich wetten. Sie holpert ihre Fragen daher, als wenn sie Mühe hätte, einen Haupt- von einem Nebensatz zu unterscheiden, und hebt ihre Stimme an den unmöglichsten Stellen, nur nicht da, wo es angebracht wäre. Der «Doktor» bleibt denn auch sehr wolkig, alles wäre recht schlimm, voller Gift, um die Umwelt sei es schlecht bestellt. Keine Thesen, gegen die man etwas haben könnte, mit einer Ausnahme: Auch er empfiehlt, radioaktive Strahlung «aus dem Körper zu entfernen».

Das Licht geht an, der Referent legt los. Mit dem speziellen Reinigungsprogramm könne alles Üble im Körper beseitigt werden. «Es ist die einzig bekannte Methode, den Körper von schädlichen chemischen Rückständen zu befreien.» Nur durch Schwitzen? Nein, man müsse auch viele Vitamine zu sich nehmen, insbesondere aber Niacin.

Niacin oder Niacinamid ist, ich mache mich später sachkundig, schlicht synthetische Nikotinsäure. Es wird zu den Vitaminen gerechnet, obwohl es eigentlich keines ist. Große Mengen enthalten zum Beispiel Hefe, Fleisch und Leber. Außerdem entsteht es beim Kaffeerösten. Eine medizinische Indikation, Niacin in Pillenform zu schlucken, gibt es nicht, außer vielleicht in dem äußerst seltenen Fall, daß jemand sich über lange Zeit hinweg ausschließlich von Mais ernährte.[2] Ein gutes Essen, etwa Leber mit Apfelscheiben oder ein Rinderbraten, reichten völlig zur Deckung des Bedarfs aus.

Der Referent kann sich bei seiner merkwürdigen Theorie auch nicht auf ernstzunehmende Forschungen berufen, sondern ausschließlich auf L. Ron Hubbard. 1957 hatte der ein Buch mit dem Titel «Alles über radioaktive Strahlung» veröffentlicht – von einem Kernphysiker und Arzt (Hubbard meint mit an Sicherheit grenzender Wahrscheinlichkeit sich selbst). Hier wird das Allheilmittel gegen Strahlung noch «Dianazen» genannt. Hubbard empfiehlt einen täglichen Cocktail verschiedener Vitamine, zusammen mit Milch und Schokolade.[3] Das Versprechen: «Dianazen löscht Auswirkungen von Strahlung aus – oder was Auswirkungen von Strahlung zu sein scheinen. Es macht die Person auch in gewissem Grade gegen Strahlung immun. Ich habe gesehen, wie es Hautkrebs ausgelöscht hat.»[4]

Ein Journalist schreibt: «Bei Pharmakologen steht Niacinamid im Verdacht, in hohen Dosierungen ein schweres Nervengift mit barbituratähnlicher Wirkung zu sein.»[5]

Ich wundere mich, daß niemand der Zuhörer der These widerspricht, ein Vitamincocktail könne radioaktive Strahlung neutralisieren, ja sogar «ausschwemmen». Der Referent legt sogar noch eins drauf: Er malt eine Unmenge Kreise an die Tafel, zeichnet Pfeile hinein – «das sollen die Gifte sein» – und fügt kleinere Kreise hinzu, das Niacin. Wir sähen, wie es die Strahlung aus dem Körper triebe. Ich sehe nichts, halte mich aber mit Kritik zurück.

Ein älterer Herr mit weißem Haarkranz fragt schüchtern, ob nicht die morgendliche Ration Müsli ein ähnlich gesundes Ergebnis zeige? Der Referent besteht auf der Wirkung des alleinseligmachenden Niacins. Er wird unterstützt von einem der Anwesenden, einem sehr gepflegt gekleideten Mann, der sich als Inhaber eines Steuerbüros zu erkennen gibt. Ihn hatte ich vorher in angeregtem, ja intimem Gespräch mit einem der Scientology-Funktionäre beobachtet.

Die Pointe fehlt noch. Woraus das Reinigungsprogramm eigentlich bestehe, wird gefragt. Das käme darauf an, aber mit mehreren Wochen – täglich einige Stunden Sauna, zusätzlich Joggen – solle man rechnen. Und die Kosten? Weit über 2000 DM! Aber für die eigene Gesundheit sei doch nichts gut genug! Ein paar Wochen später wird das Reinigungsprogramm zu 40 Prozent billiger angeboten. Offenbar hat der Kampfpreis wenig mit der tatsächlichen Leistung zu tun.

Die Propaganda-Show geht zu Ende. Ich frage draußen nach der Auswertung meines Testes. Mein Betreuer führt mich in ein Zimmer, legt mit bedeutungsvoller Miene einige Blätter auf den Tisch. Ich sehe ein Schaubild und eine Linie, wild gezackt wie die Bilanz eines manisch-

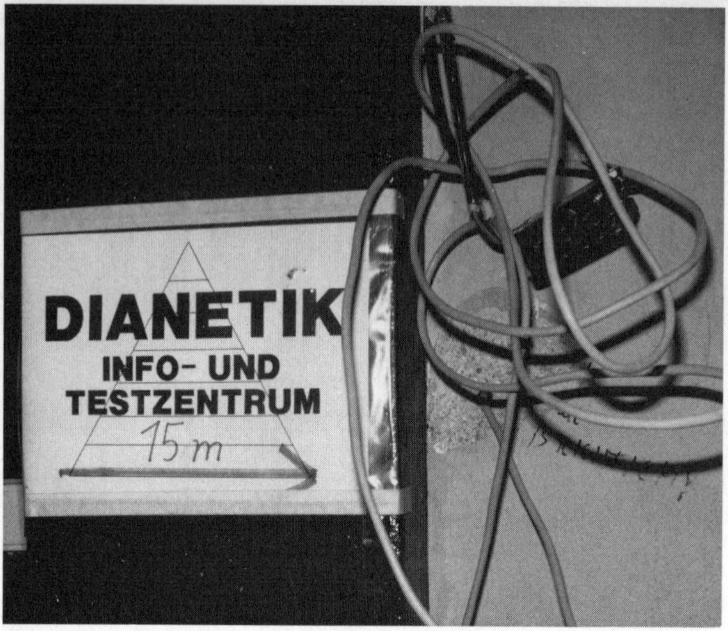

depressiven Unternehmens. Die mittlere, horizontale Linie sei das Normale, beginnt er, alle Punkte unterhalb verbesserungsbedürftig, («Unterliegen» lese ich da), oberhalb erstrebenswert («Überleben»). Worin meine Probleme im täglichen Leben bestünden, will er wissen. Ich bekenne, früher einige Zeit keine Freundin gehabt zu haben (unverdächtig!), manchmal arbeitsunlustig zu sein oder das Gefühl zu haben, ich könne mehr aus mir machen (die Wahrheit!), und wenig Erfüllung im Taxifahren zu sehen. Genau!, ist mein Gegenüber begeistert. Exakt diese Aussagen bestätige der Test! Er weist auf das Schaublatt: Ich sei manchmal überdurchschnittlich deprimiert, beeinflußbar, überkritisch, in mir schlummerten aber große Fähigkeiten. Meinem unerfüllten Bedürfnis nach Zuneigung könne abgeholfen werden.

Dem Ergebnis messe ich nicht allzu große Bedeutung bei. Der Test dürfte sich auf dem Niveau der Boulevardzeitungen und Illustrierten bewegen, die man im Wartezimmer des Zahnarztes durchblättert, um sich abzulenken. Anfang der siebziger Jahre hatten in München drei junge Männer spaßeshalber den Bogen ausgefüllt: der erste antwortete korrekt, der zweite immer nur das Gegenteil von dem, was zutraf, und der dritte das, was ihm gerade in den Sinn kam. Die «Auswertung» durch die Scientologen ergab, daß alle drei «verkappte Mörder» seien. Die Bluttat lasse sich nur ausschließen, wenn die potentiellen Meuchler einen «Kommunikationskurs» besuchten. Der Preis damals: 180 DM.

Auch mein Betreuer empfiehlt mir, einen Kurs im Dianetik-Zentrum zu belegen. «Ich darf doch ‹du› sagen?» lächelt er verbindlich. Außerdem hätte er «kostenloses Probe-Auditing» anzubieten. Vielleicht morgen schon? Ich sage zu.

Dem Engramm auf der Spur

> «Der Mensch ist gut. Entfernen Sie seine Grundaberrationen, und mit ihnen verschwindet das Böse...»
>
> L. Ron Hubbard[6]

Ich habe getan, was ich konnte: ausgeschlafen, gut gefrühstückt, und neugierig bin ich auch. Angeblich sollen beim «Auditing» «hypnotische Techniken» angewendet werden, wie mich ein Informant gewarnt hatte. Mein Betreuer vom Vortag begrüßt mich, lächelt immer noch unerbittlich und führt mich in eines der hinteren Gemächer.

Eine Tür öffnet sich zu einem kleinen Büro. Rechts ein bequemer Drehstuhl. In der Mitte ein schlichter Tisch. Auf ihm ein handtaschengroßes, flaches Gerät mit einigen Skalen und zwei Schnüren, die in blinkenden Blechdosen enden; es strahlt einen hausbackenen Futurismus aus wie das Interieur der Fernsehserie «Raumschiff Orion». Eine junge Frau wartet schon auf mich. Sie scheint das Lächeln meines Betreuers wie beim Stafettenlauf zu übernehmen. Wir werden jetzt allein gelassen.

Ich solle es mir bequem machen, beginnt sie die Veranstaltung. Im englischen Sprachraum wird das «Auditing» «confessing» genannt, was wir durchaus korrekt mit dem deutschen Wort «Beichte» übersetzen können. Ich sage, daß mich der Kasten auf dem Tisch an einen Lügendetektor erinnern würde, oder auch an etwas, was Elektroschocks verteilt – und nehme mir insgeheim fest vor, daß mir niemand die Beichte meines eigentlichen Ansinnens abringen wird, komme, was da wolle.

Sie kenne die Funktion des Gerätes auch nicht genau, meint sie und lächelt immer noch. Sie habe gerade erst den «Auditor-Kursus» durchlaufen. Das «Mark VI E-Meter», so werde es genannt, sei etwas für «höhere Grade». Sie macht eine Handbewegung zu einem entfernten Punkt der Zimmerdecke.

Dieser Kasten, den ich später auch in Funktion sehen werde, ist für die Scientologen so wichtig wie die Gebetsmühle für den tibetanischen Lamaismus.

Er stammt, wie überhaupt die meisten Ideen Hubbards, aus den fünfziger Jahren. Damals, das berichtet Christopher Evans, machte ein gewisser Volney Mathison aus Elisabeth in New Jersey von sich reden. Er behauptete, sein seltsames Arrangement aus einem Kasten, versehen mit einer Skala, daran befestigten Drähten und zwei Blechdosen, könnte Gedanken lesen.

Diese Idee war nicht völlig abwegig, denn immerhin schlug der Zeiger auf der Skala aus, wenn jemand die beiden Dosen umfaßte. Zweifellos zeigte das Gerät irgend etwas an.

Die Wheatstonesche Meßbrücke, so wird es im Physik-Unterricht genannt, ist ein primitives Hautgalvanometer. Der damalige Erfinder behauptete, ein Patent zu besitzen, was bezweifelt wurde, da unter der von ihm angegebenen Patentnummer eine Dreschmaschine aufgeführt war.

Faßt man, wenn das sogenannte E-Meter eingeschaltet ist, mit je einer Hand an die Blechbüchsen, wird man Teil eines Stromkreises, gespeist durch eine kleine Batterie. Über den eingebauten Verstärker läßt sich ein Phänomen messen, das schon im neunzehnten Jahrhundert als «galvanische Hautreaktion» bekannt war: Je nach Erregungszustand der Person, die mit diesem Gerät untersucht wird, verändert sich die elektrische Leitfähigkeit der Haut.

Nur ist, um diese unbestreitbare Tatsache auswerten zu können, eine wesentlich kompliziertere Versuchsanordnung vonnöten. In der heutigen Psychologie zum Beispiel benutzt man Elektroden, die, mit einer gallertartigen Masse überzogen, am Handgelenk befestigt werden. Werde ein Hautgalvanometer auf diese Weise eingesetzt, schreibt Evans, «kann man ein heftiges Ausschlagen der Nadel beobachten, sobald derjenige, der an das Gerät angeschlossen ist, durch einen Nadelstich bedroht wird und sobald irgendein Tabuwort ausgesprochen oder eine furchterregende Fotografie gezeigt wird».[7]

Das liegt daran, daß jedes höhere Lebewesen sich bei Gefahr oder Alarm für das, was in der Umwelt geschieht, sensibilisiert. Ein Teil dieses Erregungszustandes ist eben die veränderte Leitfähigkeit der Haut.

Wir kennen das Gefühl, bei großer Aufregung oder Spannung verschwitzte Hände zu bekommen.

Drückt man die beiden Blechdosen des sogenannten «Hubbard-Elektro-Meter» der Scientologen fester, verändert sich der Ausschlag der Nadel, einfach weil der geringe Strom dann besser fließen kann. Schweiß zum Beispiel, in winzigen Mengen, verringert den Widerstand und läßt die Nadel hin und her zittern.

Mit etwas Geschick und Übung, und das macht das Gerät für die oben beschriebenen, ernstzunehmenden psychologischen Untersuchungen völlig unbrauchbar, läßt sich durch den veränderten Druck jeder beliebige Nadelausschlag erreichen, ein hervorragendes Beispiel für «self-fulfilling prophecy».

Die Scientologen nämlich, die das Gerät, wahrscheinlich nur geringfügig verändert, schon in den fünfziger Jahren übernahmen, behaupten, sie könnten Ereignisse aus früheren Leben oder einfach unangenehme oder überhaupt wichtige Erlebnisse der Vergangenheit aufspüren.

Sogar Psychologen, ansonsten die Intimfeinde der Scientology-Sekte, ließen sich vom Charme der blitzenden Blechbüchsen einwikkeln. Der Psychotherapeut Seidl, der das Gerät besitzt – der Herstellungspreis wird auf nur 150 DM geschätzt – versichert, daß der Apparat «nicht nur Mißemotion, vielmehr auch alle Harmonie-Empfindungen subjektiver Herkunft mit gewissen Fehlerquellen objektiv registriert».[8]

Was es mit den «gewissen Fehlerquellen» auf sich hat, stellte 1976 das Psychologische Institut der Universität Tübingen fest. Dort nahm man das E-Meter auseinander und stellte zu seiner Funktionsweise folgendes fest: Es entsprache bei weitem nicht den «heute üblichen wissenschaftlichen Geräten zur Messung von Hautwiderständen». Der sogenannte Tonarm lasse sich nicht justieren. Heute werde «entweder der Strom, der durch den Menschen geschickt wird, oder die Spannung, die angelegt wird, konstant gehalten, so daß die Anzeige entweder proportional zum Widerstand oder proportional zur Leitfähigkeit ist. Keine der beiden Möglichkeiten ist im ‹E-Meter› realisiert.» Außerdem würden die «Daten» weder registriert noch dokumentiert, was normalerweise Voraussetzung jeder wissenschaftlichen Aussage sei.

Und: Das Gerät entspräche nicht den elektrischen Sicherheitsbestimmungen. Es enthält keinen Transformator, der «die Netzversorgung von der Elektrodenanschlußbuchse trennt»; bei «ungünstiger Stellung

Mark Super VII
E-Meter.

des Netzsteckers» lasse die Diode 10 Milliampere durch. Bei Anwendung des «Gerätes mit angeschlossenem Ladekabel kann für den Probanden Lebensgefahr bestehen».[9]

Ich bin beruhigt, daß mein «auditing» sich noch auf so niedrigem Niveau bewegt, daß ich nicht gezwungen werde, mit dem «E-Meter» zu arbeiten. Meine Partnerin fragt mich nun, ob ich wisse, was jetzt passieren werde?

Ich habe mittlerweile den Eindruck, daß sie mehr Zustimmung und Anerkennung von mir will als umgekehrt. Sie blickt mich an, während sie ihre Frage stellt, klammert sich aber an ihren Stift und versteckt ein paar Blätter hinter einer Sichtblende auf dem Schreibtisch. Ich gerate in Versuchung, ihre therapeutische Fassade zu prüfen: starre zurück, ihr direkt in die Augen. Wenn ich geantwortet habe, schaut sie in ihre Aufzeichnungen, bis ihr eine neue Frage eingefallen ist.

Immerhin widmet sie sich ausschließlich mir und schenkt mir ihre Zeit, etwas, was nicht von jedem Arztbesuch gesagt werden kann. Nur scheint mir ihre Kompetenz nicht gerade überzeugend, eventuelle ernsthafte psychische Probleme ihrer Mitmenschen erfolgreich behandeln zu können.

Vielleicht macht das gerade den Reiz für viele Leute aus: die Versprechung, ohne ein teures Studium, mehr oder minder in gegenseitiger «Selbsthilfe», «therapieren» zu können – eine Psychologie des «kleinen Mannes». Der Anteil der Frauen ist aber unverhältnismäßig hoch, ein Phänomen, was wir bei ähnlichen Religionen oder Gruppen wie etwa der Bhagwan-Sekte fast immer, zumindest auf der unteren Ebene, beobachten können.

Eine interne Anweisung schreibt konsequent: «Man braucht nichts von Scientology zu verstehen, um Mitglied einer Scientology-Gruppe zu sein. Man muß nur daran glauben, daß den Menschen geholfen werfen kann und daß sie es wert sind, daß man ihnen hilft.»[10]

Das ist nett gesagt. Trotz dieses recht bescheidenen Anspruches gibt sich L. Ron Hubbard, in dessen Hauptwerk «Dianetik» ich kurz vorher schon geblättert hatte, aber überaus selbstbewußt, was seine selbsterfundene Methode des «Auditierens» angeht: Die Dianetik sei «eine systematisch aufgebaute Wissenschaft vom Denken» und umfasse eine «therapeutische Technik, mit der alle nichtorganischen Geistesstörungen und alle organischen psychosomatischen Leiden mit der Gewißheit völliger Heilung in beliebigen Fällen behandelt werden können».[11]

Bekanntlich ist es ein beliebter Kunstgriff aller möglichen Quacksalber, aber auch von ernster zu nehmenden Medizinmännern – etwa in

Ländern, wo noch oder wieder Methoden der traditionellen, nichtwestlichen Medizin angewendet werden –, dem «Klienten» das Gefühl zu geben, daß er jetzt im Mittelpunkt des Geschehens steht. Gerade bei unsicheren Menschen kann das den Prozeß der Heilung verstärken oder beschleunigen.

Der amerikanische Psychologe Christopher Evans ordnet die an der Scientology bzw. «Dianetik» Interessierten so ein: «Es sind vielmehr die mit einer mittleren Intelligenz ausgestatteten, einigermaßen belesenen und an ihrer Persönlichkeit interessierten Menschen, denen aus irgendeinem Grunde keine Möglichkeit gegeben wurde, eine vertiefte Bildung zu erlangen, oder die aufgrund ihres Naturells nicht dafür prädestiniert sind, auf die die Scientologie die größte Faszination ausübt.» [12]

Der für Sekten zuständige Berliner Pfarrer Gandow differenziert: Im Unterschied zu den klassischen Sekten und Abspaltungen von den großen Kirchen hätten die Scientologen «einen nichtreligiösen Kontext» zur Voraussetzung. Ohne darüber zu theoretisieren, wollten sie nicht die besseren Gläubigen sein – sie kritisieren also nicht etwa die in religiösen Dingen zu große Laschheit oder Inkonsequenz der Landeskirchen –, sondern bauten ihre Weltanschauung auf völlig anderen Symbolen und Ikonen auf, denen der Psychologie beziehungsweise dem, was, populär verkürzt, unter Psychotherapie verstanden wird.

Es ist für einen Laien sehr schwer zu unterscheiden, ob die Mittel, die jemand anwendet, der sich mit der Aura des Experten umgibt, ausreichen, um die eigene Heilung zu beschleunigen. Außerdem dürfte es keine exakte Definition dessen geben, was als wissenschaftlich abgesicherte Therapie gelten darf und was nur als Humbug anzusehen ist. Auch verschiedene psychologische Schulen und Methoden wetteifern miteinander. Deren unterschiedliche Ansätze erklären sich mitunter nur aus der Wissenschaftsgeschichte oder gar aus der persönlichen Konkurrenz der Gründer.

«Therapie» oszilliert daher zwischen zwei Polen. Der eine ist der Selbsthilfeansatz: Eine Gruppe von Menschen trifft sich in dem Glauben, die persönlichen Probleme, welche auch immer da sind, durch langandauernde Gespräche bewältigen zu können. Dieser Ansatz ist nicht völlig falsch, verschafft es doch eine gewisse Befriedigung zu erfahren, daß die Mitmenschen genausowenig glücklich sind wie man selbst.

Der andere Pol ist die – nicht immer zu Unrecht – verrufene Psychiatrie, die wir aus Filmen wie etwa «Einer flog über das Kuckucksnest» kennen: Ein allmächtiger Arzt, der bei einem «schwierigen Fall» nicht davor zurückscheut, zum Messer zu greifen und die störenden Gehirnteile zu entfernen, oder ihn ersatzweise, und das ist leider in den Verwahranstalten viel zu häufig noch die Regel, mit Psychopharmaka ruhigzustellen.

Nur wäre es falsch, hier zu verallgemeinern: psychologische Therapien, welche Variante wir auch wählen, sind etwas anderes als die beiden geschilderten extremen Formen, die eher karikieren, was wir uns als Korrektur einer fehlgeleiteten Anpassung an die Regeln der Gesellschaft wunschen würden.

Das, was sich unter L. Ron Hubbards «modernen Wissenschaft der geistigen Gesundheit» verbirgt, entpuppt sich bei ernsthaftem und genauem Hinsehen als eine ebensolche Karikatur. Die Methoden der Psychiatrie, die Hubbard kritisiert, sind ebensowenig typisch für die gängigen Therapien wie die nudelholzschwingende und lockenwicklerbestückte Ehefrau typisch ist für den gegenwärtigen Zustand der Geschlechterbeziehungen.

Natürlich kommt es gut an, vor allem für ein Buch wie die «Dianetik» Hubbards, das ohnehin nur populärwissenschaftlich sein will, auf die «weltfremd hochgestochene Professorensprache» zu schimpfen und statt dessen zu betonen, daß der benutzte Wortschatz aus «der Umgangssprache» stamme. Nur befremdet es dann, wenn Hubbard eine eigene, ebenso unverständliche und hochgestochene Spezialistensprache entwickelt.

Das beginnt schon bei den ersten Schritten des «Auditing». Meine «Therapeutin» fordert mich auf, ich solle jetzt zur Zimmerdecke blikken. «Wenn ich von eins bis sieben zähle, werden sich deine Augen schließen. Du wirst alles, was geschieht, weiterhin bewußt wahrnehmen. Du wirst in der Lage sein, dich an alles, was geschieht, zu erinnern.»

Dann, das sagt die offizielle Anweisung für das «Auditing-Verfahren», nach der sich jeder und jede exakt zu richten hat, wird der «Löscher» eingerichtet: «Wenn ich in Zukunft das Wort ‹gelöscht› ausspreche, wird alles, was ich zu dir während der Therapiesitzung gesagt habe, gelöscht sein und keine Macht über dich haben. Jede Suggestion, die ich dir gegeben habe, wird ohne Kraft sein, wenn ich das Wort ‹gelöscht› sage. Verstehst du das?»

Ich antworte wahrheitsgemäß, daß ich nicht verstehe. Meine Partnerin erwidert, der «Löscher» solle verhindern, daß ich hypnotisiert würde. Die «Dianetik» entferne Engramme, Hypnose pflanze sie jedoch ein. Was das alles bedeute, werde ich aber noch lernen, das sei jetzt nicht so wichtig.

Hubbard: «Der Auditor könnte sich in seinen Äußerungen unbeabsichtigt restimulierender Worte bedienen, die ein Engramm einkeyen würden.» Er benutze «vielleicht einen Holder oder einen Denyer, indem er den Preclear, der auf dem Time-Track zurückgekehrt ist, sagt: ‹Bleib dort›, oder, was am schlimmsten ist: ‹Vergiß es›; letzteres gehört zu einer Klasse von Ausdrucksweisen des Vergessermechanismus...» usw. usw.[13]

Diese aufgeblasenen Sätze sagen, um uns ein wenig mit der Hubbardschen Lehre zu befassen, folgendes aus: Unser Geist sei in zwei Teile geteilt, den «analytischen» und den «reaktiven Mind». Der «analytische Mind» sei der bewußte Teil unserer geistigen Fähigkeiten.

«Der analytische Mind ist nicht nur ein guter, er ist ein perfekter Computer», schreibt Hubbard. Er speichere alle Sinneseindrücke in Gedächtnisbanken, und zwar vollkommen, ohne etwas zu vergessen oder zu verfälschen. Sein Sitz «mag in den Stirnlappen liegen», wofür es – in der typisch verschwommenen Ausdrucksweise Hubbards – «gewisse Anzeichen gibt. Doch das ist ein Strukturproblem, und niemand weiß über die Struktur genau Bescheid»[14] – eine zugegeben elegante Methode, mit vielen Worten wenig auszudrücken. Gleichzeitig täuscht er einen Einblick in Forschungsprojekte vor, die zwar nie so stattgefunden haben, aber von denen der gutgläubige Leser vermuten muß, daß es sie irgendwie und irgendwo gibt. Außer Hubbard und seinen Dianetikern beschäftigt sich nämlich niemand mit so einem plumpen Modell des menschlichen Geistes.

Alles wäre somit gut, wenn es nicht das Böse gäbe, bei den Scientologen «reaktiver Mind» genannt. Das Unheil nimmt folgendermaßen seinen Lauf: Ist der Mensch in einem Zustand der Erregung, der Bewußtlosigkeit oder empfindet er Schmerz, hört der «analytische Mind» auf, richtig zu funktionieren. Und, so warnt Hubbard: «Wenn es je einen Teufel gegeben hat, so erfand er den reaktiven Mind.»[15]

Der tritt nämlich zum Schaden der betreffenden Person in Aktion, indem er analoge Situationen in Erinnerung ruft. Die Spur dieser Erinnerung nennt Hubbart «Engramm». Den Begriff gibt es ausnahmsweise auch außerhalb der Scientologen-Wortschöpfungen, nämlich in der Neurophysiologie. Er bezeichnet einen Eindruck, der eine bleibende Veränderung der Gehirnsubstanz, genauer: der Nervenzellen, hervorruft. Die Engrammbildung ist nur eines von einer ganzen Anzahl funktioneller Prinzipien, nach denen sich Zentralnervensysteme, auch von Tieren, entwickeln.

Laut offizieller Lehrmeinung der Dianetiker ist ein Engramm jedoch «eine vollständige Aufzeichnung, genau bis ins letzte Detail, von jeder Wahrnehmung, die in einem Moment der teilweisen oder vollständigen Bewußtlosigkeit vorhanden war».

Dieser Mechanismus funktioniere, behauptet Hubbard, schon vor der Geburt – ein Grund übrigens, warum sich die Scientologie vehement gegen Abtreibungen wendet. Der Fötus registriere zum Beispiel, wenn der Vater die Mutter mit den Worten anschreie: «Du taugst nichts!» Dieses «vorgeburtliche Engramm» werde dann aktiv, wenn «die gegenwärtige Umgebung des wachen, jedoch ermüdeten oder bekümmerten Kindes ihrerseits dem ruhenden Engramm ähnlich ist». Das Engramm sei «eingekeyt».

Liegt jemand unter einer Narkose oder ist er nur bewußtlos, weil er einen Boxhieb vor das Kinn bekommen hat, muß in seiner Umgebung strengstes Schweigen herrschen, sonst würden alle «Sinneseindrücke» als unangenehme Engramme gespeichert.

Daher gehört an den Beginn des «Auditing» der «Löscher». Es könnte ja sein, daß der Klient oder die Klientin auf irgendwelche Formulierungen mit der Reaktivierung von Reagrammen reagiert, was unangenehm und meistens mit körperlichen Beschwerden einhergehe. Der «reaktive Mind» kann nämlich, das sagt Hubbard, für Arthritis, Schleimbeutelentzündung, Asthma, Allergien, Nebenhöhlenentzündung, Erkrankungen der Herzgefäße, hohen Blutdruck «und vieles mehr» verantwortlich sein.

Natürlich erinnert diese Theorie an das «Unbewußte» in der Lehre Sigmund Freunds, ist aber im Vergleich zu Freuds Auffassung so simpel wie ein Spielzeugauto aus Holz, gemessen an einem modernen Geländewagen mit zwölf Gängen.

Der Clou der «Dianetik»: Indem sich der Klient der unangenehmen Ereignisse erinnert, die zu den Engrammen geführt haben, verschwinden diese wie von selbst und mit ihnen alle psychosomatischen Beschwerden, nicht zuletzt Erkältungen, Zahnschmerzen und andere Wehwehchen. Jemand, der noch vom «reaktiven Mind», also von seinen Engrammen beeinflußt wird, hat «Aberrationen», so das Hubbardsche Kunstwort. Er oder sie sind also noch, um es in religiöse Worte zu fassen, im Zustand der Sünde.

Meine «Therapeutin» beginnt nun mit ihrer Prozedur: «Wir werden jetzt ein Geschehnis in deinem Leben finden, von dem du eine exakte

Aufzeichnung hast. Indem ich dich dann mehrmals durch das Geschehnis schicke, und zwar zu dem Zeitpunkt, als es geschehen ist, werden wir es reduzieren.» Und, nachdem ich schweige, weil ich nicht weiß, was ich tun soll: «Lokalisiere ein Geschehnis, bei dem du das Gefühl hast, daß du es bequem anschauen kannst.»

Solange jemand Spaß daran hat, interessante Anekdoten aus der Kindheit zu erzählen, mag er beim «Auditing» gut aufgehoben sein. Später höre ich von anderen Scientologen, die ich auditiere, Geschichten, die wohl nur aus dem Grund hervorgeholt wurden, um sich wichtig zu machen: Kriegserlebnisse, die die Tapferkeit des Erzählenden unterstreichen, oder sexuelle Erlebnisse.

Laut einer amtlichen Untersuchung fragten die sogenannten «Auditoren» auch schon einmal: Haben Sie jemals jemanden vergewaltigt? Sind Sie vergewaltigt worden? Haben Sie sich der Homosexualität ergeben? Haben Sie Geschlechtsverkehr mit einem Mitglied Ihrer Familie oder mit Tieren unterhalten? Haben Sie mit dem Mitglied einer andersfarbigen Rasse geschlafen? [16]

Da die Gespräche protokolliert werden, begibt sich jeder, der seine persönlichen Probleme darlegt, völlig in die Gewalt der Scientologen und wird, wenn er jemals die Gruppe verlassen wollte, erpreßbar. Allerdings gelang es noch nicht, eine derartige Erpressung nachzuweisen.

Eine ehemalige Sektenangehörige schrieb: «Ich werde seit sieben Monaten mit Briefen und Anrufen belästigt, obwohl ich in derselben Zeit mehrmals beteuerte, ich hätte genug von dieser Organisation. Ich schrieb einen deutlichen Brief, in dem ich auch meine schriftlichen Protokolle zurückverlangte, leider habe ich sie bis heute noch nicht...» [17]

Ich warte aus diesem Grund mit Reiseabenteuern aus Lateinamerika auf. Nach der ersten Episode, einem Marsch mit schwerem Gepäck in der Salzwüste Boliviens und der Erinnerung an schmerzende Füße, trockene Kehle, brennende Schulter- und Rückenmuskeln sowie glühende Sonne, fordert meine «Therapeutin» mich knapp auf: «Geh zurück zum Beginn, und geh nochmals durch. Nimm jegliche zusätzliche Daten auf, die du kontaktieren kannst.»

Ich beginne von vorn und bemühe mich um Details. Leider scheint mein Gegenüber wieder nicht zufrieden und fordert mich, mit exakt den gleichen Worten, zu einem dritten Durchgang auf, dann zu einem vierten. Erst danach darf ich die Szenerie wechseln: «Finden wir ein anderes Geschehnis, bei dem du das Gefühl hast, daß du es bequem anschauen kannst.» Also the same procedure...

Es ist natürlich möglich, daß etwas gutwilligere Klienten von ihren wirklichen Problemen erzählen. Das geschieht so lange, sagt die Anweisung für den «Auditor», «wie erforderlich ist, um ihn zu einem Punkt zu bringen, wo er fröhlich darüber ist». Oder, «wenn der Preclear anscheinend nicht in der Lage ist, hinsichtlich eines Geschehnisses irgendwelche weiteren Dinge aufzudecken, obwohl er es viele Male erzählt hat, und wenn er nicht fröhlicher darüber wird, dann finden Sie vom Preclear heraus: ‹Gibt es ein früheres Geschehnis, das dem ähnlich ist, das wir auditieren?›»

Es ist nicht unwahrscheinlich, daß beide Teilnehmer des «Auditings» unter einem gewissen Druck stehen. Der Klient möchte nicht, vor allem, wenn er vorher bezahlt hat, ohne ein Ergebnis den Raum verlassen. Er wird sich bemühen, gerade die Dinge zu erzählen, von denen er meint, daß sie seine tatsächlichen Konflikte berühren. Niemand braucht also diskret aufgefordert zu werden, sein Privatleben offenzulegen. Das geschieht von selbst: Der Klient, der Verheißung vom schnellen psychischen Glück vertrauend, vermutet, er sei in einer ernstzunehmenden Therapie.

Die Auditorin oder der Auditor hingegen stehen ebenfalls unter Erfolgszwang, gerade wenn sie sich erst am Anfang der teuren sekteninternen «Ausbildung» befinden. Sind die Klientin oder der Klient beim besten Willen nicht zu einem Lächeln am Ende der Geschichte zu bewegen, was anzeigte, daß man ein Engramm beseitigt hat, werden der oder die «Therapeutin» jedes kleine Indiz, jede geringste Veränderung der Mimik als Anflug eines Lächelns deuten, um nicht die eigene Unfähigkeit offenlegen zu müssen.

Das ist etwas, was jeder kennt, der sich einmal im Dunstkreis psychologischer Selbsthilfegruppen bewegt hat. Da niemand kontrollieren kann, ob sich etwas zum Besseren gewendet hat – wie sollte das auch geschehen?! –, geraten die Formen der Gruppenbeichte schnell zu einer peinlichen Pose der Selbstdarstellung. Die banalsten Erlebnisse des Alltags werden, weil im rituellen Rahmen der Selbsthilfe erzählt, zu Problemkomplexen aufgebauscht. Eine winzige Spur von Aggression der Gattin oder Freundin gegenüber muß im Rahmen einer Männergruppe alternativen Zuschnitts etwa so lange hin und her gewendet und diskutiert werden – ob das nun hätte «zugelassen» werden dürfen oder nicht –, bis die Zeit um ist.

Meine Zeit ist nach ungefähr zwei Stunden um. Die Dame sagt: «Komm in die Gegenwart!», fragt nach, ob ich auch tatsächlich dasei, was ich bejahe, sagt «gelöscht» und fordert mich auf, die Augen zu öffnen, wenn sie von fünf bis eins gezählt und mit den Fingern geschnippt habe. Dann: Ob ich wisse, wie alt ich sei und welchen Tag wir hätten. Ich kann die Fragen beantworten und werde, zwar nicht geheilt, aber zufrieden, entlassen.

Vorn am Tresen plaudere ich mit den anwesenden Funktionären. Meine «Therapeutin» läßt sich nervös eine Zigarette geben und weicht mir nicht von der Seite, als wenn sie befürchte, ich würde gegenüber den Großkopfeten eine abfällige Bemerkung über ihre Qualifikation machen.

Es gäbe jetzt auch Kurse, die einen sehr schnell zum «Clear» beförderten, sagt einer der jungen Herren, die seien aber dementsprechend teurer. Ich lasse mir einen neuen Termin geben, da mich das Lernprogramm über Kommunikation interessiert.

Das Karl-May-Syndrom

> «Es wäre törich, für einen Penny auch nur ein Wort zu schreiben. Wollte man wirklich eine Million Dollar verdienen, so wäre der beste Weg, seine eigene Religion zu gründen.»
>
> L. Ron Hubbard[18]

Am 9. Mai 1963 war Lafayette Ron Hubbard zum erstenmal im Himmel, und zwar um 22.02 Uhr. Der Aufenthalt dauerte insgesamt «43 891 832 611 177 Jahre, 344 Tage, 10 Stunden, 20 Minuten und 40 Sekunden». Seine wichtigsten Beobachtungen: Das Himmelstor sei solide und formschön gebaut, was man von der Architektur an diesem Ort erwarten sollte. Heiligenstatuen säumten die Allee, die zum Tor führte, und auf den Torsäulen standen, ebenfalls keine Überraschung, steinerne Engel.

Bemerkenswert eher die Tatsache, daß bei seinem zweiten Besuch nur wenig später eine Veränderung zum Schlechten stattgefunden hatte: Die Säulen geborsten, die Engel verschwunden, die Stätte im allgemeinen verfallen. Als Service für den Ortskundigen allerdings zwei Neuerungen: links ein Schild mit der Aufschrift «Dies ist der Himmel», rechts «Hölle». Diese bedeutenden Informationen für religiöse Forschungsreisende gab Hubbard in einem Bulletin am 11. Mai 1963 bekannt.

Nun können Leserin und Leser, wenn jemand allen Ernstes behauptet, er habe an einer Expedition ins Jenseits teilgenommen, an dessen geistiger Gesundheit zweifeln oder sich gegenüber diesen Äußerungen in höflicher, aber desinteressierter Toleranz üben. Mitglieder der Scientology-Kirche werden aber dem Inhalt der Bulletins ihres geistigen Führers blind vertrauen. Die Frage drängt sich auf: Wie kann es dazu kommen, daß durchschnittliche Menschen mit nicht unterdurchschnittlicher Intelligenz den gröbsten Unfug akzeptieren, nur weil dessen Urheber eine Autorität in Sachen Weltanschauung zu sein scheint?

Schauen wir näher hin, so ist auch der größte Unsinn von unseren Erwartungen geprägt: selbst Absurdität muß mehr oder weniger wahrscheinlich sein. Im Jahre 1879 beobachteten gut beleumdete Zeugen in den USA ein riesenhaftes Luftschiff, heute UFO genannt, das die Lande überflog und, wie ein Journalist schrieb, «akustisch vorwiegend dadurch in Erscheinung trat, daß die Besatzung aus irgendeinem Grunde geschlossen Kirchenchoräle sang». Wir dürfen vermuten, daß in den USA des letzten Jahrhunderts Bewohner von anderen Sternen nicht als überzeugte Atheisten vorstellbar waren. Das wäre auch nicht erlaubt worden.

Heute machten sich Beobachter zum Gespött, statteten sie Invasoren aus dem All mit Pfeil und Bogen oder religiösen Attributen aus. Vielmehr erwartet man von Intelligenzen aus fernen Welten, sollten sie uns heimsuchen, mindestens hochentwickelte Computer, Laserkanonen und Eigenschaften, die die unsrigen irgendwie übertreffen, zum Beispiel, wie jüngst in der UdSSR, drei statt zwei Augen. Wenn man fest daran glaubt, tritt das Unerwartete genau so ein, wie man es sich vorgestellt hat.

Auch der legendäre Old Shatterhand alias Kara Ben Nemsi, ein seltenes Universalgenie, was Sprachkenntnisse und körperliche Tüchtigkeit betrifft, wurde von seinem Schöpfer nur mit Tugenden ausgestattet, die die Leser als zeitgemäß verstanden. Niemand nahm und nimmt Anstoß daran, daß dieser literarische Held offenbar mehr als zweiunddreißig indianische Dialekte, ein halbes Dutzend arabische Idiome, dazu noch die wichtigsten europäischen Sprachen versteht oder sogar fließend spricht. Nein, wir erwarten es geradezu.

Was verlangt man aber heute von einem Religionsgründer? Härenes Gewand, flackernder Blick, apokalyptisches Gehabe? Heilende Hände, mildes Lächeln, ein Strom von klugen Gedanken, druckreif fürs Poesiealbum? Genauer betrachtet, solche Eigenschaften, die wir selbst gern besäßen, aber nie haben werden, die zwar unglaubwürdig in einer einzigen Person vereinigt sind, aber für uns gerade noch im Bereich des Vorstellbaren liegen.

Für den normal aufgeklärten Mitteleuropäer beschränkt sich die geistige Autorität nicht auf eine eventuell vorhandene Brillanz, was die Auslegung oder Interpretation heiliger Schriften angeht. Jemand, den wir bewundern oder nachahmen wollen, sollte etwas von der Welt im allgemeinen und ihrem kulturellen Erbe gesehen haben. Reisen nach Asien und Kurzbesuche bei ortsansässigen Weisen beeindrucken die hiesige Gemeinde, besonders wenn die mitgebrachten neuen Erkenntnisse vage und somit auf alles mögliche anzuwenden sind. Zur Not reicht auch die Berufung auf türkische Sufis. Immerhin klingt dies schon ganz nach geheimnisvollem Orient.

Außerdem könnte niemand Verehrer und Verehrerinnen um sich scharen, der nicht glaubwürdig Grundkenntnisse in Psychologie und/oder Therapie vorweist, am besten sogar ein System der Anleitung zur Selbsthilfe. Wenn der oder die Gläubige nicht kurzfristige Erfolge in der Behandlung der seelischen Leiden verspüren kann, ist nämlich der Drang groß, sich auf dem Markt der Wahrheiten nach anderen Angeboten umzusehen.

Hat man jedoch schon tief in die eigene Geldbörse gegriffen, etwa um weltanschaulich weiterbildende Kurse zu besuchen, dürfte es schwerfallen, sich selbst einzugestehen, daß man jemandem auf den Leim gekrochen ist und daß die möglicherweise heilende Wirkung der gekauften Lehre/Therapie auf Autosuggestion beruht oder schlicht Humbug ist. So funktionieren schließlich auch Medikamente, die sogenannten Placebos, die nicht aufgrund ihrer Substanz wirken, sondern allein wegen der festen Behauptung des Arztes, sie würden heilen, und dem ebenso festen Glauben des Patienten an die Worte des Arztes.

Besonders geschickt konstruiert wäre eine religiöse Gemeinschaft, wenn sich die individuelle Erfolgskontrolle der Gläubigen nicht auf die Inhalte ihrer Ideologie bezöge, sondern auf die nachweisbare Fähigkeit, sie anderen zu vermitteln oder gar zu verkaufen.

Das hätte zwei Vorteile. Zum einen hätte man das Gefühl, dem Rest der Mitmenschen in der geistigen Entwicklung erheblich voraus zu sein, eine Vorstellung, die besonders dann behagt, wenn die «Ungläubigen» das Gegenteil vermuten.

Zum anderen brauchte man sich nicht mehr so viele Gedanken über sich selbst zu machen, wenn nur die üblichen kirchen- oder gruppeninternen Vorschriften und Rituale mehr oder minder streng befolgt werden. Nein, die Hochstimmung des Erfolges stellt sich automatisch ein, wenn wieder jemand der «Gemeinde» zugeführt wurde. Die Frage des Zweifelnden, wozu das gut sein solle, zieht unweigerlich die Zusi cherung nach sich, man werde das schon merken, wenn man erst Mitglied sei.

Für den Gründer oder Stifter einer derartigen Religion gälte aber, daß er – sehr viel seltener sie – sich selbst der internen Erfolgskontrolle zu stellen hätte, oder aber, wenn der Führer wider Erwarten zur Bescheidenheit neigt oder ihm aus irgendwelchen Gründen der geistliche Fortschritt verwehrt ist, andere Personen vorführen müßte, die das Ideal des neuen Menschen verkörpern.

Alle die erwähnten Kriterien erfüllen die Scientology-Kirche und ihr verstorbener Spiritus rector Hubbard. Da er allein für die Entwicklung der «Dianetik» und später der «Scientology» verantwortlich war, ist es interessant, welche Qualitäten er in den Augen seiner Gemeinde besaß, die ihn zu dieser großartigen Leistung befähigten. Dabei ist es unerheblich, ob wir ihn als Religionsstifter begreifen oder nur als jemanden, der ein paar originelle Ideen hatte, die naive Gemüter zu einem festgefügten Lehrgebäude und einer streng hierarchischen Organisation ausbauten.

Seine Laufbahn als Genie begann angeblich schon im zarten Alter von zwölf Jahren, als er die ersten Prinzipien seiner späteren «Wissenschaft von der geistigen Gesundheit» zu formulieren begann. Das erwarten wir, denn jemand, der alle Dinge dieser Welt erklären kann, muß diese Fähigkeit in irgendeiner Form auch als Kind besitzen.

Sekteninterne Quellen sind sich zwar nicht ganz einig in ihren Behauptungen über Leben und Wirken Hubbards, aber die groben Züge ähneln sich.

Der Vater Hubbards war bei der US-Marine und nahm Frau und Sohn häufig auf ausgedehnte Reisen mit, unter anderem nach China und Japan. In einer Scientology-Veröffentlichung lesen wir über Hubbard: «...Sohn von Harry Ross Hubbard, Fregattenkapitän der US-Marine... mit 3 ½ Jahren hat er Lesen und Schreiben gelernt... mit 12 Jahren hatte er eine große Zahl bekannter Klassiker der Erde gelesen.» [19]

Die Behauptung, er sei Sohn eines Fregattenkapitäns, ist eine schlichte – um es vorsichtig zu formulieren – Übertreibung, denn der Vater war, das besagen die Akten der US-Navy, Leutnant bzw. Zahlmeister. Auch die «weiten Reisen durch Asien und den Pazifik», auf denen Hubbard «die Praxis der fernöstlichen Philosophien aus nächster Nähe» gesehen haben will, dürften reine Einbildung sein.[20]

Merkwürdig das Bedürfnis seiner Jünger, ihm frühkindliche Belesenheit nachweisen zu wollen. Das entspricht aber der zwiespältigen Haltung Hubbards zu eben diesen «Klassikern» oder dem, was er und seine Verehrer für die Merkmale von Bildung halten. In seinen späteren Schriften wird er nicht müde, ununterbrochen zu betonen, es handele sich bei der «Dianetik» um «moderne» Wissenschaft oder «Ingenieurarbeit», um nichts weniger als die Frucht jahrelanger «Forschungsarbeiten». Gleichzeitig macht er sich genauso häufig über die abgehobene Sprache der «Herren Psychiater» und «Herren Doktoren» lustig und spottet über den «werten Geisteswissenschaftler», dem er weder komplizierte Formeln noch die «wissenschaftlich unmögliche Hegelsche Grammatik» zumuten wolle.

Dazu paßt, daß einige Veröffentlichungen der Scientology-Kirche mit einem Doktortitel Hubbards hausieren gingen, so zum Beispiel ein «Handbuch für den Ehrenamtlichen Geistlichen» aus dem Jahre 1980. Zumeist wird jedoch vergessen zu erwähnen, daß Hubbard diesen Universitätsgrad 1966 per Annonce in der Londoner Times freiwillig abgelegt hat. Noch interessanter ist, daß die «Sequoia University», die ihm 1953 seine Doktorurkunde aushändigte, vormals «College of Drugless Healing» (College für Heilen ohne Medikamente) hieß und enge Beziehungen zu Hubbard unterhielt. Der Psychologe und Autor Christopher Evans wird noch deutlicher. Für ihn ist diese Universität ein Institut, das «unter gewissen Scharlatanen an der Westküste als Titelfabrik bekannt war, bei der man gegen eine angemessene Summe ‹Eignungszeugnisse› erwerben konnte».[21]

Richtig ist, schreibt der Sekten-Experte F.-W. Haack, daß es trotz aller großspurigen Behauptungen aus Hubbards Fangemeinde «keine Belege für ein echtes Universitätsdiplom oder irgendeinen richtigen Studienabschluß» gibt.[22]

Ähnlich zu beurteilen sind die Legenden, die sich um Hubbards militärische Laufbahn ranken. Wie Old Shatterhand soll er weit herumgekommen sein, mal übernimmt er ein Korvettenkommando, mal ist er Geschwaderkommandant, manchmal hat er im Pazifik gedient oder auch im Nordatlantik, er wird auf britischen und amerikanischen U-Booten gesehen, alternativ auch bei der U-Boot-Bekämpfung.

Das Handbuch zum «Auditor-Kurs» macht ihn zum «Teilinvaliden» bei Kriegsende; in einem Werk: «Die Grundlagen des Denkens» heißt es: «Als Folge von Kriegsverletzungen war er erblindet und so stark gelähmt, daß man die Hoffnung auf seine Genesung allgemein aufgegeben hatte.» Oder, an anderer Stelle: «Zweimal wurde er für tot erklärt, und dennoch gab man ihm im Jahre 1950 die höchstmögliche Punktzahl für die Bescheinigung körperlicher und geistiger Gesundheit.»

Diese erstaunliche Rekonvaleszenz wird wahrscheinlich deshalb behauptet, weil Hubbard seine angebliche Teilinvalidität durch «frühere Erfahrungen», durch «Forschungen» und «mit Hilfe seiner eigenen Entdeckungen», der «Dianetik», zum Guten verändert haben will. «Nachdem er die Technik dieser neuen Wissenschaft bei sich anwandte, erhielt er sein Sehvermögen zurück und verbesserte seinen körperlichen Zustand.»[23]

Wahr ist: Hubbard war weder Korvettenkapitän noch Geschwaderkommandant, sondern nur Leutnant. Die Schiffe, auf denen er Dienst tat, waren nicht in kriegerische Handlungen verwickelt; von einem Einsatz im Nordatlantik weiß die US-Marine nichts, ebensowenig von irgendwelchen Verwundungen oder gar Kampfauszeichnungen. Seine belegten Leiden, die er angeblich mit der «Dianetik» behandelte, waren: ein Geschwür am Zwölffingerdarm, Schleimbeutelentzündung, Arthritis und Bindehautentzündung.[24]

Von allen diesen Details erfahren die unbedarften Frauen und Männer nichts, die sich – aus Neugierde oder wirklichem Interesse – für «Dianetik» interessieren. Der zumeist knapp gehaltene Lebenslauf, der sich in Hubbards gesammelten Werken finden läßt, läßt keine Schlüsse darüber zu, ob wir es mit einem Scharlatan, einem Genie in Selbstdarstellung, einem ernstzunehmenden revolutionären Erneuerer mehrerer wissenschaftlicher Einzeldisziplinen oder einem schwatzhaften Trivialliteraten mit einem außergewöhnlich großen Leserkreis zu tun haben. Wer sich einbildet, die ersten Schritte zum «Clear» erfolgreich getan zu haben, wird sich nicht die Mühe machen, nachzuprüfen, ob der Lebenslauf des Sektengründers Schwachstellen aufweist oder gar ein einziges größenwahnsinniges Lügengebäude ist. Ein wenig Aufschneiderei verzeihen die meisten Menschen ohnehin.

Ein Mann läßt clearen

Wer war L. Ron Hubbard, Entdecker der Thetanen und der einzig wahren Wissenschaft «der geistigen Gesundheit» wirklich? Und was ist von seinen Reisen in den Himmel zu halten?

Bekannt wurde er in den dreißiger Jahren als Autor von Science-fiction-Romanen. Hubbard gehörte zu der Gattung von mehr oder minder erfolgreichen Schriftstellern, die sich «durch ihre Vorliebe für wehende Capes und andere seltsame Gewänder auszeichnete».[25] Seine erfolgreichen Romane «The Dangerous Dimension» und «The Tramp» machten ihn in den Augen der damaligen Leser zu einem führenden Vertreter dieser literarischen Richtung. In deutscher Sprache erschien 1978 in einer Buchreihe mit dem bezeichnenden Titel «Visionen des Schreckens» seine Geschichte «Versklavte Seelen».

Die Themen ähnelten sich: Es ging um Beherrschung anderer Menschen mit den eigenen geistigen Fähigkeiten und darum, beliebig Raum und Zeit überwinden zu können. Außerdem schrieb Hubbard Fantasy-Geschichten, die Evans so charakterisiert: «In ihnen sausen schöne, muskulöse Männer von hoher Intelligenz, bewaffnet mit Schwertern und magischen Kräften, im Weltraum umher und kämpfen mit Piratenraumschiffen, mit Drachen und hexerischen Wissenschaftlern, um hübsche Fräuleins zu retten. In den Helden vieler dieser Geschichten meint man Ron Hubbard persönlich wiederzuerkennen. Es fehlt weder das rote Haar noch der ausgeprägte Hang zur Geschwätzigkeit.»[26]

Das Magazin «Astounding Science Fiction», mit einer in die Hunderttausende gehenden Leserschaft, veröffentlichte auch ernstzunehmende Utopien technischer Art und setzte sich mit sozialen Problemen der Zukunft auseinander. Im Jahr 1950 pries der Herausgeber, ein gewisser Campbell, ein Werk mit dem Titel «Dianetik» an, das in Kürze erscheinen werde. Verfasser: L. Ron Hubbard. Es handele sich um eine revolutionäre Entdeckung, eine «exakte Funktionsbeschreibung des menschlichen Geistes» und wie dessen Störungen zu beheben seien. Er habe das in der Praxis beobachtet und die neue Technik selbst angewendet. Campbell hatte sich wirklich «auditieren» lassen und stellte zu seiner Verblüffung fest, daß seine Nebenhöhlenentzündung danach verschwunden war. Vorab sei bemerkt, daß die Heilung nicht von Dauer sein sollte, aber dafür interessierte sich später niemand.

Hubbards Buch «Dianetik» wurde nach dieser begeisterten Vorausrezension sofort zum Bestseller. Kernpunkt der Theorie: Jeder Mensch kann sich in allerkürzester Zeit selbst therapieren und zuverlässig von allen seelischen Schäden befreien. Diese Verbindung von «neuen», angeblich wissenschaftlichen Erkenntnissen und praktischer Anleitung zur Selbsthilfe geriet zum Kassenschlager, ähnlich wie vergleichbare populärpsychologische Werke heute.

Dazu kam, daß Hubbard sein Werk mit Versatzstücken aus allerlei Wissengebieten gespickt hatte und geschickt einen riesigen Fundus an Bildung simulierte. Er entwickelte einen eigenen Fachjargon, der im Deutschen fast immer unübersetzt bleibt. Zwingend notwendig schließt jede Veröffentlichung mit einem «Fachwort»-Glossar, in dem jeder nachschauen kann und muß, wer nicht weiß, was Begriffe wie «Aberration», «Prozessing», «Lock», «Key-In» oder, ausnahmsweise deutsch, «Gehörabsperrung» und «Festhalter» bedeuten.

Beschwörend werden die Leserinnen und Leser der heutigen Kursmaterialien, die sich auf Hubbards Standardwerk beziehen, darauf hingewiesen: «Achten Sie beim Studium sehr sorgfältig darauf, daß Sie niemals über ein Wort hinweggehen, das Sie nicht vollständig verstehen.» Endziel der «Dianetik» war ein neuer Mensch, der «Clear». Natürlich mußten die Klienten für die «Behandlung» bezahlen. Heute kann man, um die später von Hubbard eingeführten oberen «OT-Grade» zu erreichen, schnell 100000 DM loswerden. Anfang der fünfziger Jahre kosteten 36 Behandlungsstunden zum Beispiel 500 US-Dollar.

Schwierigkeiten kamen auf, als nach einigen Monaten gefragt wurde, wo denn die «Clears» wären, die angeblich als Ergebnis der neuen Behandlungsmethode auftauchen würden. Niemand sah Menschen, deren Intelligenzquotient, wenn überhaupt genau meßbar, innerhalb kurzer Zeit sprunghaft angestiegen wäre, die ihre Brillen davonwarfen oder die sich, im Gegensatz zu vorher, durch ein hervorragendes Erinnerungsvermögen auszeichneten. Obwohl «Dianetik» selbst vom Jazzmusiker Dave Brubeck gelobt wurde, wie heute von den Schauspielern Gloria Swanson, John Travolta und der Sängerin Julia Migenes, blieb die Welt beinahe so, wie sie vorher gewesen war. Von Übermenschen keine Spur.

Dann aber verbreitete sich wie ein Lauffeuer unter Hubbards Verehrergemeinde die Nachricht, daß ein gewisser Ron Howes zum «Clear» geworden sei, wohl unter dem großen Erwartungsdruck der «Dianetiker». Dieser überschüttete die Hoffenden auch prompt mit einer Flut von «Bulletins» und berichtete von nachwachsenden Zähnen, einem erhöhten Muskeltonus und verbessertem Sehvermögen. Die Anzahl der «Clears» wuchs nach dieser ermutigenden Nachricht sprunghaft an.

Schon 1952 befreite sich ein 15jähriges Mädchen, das mühelos zum «Clear» geworden war, von ihren Narben und konnte, so wurde berichtet, zwanzig Wörter pro Minute auf der Schreibmaschine schreiben, nachdem sie nur eine Viertelstunde die Tasten angeblickt hatte.

Öffentliche Vorführungen, die ein sensationshungriges Publikum dringend forderte, gerieten allerdings zum peinlichen Desaster. Eine Dame, Miss Bianca, die als «Clear» vorgeführt wurde, konnte sich noch nicht einmal an den auffälligen Schlips des Versammlungsleiters erinnern – trotz ihres angeblich fotografischen Gedächtnisses, ganz zu schweigen von elementaren Kenntnissen auf ihrem eigenen Wissensgebiet – sie war Physik-Studentin.

Hubbard fuhr mit öffentlichen Auditing-Sitzungen fort, obwohl er sich zurückhielt, wenn er gebeten wurde, die Leistungen der «Clears» zu bewerten. Diese Veranstaltungen, die noch heute als Tonbandmitschnitte unter seinen Anhängern kursieren und wie Devotionalien behandelt werden, sind ein bemerkenswertes Zeugnis dafür, mit wie merkwürdigen und vor allem wenigen Utensilien ein mittelmäßig begabter Unterhaltungskünstler ein Publikum fesseln kann. Minutenlang dieselbe Aufforderung des «Auditors» an die Klientin: «Geh es noch mal durch», genausooft dieselbe Antwort, zum Beispiel «Bleib hier» – irgendein Satzfragment, das irgendwann in der Kindheit irgendwo gehört wurde und zu dem der armen Frau absolut nichts Neues mehr einfällt. Und Hubbard zum Schluß: «Es tut mir leid, wenn das für Sie nicht sonderlich aufregend war, aber ich hoffe, Sie haben etwas gelernt.»

Das öffentliche Interesse begann indes bald abzuflauen. Zudem gestaltete sich Hubbards Privatleben ungemein stürmisch. 1951 reichte seine Frau die Scheidung ein. Unter anderem warf sie ihm vor, gleichzeitig noch mit einer anderen verheiratet zu sein, qualvolle Experimente mit ihr gemacht, ihr zum Selbstmord geraten und die gemeinsame Tochter zu entführen versucht zu haben. Sie bezeichnete ihn als «hoffnungslos geisteskrank».

Das Bundeskriminalamt in Wiesbaden, das sich mit der Scientology-Sekte beschäftigt hat, zitiert eine FBI-Quelle: Medizinische Berater hätten empfohlen, «Hubbard zwecks psychiatrischer Beobachtung und Behandlung eines als ‹paranoide Schizophrenie› bekannten Geistesleidens in ein Privatsanatorium einzuliefern».[27]

Hubbard schrieb zu der Zeit mehrere Briefe an das FBI und das Justizministerium, in denen Anzeigen gegen seine Frau und mehrere angebliche Kommunisten enthalten waren. Er wäre in seiner Wohnung niedergeschlagen worden, man hätte eine Nadel in sein Herz eingeführt, und er habe einen elektrischen Schlag erhalten. Er könne sich aber weder genau erinnern noch habe er Zeugen.

1977, also über zwanzig Jahre später, wurde bei einer Hausdurchsuchung in der Scientology-Zentrale in Los Angeles ein Brief Hubbards von 1947 gefunden, in dem er die «Medical Veterans Administration» um ärztliche Hilfe bat. Er schrieb: «Nachdem ich mich zwei Jahre lang vergeblich bemüht habe, mein Gleichgewicht im Alltag wiederzufinden, bin ich jetzt völlig außerstande, meine Selbstbestimmung zu erreichen. Mein letzter Arzt hatte mir geraten, mich einmal untersuchen und psychiatrisch behandeln zu lassen... Auf lange Sicht kann ich nicht dafür garantieren, daß keine Selbstmordneigungen aufkommen... Würden Sie mir bitte helfen?»

Ordo Templi Orientis

«Dies ist ein kaltblütiger Tatsachenbericht über die vergangenen sechzig Milliarden Jahre.» So bescheiden beginnt eines der Werke Hubbards, das er trotz seiner persönlichen Schwierigkeiten 1951 veröffentlichte: «A History of Man» – Eine Geschichte der Menschheit. Es stellte selbst seine phantastischsten Theorien in den Schatten und ist wahrscheinlich, wie ein Leser schrieb, eines der absurdesten Bücher, das jemals geschrieben wurde.

Die Ursachen der meisten menschlichen Probleme liegen nämlich, und das meint Hubbard entdeckt zu haben, in weiter Vergangenheit, eben einige Milliarden Jahre zurück. Damals gab es, wie zu Anfang schon kurz referiert, die Thetanen, allmächtige, unsterbliche Wesen. Diese Geschöpfe langweilten sich meistens, weil das ewige Leben auf Dauer keine neuen Anreize für die Freizeitgestaltung bietet. Sie spielten, wie Götter spielen: erschufen neue Welten, die man sich gar nicht phantastisch genug vorstellen kann, mit fliegenden Schweinen und Tausendfüßlern, die grüne Socken tragen.

Irgendwann – wir bewegen uns selbstverständlich immer noch in zeitlichen Dimensionen von zahllosen Jahrmillionen – hatten die Thetanen eine Idee, die ihr Leben abwechslungsreicher gestaltete. Sie begannen, ihre absolute Macht zu begrenzen. «Jetzt wird das Spiel interessanter, und die Thetanen widmen sich ihm mit gesteigertem Enthusiasmus. Nunmehr setzt unmerklich ein Prozeß ein.» [28]

Die Himmelswesen verstricken sich im materiellen Universum, vergessen im Laufe der Jahrtrillionen, wer sie waren, und halten sich für Körper. Sie durchleben zahllose Metamorphosen. Vor dem Stadium des Homo sapiens sind sie zum Beispiel Muscheln, Molluskeln, Faultiere, natürlich Affen, «Piltdownmenschen» und viele andere sonderbare Erscheinungsformen mehr.

Der springende Punkt in Hubbards Theorie ist der: Allen diesen Wesen sind «Engramme» eingeprägt worden, an denen die heutigen

Menschen leiden und die ebenfalls durch «Auditing» entfernt werden müssen.

In einer sekteninternen Anweisung für den «OT III»-Grad – einer der Stadien, die dem des «Clear» folgen – heißt es über die Thetanen: «... das sind Seelen, die sich an den Körper geheftet haben. Auch wenn sie nicht offen gefährlich sind, neigen sie doch dazu, eine Person unter Druck zu halten; es ist daher besser, sie los zu sein. Man befreit sich von Körper-Thetanen, indem man sie durch zwei Engramme auditiert, die vor Billionen und Trillionen von Jahren eingeprägt wurden. Zuerst wird das Vorhandensein eines Körper-Thetans festgestellt und durch das Engramm I auditiert. Es kann sein, daß er dabei verschwindet. Wenn der betreffende Vorfall zu Ende auditiert und der Körper-Thetan noch nicht befreit ist, dann wird Engramm II auditiert.» [29]

Engramm II ist, das sei hier vermerkt, die merkwürdige und schon bekannte Geschichte vom Fürsten Xenn. Dieses böse Wesen hatte nämlich, um die Thetanen vollständig zu Sklaven zu machen, ihre «Zeitspur» – für Laien vielleicht: die Erinnerung an ihre früheren Existenzen – elektrisch aufgeladen. Das führte und führt immer noch unweigerlich zu einer gewissen geistigen Verwirrung. Beim heutigen Menschen heißt eben diese Verwirrung – wir nähern uns wieder Bekanntem – «Aberration», die zwangsläufig nach dem «Auditing» verlangt.

Doch damit ist es nicht getan. Die obige Anweisung fährt fort: «Die Release [etwa: Befreiung; B.S.] in OT III ist vollzogen, wenn alle Körper-Thetanen vollzogen sind... Es können Hunderte sein.» Und, zur Beunruhigung: «Es ist gefährlich, OT III falsch zu auditieren. Fehler ziehen schwere Folgen nach sich: von Schlaflosigkeit über Lungenentzündung bis zum Tod.» [30]

Es ist müßig, Hubbards «Theorie» bis ins einzelne nachzugehen. Das Bemerkenswerteste an seinem Buch ist für den Betrachter nicht der Inhalt, sondern die Tatsache, daß es ebenfalls – wie die «Dianetik» – zum Bestseller wurde, mit einer mindestens sechsstelligen Auflage, nicht als Science-fiction, sondern – für die mittlerweile große Scientologen-Gemeinde – als ernstzunehmendes Sachbuch!

Hochmut des zweifelnden Lesers und der kritischen Leserin ist aber angesichts des geistigen Niveaus dieser Leute nicht angebracht. Im Jahre 1989 titelte eine der größten Boulevardzeitungen, daß «Wesen von einem anderen Stern» seit Wochen in einem deutschen Keller versteckt gewesen wären. Die Auflage des Blattes sank daraufhin nicht, wie man vorschnell vermuten könnte.

Auch ist bisher die Frage nicht endgültig beantwortet worden, warum die Bücher eines Autors wie etwa Erich von Däniken so gern gelesen werden, nicht aber als entspannende Unterhaltung oder Science-fiction, sondern als glaubwürdige Thesen über historische Vorgänge. Wir scheinen Dinge, auch wenn sie ziemlich absurd sind, dennoch zu flauben, wenn die Form ihrer Mitteilung unseren Erfahrungen von «Wissenschaft» einigermaßen entspricht. Nach einem ähnlichen Prinzip verfahren manche Werbefachleute, die ein neues Produkt in einem Fernsehspot von einem ernst blickenden Mann mit sonorer Stimme anpreisen lassen, der von einem Interieur umgeben ist, das aufs Haar dem der «Tagesschau» gleicht.

So werden heutige Scientologen nicht müde, in ihren Werbebroschüren für ihr «Reinigungsprogramm» nichtssagende Allgemeinplätze zu verwenden, etwa sich gegen den unbestreitbaren Drogenmißbrauch in unserer Gesellschaft auszusprechen, garniert mit bunten Bildchen von entspannt lächelnden Sauna-Teilnehmern, einem Potpourri aus Gemüse und Obst oder einem Wasserfall. Das nimmt jeden ökologisch interessierten Menschen zunächst gefühlsmäßig ein. Wenn man genau hinsieht, fallen einem ein Fläschchen «Niacin» (Nikotinsäure) auf, das zwischen gesundem Gemüse eigentlich nichts zu suchen hat, sowie der vage Hinweis auf «neuere wissenschaftliche Forschungen», die angeblich besagten, daß Drogen und Chemikalien im Fettgewebe des Körpers eingelagert würden. Im Kleingedruckten, das ja doch kaum jemand liest, findet man dann den Hinweis auf die Scientology-Religion, «die das Ziel verfolgt, den Menschen durch Erkennen der in ihm selbst liegenden Wahrheiten das Bewußtsein zu vermitteln, daß er eine unsterbliche Seele ist».[31]

Immerhin rund ein Drittel der Frauen und Männer in der Bundesrepublik glauben an eine Auferstehung der Toten, somit, wenn wir das als Laien richtig beurteilen, an eine unsterbliche Seele. Diese Menschen würden angesichts des von den Scientologen angesprochenen Zieles nicht automatisch verständnislos mit dem Kopf schütteln. Was aber hielten sie von der Idee, wir seien in Wirklichkeit ein mehr oder minder großer Klumpen von Thetanen, die in grauer Vorzeit von bösen Fürsten durch das Weltall gejagt wurden, irgendwann das Molluskeln-Stadium durchlaufen haben und jetzt weg-«auditiert» werden müssen?

Leserin und Leser werden sich natürlich fragen, wo Hubbard diese für einen Science-fiction-Autor unbestritten originelle Ideen ausgegraben hat. Der Sekten-Experte F.-W. Haack liefert hierzu genauere und aufschlußreiche Quellen.

Ein gewisser Jack Parsons beschreibt in einem Brief L. Ron Hubbard so: «Er ist ein Gentleman, rotes Haar, grüne Augen, anständig und intelligent, und wir sind enge Freunde geworden. Wenn er auch kein formales Training in Magie hat, so hat er doch außerordentliche Erfahrung und Verständnis auf diesem Gebiet. Ron hat allem Anschein nach eine Art hochentwickelter Astral-Vision. Er beschreibt seinen Engel als schöne geflügelte Frau mit rotem Haar, die er die Empress (Kaiserin) nennt und die ihn sein Leben hindurch geleitet und oft gerettet habe.» [32]

Dieser Parsons war nicht irgendwer, sondern Ordensmeister einer kalifornischen Untergruppe des «Ordo Templi Orientis», des «Orientalischen Templer-Ordens», abgekürzt O.T.O. Diese obskure Geheimgesellschaft, an deren Gründung sich Anfang des 20. Jahrhunderts auch ein deutscher Theosoph namens Franz Hartmann beteiligte, war ursprünglich als eine freimaurerische Studiengruppe konstituiert worden.

Zu ihr stieß 1912 Aleister Crowley, Mitglied eines rosenkreuzlerischen Ordens, der sich auch schon einmal zum «Weltheiland» hatte ausrufen lassen und allerlei Verbindungen zu merkwürdigen Möchtegern-Heiligen pflegte. Crowley gilt, so schreibt Haack, als einer der wichtigen Ideenlieferanten des Neosatanismus. Er hatte sich 1904 in Kairo von einer «Erscheinung», einem bisher unbekannten Engel mit dem Namen Aiwass, ein «Buch des Gesetzes» diktieren lassen. Aiwass, den Crowley später als seinen Schutzengel akzeptierte, gibt sich als Gesandter des Gottes Hoor-Paar-Kraat, unter gewöhnlichen Sterblichen auch als Satan bekannt, zu erkennen.

Die zentrale Aussage der Crowleyschen Schrift ist: «Tue was Du willst, soll sein das ganze Gesetz», ein wenig unorigineller Merksatz, der heute in verschiedenen Versionen in Texten von Rockbands auftaucht, die mangelnde Kreativität durch «satanischen» Firlefanz ausgleichen möchten. Dieser Crowley, fährt Haack fort, schreibt für den «Ordo Templi Orientis» das Ritual einer Messe, die eben diesen Satz vom Gesetz des Stärkeren zum Inhalt hat. Außerdem reichert er die neue Glaubenslehre mit den üblichen esoterischen Mixturen an, wie der Lehre von der Reinkarnation, daß eine unsterbliche Geistseele den Körper verlassen könnte, nicht zu vergessen der Warnung vor fremden Dämonen, die den Menschen befallen, wenn er nichts dagegen unternimmt.

«Natürlich verleihen die Einweihungen in die höheren O.T.O.-Grade auch paranormale Fähigkeiten: Man kann die Welt um sich manipulieren, kann Hellsehen und anderes mehr. Doch müssen die jeweiligen Erkenntnisse vor den unteren Stufen streng geheimgehalten werden, da ein unvorbereitetes Wissen für den Adepten bzw. Nichteingeweihten unermeßlichen Schaden bewirken könne.» [33]

L. Ron Hubbard tritt wahrscheinlich Ende 1945 diesem Orden bei, legt sich, wie Crowley, einen eigenen Schutzengel zu, schwingt nächtens magische Schwerter und will sogar einen bösen Dämonen mit vier gezielten Messerwürfen an eine Wand genagelt haben.

Viele der Motive, die er in dem sonderbaren Orden kennenlernte, hat er später in seinen Büchern ausgemalt und auch für die Formulierung der religiösen Prinzipien der Scientology verwendet. So die Lehre von der «Exteriorisierung» – der Geist kann den Körper verlassen – und der Dämonen- (Thetanen-)Glaube.

Natürlich kam die Scientology-Kirche nicht umhin, zu diesen unbestrittenen Tatsachen im Leben ihres großen Meisters Stellung zu nehmen. Er habe «im Auftrag» gewisser Sicherheitsdienste den besagten Orden zerstören sollen, hieß es im gewohnt nebulösen Jargon.

Offenbar nicht ganz, denn der O.T.O. tauchte noch in den späten sechziger Jahren im Umfeld der Manson-Morde auf. Außerdem scheint Hubbard das Symbol der Scientology-Kirche, ein etwas verändertes Kreuz, von Crowleys Entwurf eines Tarot-Kartenspiels übernommen zu haben.

Von heiligen Hügeln und Seefahrern

Der Maharadscha von Jaipur hat es sich wohl nicht träumen lassen, daß sein Name einmal im Zusammenhang mit einem US-amerikanischen Kultgründer genannt werden würde. Ungefähr ab Sommer 1968 diente sein ehemaliges hochherrschaftliches Domizil, Saint Hill Manor, in der Stadt East Grinstead in der englischen Grafschaft Sussex der Scientology-Sekte als Hauptquartier. Die Presse, die gerade in England eine Vorliebe für Skurrilitäten hat, interessierte sich brennend für die Aktivitäten hinter den georgianischen Gemäuern mit den elf Schlafzimmern und acht Bädern und recherchierte fleißig. Schon bald schlagzeilte die Lokalpresse: «Geistverdreher quälten Mann per Post», «Kult entreißt Sohn der Familie» und «Scotland Yard untersucht Scientology»!

Vorausgegangen war das turbulente Ende von Hubbards dianetischem Treiben in den USA. Er befürchtete, seine Frau würde ihn mit finsteren Intrigen verfolgen, wahrscheinlich nicht ganz zu Unrecht. Außerdem spürte er die drohende Hand des Kommunismus, der sich nach seiner Auffassung gegen ihn verschworen hatte. Deshalb floh er nach

Puerto Rico. Dort machte ihn ein Millionär namens Purcell ausfindig und überredete ihn, eine Art Direktor einer neu gegründeten Stiftung zu werden, die Hubbards Dianetik vermarktete.

Als ihm das Leben unter der Fuchtel der «Wichita Foundation» zu eng wurde, setzte er sich nach Arizona ab. Jetzt mußte er etwas Neues für seinen Lebensunterhalt erfinden, da er die Rechte an seiner «Dianetik» dummerweise Purcell überlassen hatte, der die Angelegenheit mehr als Geschäftsmann sah. Hubbard entwickelte die «Scientology», ein Begriff, der sich aus engl. «Science» – Wissenschaft bzw. exakte Naturwissenschaft – und «logy» zusammensetzt – etwa: Lehrsystem. «Scientology» soll also ein theoretisches System oder eine Lehre von einer exakten Wissenschaft sein, also eine Art Wissenschaft der Wissenschaft.

Im Gegensatz zu Purcell, der mit seiner Stiftung und den Rechten an der Dianetik mittlerweile Bankrott gegangen war, konnte Hubbard wieder interessierte Zuhörer um sich scharen. Die Ideen der ehemaligen Dianetik entwickelten sich mehr und mehr zu einem Kult um heilige Gegenstände wie das oben erwähnte «E-Meter» und zu einem metaphysischen Lehrgebäude – Hubbard nennt sich jetzt manchmal «Philosoph». Scientology sei, so heutige Gläubige, eine «moderne Religion», die natürlich für sich in Anspruch nimmt, die Weisheiten aller Kulturen beerbt zu haben. Das kann man aus den «Quellen» schließen, auf die sich die Sekte beruft: viele antike Philosophen, deren Lehre zu einer Art primitivem Lexikonartikel zurechtgestutzt wurde, sowie Kernsätze der großen Weltreligionen – allerdings auf ein Niveau reduziert, auf dem ein Lehrer Zweitkläßlern den Buddhismus erklären würde.

Die Anhänger Hubbards beschäftigten sich damals ausführlich mit der «Exteriorisierung»: ein Thetan, der sich an unserem Körper festgesetzt hat, läßt sich leicht bewegen, diesen für eine Weile zu verlassen. Der Auditor sagt zu dem Klienten, dem «Pre-Clear», also dem Noch-nicht-Übermensch: «Sei einen Meter hinter dir!» Der Erfolg wird nicht lange auf sich warten lassen; viele Personen stellten prompt und überzeugend fest, sie hätten das Gefühl gehabt, «hinter sich» zu sein.

Leider, so beschreibt Evans diese Experimente, hatte das keinen praktischen Nutzen. Die Pre-Clears konnten noch nicht einmal Zettel lesen, die hinter ihrem Rücken verborgen waren. «Denn man wird in solchen Fällen stets mit erhabener Miene darüber aufgeklärt, daß derlei Tricks nicht auf Befehl ausgeführt werden können, oder man erhält, was noch ärgerlicher ist, die Antwort: ‹Wenn ich wollte, könnte ich es tun, aber im Augenblick habe ich kein Verlangen danach.› Obwohl die Exteriorisierung bereits seit Anfang der fünfziger Jahre betrieben wird, kann man sich nicht des Eindrucks erwehren, daß es sich dabei um eine der nutzlosesten metaphysischen Entdeckungen der Menschheitsgeschichte handelt.»[34]

Hubbard reist in der ganzen Welt herum und predigt seine Erkenntnisse vor einer wachsenden Zahl von Anhängern. Die Bewegung scheint sich aber aus verschiedenen Gründen unbeliebt gemacht zu haben, denn Hubbard erhält ein Einreiseverbot für Holland und muß das damalige Rhodesien – heute Zimbabwe – verlassen. Ein Mitglied des australischen Parlaments behauptet, Scientology sei Erpressung und Geldschneiderei. Ein daraufhin eingesetzter Untersuchungsausschuß veröffentlichte 1965 einen vernichtenden Bericht, in dessen Folge das «Lehren und Ausüben» sowie die Werbung für die Sekte verboten wurde.

Die Scientology sei «schädlich», heißt es darin, «ihre praktische Anwendung stellt eine ernsthafte Bedrohung für die Gesellschaft dar, und zwar in medizinischer, moralischer und sozialer Hinsicht». Über Hubbard: «...ein Amerikaner..., der sich zu Unrecht akademischer und anderer Würden rühmt und an dessen geistiger Gesundheit erhebliche Zweifel bestehen.» Er verfüge «über nicht mehr als einen Hauch von Ahnung in verschiedenen wissenschaftlichen Bereichen, und diese Ansätze von Halbbildung sind das Fundament, auf dem er ein verrücktes und gefährliches Gebäude errichtet hat». Die Untersuchung kommt zu dem Ergebnis, Hubbards Institut sei «der Welt größte Organisation unqualifizierter Menschen, die sich mit der Ausübung gefährlicher Methoden befassen, die als geistig-seelische Therapie ausgegeben werden».[35]

Die Scientologen in Saint Hill Manor machten schnell ähnliche Erfahrungen wie die Jünger Bhagwans vor einigen Jahren in Oregon. Der englische Gesundheitsminister Kenneth Robinson bezeichnete 1967 die Scientology als einen «sinnlosen Kult, der in einem Klima der Ignoranz und der Gleichgültigkeit gedeiht», und wies darauf hin – was im übrigen heute noch gilt –, daß die Scientologen dazu neigten, «sich bewußt an die Schwachen, die Unausgeglichenen, die Unreifen, die Entwurzelten, die geistig und emotionell Labilen heranzumachen».[36]

Nach einigen mysteriösen Vorfällen war es dann soweit. Ein junger Mann, von dem bekannt war, daß er an latenter Schizophrenie litt, und der sich für Scientology interessiert hatte, wurde «halb bewußtlos» auf der Straße gefunden und starb wenig später. Anfragen im Parlament beschäftigten sich mit ähnlichen Ereignissen. Am 25.7.68 verfügte die Regierung, daß die Aufenthaltserlaubnis für ausländische Scientologen nicht verlängert würde. Außerdem wurde ein Einreiseverbot für L. Ron Hubbard ausgesprochen.

Die Begründung lautete unter anderem: Die Scientology «entfremdet Familienmitglieder voneinander und unterstellt allen, die gegen sie opponieren, unsaubere und schädliche Motive; ihre autoritären Prinzipien und Praktiken sind eine potentielle Bedrohung für die Persönlichkeit... Vor allem aber: Ihre Methoden können zu einer ernsthaften Gefahr für die Gesundheit derer werden, die sich ihnen unterwerfen.» [37]

Als Antwort darauf stach Hubbard – für die meisten seiner Kritiker eine überraschende Aktion – in See. Eine ehemalige Kanalfähre wurde auf den schönen Namen «Apollo» getauft, ging in Southampton vor Anker und zog die Flagge von Sierra Leone auf, nachdem sich das Handelsministerium beharrlich geweigert hatte, dem vormalig britischen Schiff Seetüchtigkeit zu bescheinigen. Die Besatzung, von neugierigen Reportern ausgehorcht, machte Andeutungen, Hubbard habe vor, «die Geologie des Meeresbodens» zu erforschen – nach scientologischen Gesichtspunkten. Am 29.11.1967 lief es aus, mit dem Führer und seiner Gefolgschaft an Bord.

Schon kurz vorher hatte ein zweites Schiff, ebenfalls im Besitz der Sekte, England mit Kurs Gibraltar verlassen. Der ehemalige Kapitän Jones erinnert sich: «Es war die seltsamste Fahrt meines Lebens. Meine Mannschaft bestand aus sechzehn männlichen und vier weiblichen Scientologen, die einen Trawler nicht von einer Straßenbahn hätten unterscheiden können. Dennoch waren sie entschlossen, diesen Kahn 3000 Seemeilen weit in strenger Übereinstimmung mit den Aussagen des Org-Buches übers Meer zu kutschieren.» [38]

Hubbard ließ es sich nämlich nicht nehmen, alle Details der «Sea-Org» – so wurde sein schwimmendes Hauptquartier genannt – persönlich zu regeln, einschließlich der nautischen Belange, die er eigens dafür schriftlich fixiert hatte. Nachdem die «Apollo» durch die kundige Führung eines Scientologen-Funktionärs – dieser schlug in Hubbards Anweisungen nach und befragte ergänzend das E-Meter – schon bei der Ausfahrt aus dem Hafen das Dock gerammt hatte und nachdem nach einiger Zeit auf See niemand mehr wußte, wo man sich befand, durfte der Kapitän wieder unter alleiniger Verantwortung das Ruder übernehmen.

Englische Zeitungen berichteten der staunenden Weltöffentlichkeit über die maritimen Abenteuer des Flaggschiffs, der «Apollo», «bei der der Erste Offizier ein Schiffszimmermann sei und der «Kapitän» (L. Ron, versteht sich) behauptete, ‹er sei schon mal auf der Venus gewesen›».[39]

Die zeitweilig aus sechs Schiffen bestehende Flotte kreuzte nun im Mittelmeer und war unter anderem damit beschäftigt, Beweise für frühere Existenzen Hubbards in Sardinien, Sizilien und anderswo zu suchen.

1976 verbreitete die Scientology-Kirche eine Pressemeldung, daß das Schiff verkauft worden sei. Es wurde bekannt, daß die Sekte in Florida ein Grundstück mit einem Hotelkomplex erworben hatte. Hubbard selbst hielt sich versteckt und wurde zuletzt Mitte der siebziger Jahre von unabhängigen Zeugen gesehen, mit Vollbart, mit von Karies zerfressenen Zähnen und einem «fetten Wanst».

Am 29.1.1986 verlautbarte die Münchener Zentrale der Scientology-Kirche: «L. Ron Hubbard hat nach einem zu seiner vollsten Zufriedenheit erfüllten Lebenswerk seinen Körper am Freitag, dem 24. Januar 1986, verlassen.» In der Berliner Niederlassung der Sekte befindet sich im hinteren Teil des Foyers eine mit einem Seil abgetrennte Ecke: Schreibtisch, Stuhl, Bücher, nautische Gerätschaften, Bild der Ehefrau. Falls Lafayette Ron Hubbard beliebte wiederzukehren, stünde sein Arbeitsplatz für ihn bereit.

Schule für Übermenschen

> «Die Spezialistensprache zahlt sich aus, sie läßt einen bedeutend erscheinen und verschafft demjenigen, der sie gebraucht, mehr Macht... Der Unfug kennt keine Grenzen.»
>
> Luciano de Creszendo, ehemaliger IBM-Manager

Zwischen dem Foyer des «Dianetik-Zentrums» und dem hinteren Zimmer, dessen Türen zu den Schulungs- und Verwaltungsräumen führen, sehe ich Bindfäden von der Decke bis zum Boden. An ihnen hängen kleine Stoffbären, niedlich und bunt wie Gummibärchen: Jedes Mitglied der Scientology-Kirche darf, das entnehme ich einer Tafel, für jeden geworbenen Kursteilnehmer ein neues Tierchen als Symbol für den Arbeitsfleiß aufhängen. Auch ich werde durch eines symbolisiert, da ich mich zum «Auditor» ausbilden lassen will.

Im Schulungsraum: hell gestrichene Wände, die Fenster nur zum hauseigenen Garten. Lange Tischreihen, vorn ein quergestelltes Pult für den Leiter, mehrere, zumeist jüngere Personen rascheln mit Papieren. Zwei Wände sind vollgestellt mit Bücherschränken: Hubbards gesammelte Werke, von dickleibigen Schwarten über alle Aspekte der Dianetik, kaum eines unter 300 Seiten, bis zur voluminösen «Manager-Schulung», Verfasser natürlich ausnahmslos Lafyette Ron Hubbard.

Dazu muß man anmerken, daß die Sekte seit 1966 von einem Direktorium geleitet wird, das die Rechte an der Verwendung des Namens «L. Ron Hubbard» vom eigentlichen Namensinhaber für 100000 Pfund Sterling gekauft hat. Noch im Dezember 1989 pries eine Annonce in der seriösen Berliner Tageszeitung «Der Tagesspiegel» ein neues, 648 Seiten dickes Werk Hubbards an, obwohl der schon 1986 gestorben ist, den «Super Bestseller» «Die Verschwörer planen», ein Science-fiction-Roman aus einer auf zehn Bände (!) angelegten Reihe mit dem schönen Titel «Mission Erde».

Ich erblicke in den Regalen die gängigen Nachschlagewerke, den «Pons», den Duden, mehrere Meter Kassetten, Lehrgänge vom «clear» bis zu den höheren Stufen des OTs, «Operating Thetans», meterweise sauber beschriftete Aktenordner mit geheimnisvollen Kürzeln.

Eines kenne ich: «HCO Policy Letter» sind zum Beispiel direkte Anweisungen Hubbards aus seiner zeitweiligen Residenz «Saint Hill Manor» in Sussex, England.

In einem dieser «Führerrundbriefe»[41] ist zu lesen, daß nur Personen zu rekrutieren («to recruit») wären, die keinerlei Elektro- oder Insulinbehandlungen erhalten hätten, die keine «offenkundigen Verbrecher» seien und sich nicht einschleichen würden, «um Zeitungsartikel zu verfassen oder die Organisation allgemein zu stören.» In einem anderen[42] schreibt das «Hubbard Communications Office», daß die angeworbenen Kandidaten nicht nur als Mitglied geworben werden sollen, sondern auch, um «divisional specialist» zu werden. Und: «Wir müssen eine Welt gewinnen, Mann!»[43]

Das, was an anderer Stelle in den Führerrundbriefen gesagt wird und für die Mitglieder als verbindlich gilt, gibt mir genug Anlaß, mich vorsichtig zu bewegen und nicht unangenehm als jemand aufzufallen, der zuviel neugierige Fragen stellt. Hubbard schreibt über die, die sich nicht begeistert über seine Sekte äußerten: «Diejenigen, die die Scientology kritisieren oder abfällige Bemerkungen darüber machen, können einer eingehenden Überprüfung ihrer vergangenen Taten oder Absichten nicht standhalten. Das ist Gott sei Dank ein glücklicher Umstand für uns. Der Kriminelle scheut das Tageslicht. Und wir sind das Licht.»[44]

Jeder, der gegen Scientology ist, gilt als «antisoziale Persönlichkeit» oder, im sekteneigenen amerikanisierten Jargon, als «suppressive Person». Es gibt sogar einen eigenen Geheimdienst, das «Guardian Office», dessen Mitglieder sich um kritische Personen, Abweichler und die Disziplin kümmern.

Das konservative amerikanische Magazin «Readers Digest» schrieb Anfang der achtziger Jahre: «Zum Ausbildungsprogramm des GO [Guardian Office; B. S.] gehörte, wie man anonyme Morddrohungen gegen Journalisten richtete, Rufmordkampagnen gegen unfreundlich gesinnte Geistliche inszenierte, Zeitungsausschnitte fälschte und Einbrüche plante und durchführte. Pressesprecher wurden darauf gedrillt, die Presse zu belügen. Wichtigste Ziele waren Organisationen und Medien, die sich mit der Scientology-Kirche befaßten oder kritische Berichte über sie veröffentlichten.»[45]

Jemand wie ich, der harmlos im Schulungsraum sitzt, aber neugierig ist und sich bemüht, kritisch zu sein, ist in den Augen der Scientologen psychisch krank und eine gefährliche Person. «Gestörtes» oder «irrationales» Verhalten, wozu zweifellos gehört, die Sekte in der Öffentlichkeit zu kritisieren, wird nach Auffassung Hubbards «durch Engramme» verursacht, die zu «Aberrationen» führen. Diese «Aberrationen» zwingen den armen Menschen zu «destruktiven und gegen das Überleben gerichteten Handlungen», die man «Overts» nennt.

Die allerschlimmsten sind die verheimlichten «Overts», die die Scientologen als «Withold» bezeichnen. Da die Sekte aber nicht zuläßt, daß man Untersuchungen über sie anstellt, sind alle Journalisten, die nicht lobhudeln, gefährliche Personen. Ein «HCO Richtlinien Brief» behauptet sogar: «Der Reporter, der zu Dir kommt, völlig lächelnd und mit witholds, und der ‹eine Geschichte› will, hat eine... aufgehetzte Verlautbarung in seiner Tasche. Er ist hier, um Dich auszutricksen...»

In einem «Policy Letter» aus dem Jahr 1966 wies Hubbard seine Unterorganisationen an, «niemals einer Untersuchung der Scientology» zuzustimmen, herauszufinden, wer «angreife», und: «Füttere die Presse mit tatsachlichen Beweisen gegen die Angreifer, also mit ihren dunklen, blutigen, sexuellen und verbrecherischen Machenschaften.»[46]

Wenn man mich enttarnte, müßte ich mich also in acht nehmen. Eine der sekteninternen Anweisungen gibt sogar detailliert vor, wie man mit Kritikern zu verfahren habe: «Eine Person, die in den Ethik-Zustand des Feindes zurückgestuft worden ist, gilt als vogelfrei: man darf ihm Eigentum abnehmen, ihn in jeder Weise verletzten, ohne daß man von einem Scientologen bestraft wird. Man darf ihm Streiche spielen, ihn verklagen, ihn belügen oder ihn vernichten.»[47]

Ich darf mich zu Beginn der Schulung an einen der sauberen Tische setzen und werde vom Kursleiter, einem jüngeren Mann mit akkuratem Schlips, angewiesen, das Kursmaterial durchzulesen und die darin befindlichen Anweisungen exakt zu befolgen. Meistens bestehen diese darin, einen Abschnitt aus dem Hauptwerk Hubbards, der «Dianetik», zu lesen und die Fragen im hinteren Teil der «Auditor-Schulung» dazu zu beantworten. Wenn man die «Dianetik» vorher gelesen hat und geistig nicht erheblich minderbemittelt ist, könnte man innerhalb eines Tages das gesamte Material durcharbeiten und zum Quasi-Therapeuten, zum «Auditor» werden – ein im Vergleich zum mehrsemestrigen Psychologie- oder, je nach Standpunkt, Theologie-Studium «effektives» Verfahren!

Ich bemerke aber, daß die anderen Kursteilnehmer mühevoll Seite für Seite durchgehen, häufig die Worterklärungen am Ende nachschlagen oder Lexika wälzen. Der Kursleiter beugt sich mehrere Male über sie, um ihre Eintragungen zu kontrollieren. Dabei erfolgt immer ein ermutigendes Wort, «sehr gut», «richtig» oder ein schlichtes «ja».

Auch der «Auditor-Kurs» beginnt mit dem Hinweis: «Der einzige Grund, warum jemand sein Studium aufgibt, verwirrt oder lernunfähig wird, liegt darin, daß er über ein nicht verstandenes Wort hinweggegangen ist.»

Diese Methode, sich mit der Welt vertraut zu machen, erzieht die Lernenden eher zu Unselbständigkeit, ähnlich wie die Lehrpläne in totalitären Systemen. Es geht nicht darum, jemandem Hilfsmittel an die Hand zu geben, mit dem er oder sie sich eigenständig eine Meinung bilden kann, sondern darum, daß der oder die Studierende sich blindlings auf Definitionen stützt, die jemand anderes vorgibt.

Vorausgesetzt ist der Glaube, daß es ein allgemeinverbindliches und «wahres» Welterklärungsmodell gibt. «Was Liebe ist, was Freiheit ist, sagt einem dann nicht mehr das eigene Erleben, sondern das von der Organisation empfohlene Wörterbuch.»[48] Die übergeordneten Funktionäre haben deshalb Gewalt über die Mitglieder der Gruppe, weil sich letztere nicht mehr auf ihr Empfinden verlassen können und wollen.

«Macht» heißt somit in diesem Fall nicht, daß mich jemand zwingen kann, etwas zu tun, was ich nicht will, sondern: Ich bin unfähig zu handeln, weil mir keine Maßstäbe geblieben sind, die Situation, in der ich mich befinde, selbständig einzuschätzen. Ich «lasse denken».

So heißt es in einem Lernkurs «Nicht verstandene Wörter»: «Wie kannst Du wissen, was all die Dinge sind, wenn Du die Wörter nicht verstehst?»[49] Die Scientology-Kirche bringt den Teilnehmern der angebotenen Kurse offenbar nichts über «Kommunikation» oder ähnliches bei, was die Titel der Lehrgänge eigentlich suggerieren, sondern führt sie unmerklich an den sekteninternen Katechismus heran, dieselbe Methode, die wir schon bei der Werbung für das «Fitnessprogramm» beobachten konnten.

Um diese «Worterklärungen» zu visualisieren, gibt es auf jedem der Tische eine Schale mit Anschauungsmaterial: Gummimännchen, die je nach Bedarf den Patienten, den Auditor oder eine beliebige Person mit Beschwerden darstellen können; Holzklötzchen, Plastikteile, Knetmasse, einem der Wichtel auf den Rücken gepappt, sollen «Engramme», «Aberrationen», das heißt im Verständnis der Sektenmitglieder: dessen psychische Schäden verdeutlichen. In einer Ecke warten sogar Plüschtiere, darunter ein riesengroßer Teddybär, der im pädagogischen Notfall für den zukünftigen «Auditoren» den Klienten spielen muß.

Zwei Tische weiter üben zwei Personen eine merkwürdige Gehirnwäsche. Sie sitzen sich, fast Knie an Knie, auf Stühlen gegenüber. Der eine, ein Herr mit Jeans und einem recht unmodischen karierten Jungmännerhemd, verzieht keine Miene, sondern blickt starr geradeaus. Der andere, offenbar ein höherer Funktionär der Scientologen, weil er als einziger neben dem Kursleiter einen Schlips trägt – dazu noch mit dem Scientology-Symbol –, schreit ihn aus Leibeskräften an, um ihn aus der Fassung zu bringen. Dann wechselt er zu freundlichen Tönen, nimmt alles zurück, um urplötzlich in infernalisches Gebrüll auszubrechen.

«Gib zu, daß du ein Spion der internationalen Psychologen-Vereinigung bist!» Keine Reaktion. «Wo warst du gestern nacht um halb zwölf? Wir wissen, wo du dich herumgetrieben hast!» Keine Reaktion. «Warum willst du das nicht zugeben? Du bist eine suppressive Person!» Keine Reaktion.

Die anderen «Studenten» im Raum blicken schüchtern und etwas verstört auf die sonderbare Szene. Die Ausbildung gehört zum «Kommunikationskurs», wird aber, da bei dem Krach alsbald niemand mehr in der Lage ist, weiterzulesen, in einen anderen Raum verlegt.

Neben der Tür ein ähnliches Paar: Der ältere Herr, der bei dem Vortrag über das «Saunaprogramm» auf der heilenden Wirkung seines Müslis bestand, scheint eingefangen worden zu sein. Vor ihm, auf dem Stuhl, eine junge Dame, adrett angezogen, mit schwungvollem rotem Haarschopf, die sich schon auf einer höheren Stufe der Ausbildung zu bewegen scheint. Jedenfalls gelingt es dem Mann nicht, ihrem Charme zu widerstehen. Obwohl er sich redlich bemüht, bringt sie ihn, entweder durch ein reizendes Lächeln und den dazu passenden Worten oder durch wütendes Geschrei aus der Fassung. Er wird noch lange lernen müssen.

Die angebotenen Kurse sind Legion: Man kann wählen zwischen diversen «Rundowns», die von Drogen oder Dingen befreien, «die eine Person verschlechtern können», «Auditing», das Studienschwierigkeiten beheben soll, bis hin zu «Dianetics Auditing», das «alle psychosomatischen Leiden, Schmerzen, Mißemotionen und unerwünschte Gefühle und Einstellungen» heile. Ferner werden Dutzende von «Praktiken» angeboten, vom «Verkaufsseminar für den Registrar» bis zum «Persönlichen Ethik- und Integritäts-Seminar» oder dem «Gesellschafts-Berater-Seminar». Einige kosten nur ein paar hundert Mark, andere bis zu 80000 DM.

Ein Arzt und Psychotherapeut berichtete in einer Radiosendung im Februar 1989, wie eine seiner Patientinnen in den finanziellen Ruin getrieben wurde: «Sie sagte mir, daß sie dort innerhalb von drei oder vier Monaten 30000 Mark ausgegeben hätte – eine junge Frau von 26 Jahren! Sie mußte sogar ein Darlehen aufnehmen.» Eine andere hatte in der gleichen Zeit «nur» 7000 DM für «Lehrgänge» ausgegeben.

Eine ehemalige Mitarbeiterin der Scientology-Kirche berichtet: «Hubbard sprach niemals über etwas anderes als Geldmachen. Ich kann die Tatsache bestätigen, daß Scientology als geldmachendes Unternehmen betrieben wird. Es gab keine anderen Richtlinien und keine anderen Motive für unser Handeln auf internationaler Ebene. ‹Macht Geld!› – das war der einzige Befehl, den wir eigentlich von Hubbard erhielten...»[50]

Pfarrer Thomas Gandow bezeichnet die Sekte als «eine einzige große Verkäuferschulung». Ziel ist, möglichst viele der Hubbardschen Schriften loszuwerden, die Werbung für die Kurse und die Bekämpfung von Kritik, wobei der Verkaufserlös das wichtigste ist, denn, das schrieb Hubbard 1972 erfrischend eindeutig, die sekteninterne Finanzpolitik beruhe auf dem Prinzip: «Mache Geld. Mache mehr Geld. Bringe andere Leute dazu, Geld zu machen.»

Die Stuttgarter «Aktion Bildungsinformation» schätzt den weltweiten Jahresumsatz der Scientology-Kirche auf eine Milliarde DM, davon entfielen auf die BRD 50 Millionen DM. Die Scientologen bekennen selbst, daß ihnen zum Beispiel im Jahre 1979 allein fünf Millionen DM zur Verfügung gestanden hätten, um «die weitere Verbreitung der Gemeinschaft zu planen und zu sichern». In München erwarben sie eine Immobilie im Wert dieser Summe. Im ersten Halbjahr 1980 habe die Scientology «Gebäude im Werte von umgerechnet 45 Millionen DM hinzugekauft.»

Es wundert deshalb nicht, daß ich im Schulungsraum die modernsten Geräte sehe: Videokameras, Kassettenrecorder, Tonbandgeräte und Monitore. Zur Billigware gehört eigentlich nur das berüchtigte «E-Meter».

Hinter mir üben drei Personen seinen Gebrauch. Die Dame, die ich beobachtete, wie sie am Tresen des Foyers die «Kunden» abfertigte, hat die Blechbüchsen in der Hand und murmelt mindestens zehn Minuten lang dasselbe Wort, kritisch beobachtet von zwei Mitwirkenden. Wahrscheinlich möchte sie einen bestimmten Ausschlag des Zeigers auf der Skala erreichen.

Ziel des «Clears» ist es, ab einer bestimmten Stufe das E-Meter selbständig zu gebrauchen. Eine detaillierte Anweisung für einen der Kurse lautet zum Beispiel: «Sie müssen sehr präzise Berichte über die Auditionssitzungen anfertigen. Es ist lebensnotwendig, beim Beginn einer neuen Sitzung genau dort weiterzumachen, wo man in der vorhergehenden aufgehört hat... Bei einem Durchgang wird der betreffende Punkt mit einem Querstrich markiert. Falls dieser Punkt keine Nadel-Reaktion erzielt, muß man noch weiter zurückgehen... Ein Punkt ohne Reaktion darf nie übersprungen werden. Gewöhnlich bleibt die Reaktion aus, weil noch Spannung vom vorhergehenden Punkt übriggeblieben ist... Gegenstände werden erkannt, während sie sich auf Sie zu- und von Ihnen fortbewegen, und zwar in Schulterhöhe. Sie werden die Gegenstände links und rechts, vor und hinter dem Kopf gleichzeitig sehen... Wenn Sie während des Kurses krank werden, dann haben Sie einen Fehler gemacht.»[51]

Der Amerikaner Robert Kaufmann hat Anfang der siebziger Jahre einen Erfahrungsbericht über seine Zeit mit dem «E-Meter» und bei den Scientologen veröffentlicht. Er beschreibt, mit welchem Erwartungsdruck sich die «Studenten» im Hauptquartier «Saint Hill Manor» in England Tage und Nächte um die Ohren schlugen, um endlich eine bestimmte Folge von Nadelausschlägen zu erreichen, die ihnen das Stadium des «Clear» bestätigte. Ihn selbst brachte das Studium der «Dianetik» zeitweilig in eine Nervenklinik.

Nach Erscheinen des Buches wurde der Autor verfolgt, bedroht und beschimpft. Seine Manuskripte verschwanden, es gab, das ist aktenkundig, Bestechungen und gerichtliche Klagen. 3000 Exemplare des Werks mit dem Titel «Übermenschen unter uns» wurden in London zunächst eingezogen. Mitglieder der Sekte dürfen es nicht lesen. In den USA erregte das Buch soviel Aufsehen, daß sich sogar Hubbards Sohn offiziell von seinem Vater und dessen Scharlatanerien lossagte.

Nun ist es nichts Besonderes, wenn sich die Gläubigen moderner Kultgemeinden technischer Apparaturen bedienen, die die religiöse Inbrunst irgendwie verstärken oder bestätigen. Überhaupt ist es angebracht, Religiösität, das heißt, salopp ausgedrückt, ein unverrückbares Vertrauen in ein bestimmtes Weltmodell, nicht nur auf Themen zu beziehen, die sich in unserem kulturellen Kontext und durch unsere Tradition als sakral bezeichnen lassen.

Der berühmte und vor allem durch die Studentenbewegung bekannt gewordene Psychologe Wilhelm Reich, ein origineller und unbestreitbar verdienstvoller Wissenschaftler, baute in hohem Alter eine Kiste, in der sich angeblich eine geheimnisvolle Energie, die er «Orgon» nannte, sammelte. Ein Mangel an «Orgon», das sich beim Geschlechtsverkehr in den dafür vorgesehenen Organen konzentriert und ansonsten gleichmäßig im Körper verteilt ist, führt zu psychischen und physischen Mißständen, denen durch einen Aufenthalt in den besagten, genau nach der Anweisung Reichs gebauten «Orgon-Akkumulatoren» abzuhelfen ist.

Der kritische Beobachter, der einen Blick in die noch heute von Verehrern des längst verstorbenen Meisters konstruierten Kästen wirft, sieht natürlich nichts. Dennoch werden die Anhänger der «Orgon-Therapie» mit heiligem Ernst versichern, welche begeisternden Gefühle sie in der Kiste schon erlebt hätten und wieviel schlechter es ihnen ohne diese ginge.

Die Prozesse, die in den USA wegen des «Hubbard-Elektro-Meters» geführt wurden, ließen den Scientologen schließlich nur noch die Möglichkeit, offiziell zuzugeben, daß es sich bei der kleinen Maschine nicht um ein wissenschaftliches oder sonstwie nützliches Gerät handele. Heute befindet sich im Deckel der verkauften «E-Meter» ein Zettel mit der Aufschrift: «Dieses E-Meter tut von sich aus nichts. Es ist einzig und allein dazu bestimmt, den Geistlichen der Kirche bei der Beichte und der religiösen Beratung als Richtschnur zu dienen. Das Elektrometer ist weder medizinisch noch wissenschaftlich zur Diagnose, Behandlung oder Vorbeugung irgendeiner Krankheit brauchbar. Es ist weder medizinisch noch wissenschaftlich in der Lage, die Gesundheit oder Körperfunktionen von irgend jemanden zu verbessern; es ist nur für Geistliche und Studenten der Scientology-Kirche zum religiösen Gebrauch bestimmt.»[52]

In Werbebroschüren allerdings, die mehr für die eigenen Mitglieder bestimmt sind, wird das «E-Meter» als «Troubleshooter» (Störungssucher) beschrieben, der gebraucht werde, «um jegliche Art von Schwierigkeiten, die es in einem Verstand geben kann, zu handhaben.» Man erreiche «die Präzision des Computer-Anzeigers mit dem Mark Super VII E-Meter!», nicht zu vergessen der Hinweis, daß das Gerät «in siebzehn wunderschönen Farben» erhältlich sei.

In einer Reklameschrift, die die «Scientology-Kirche» in Hamburg verteilt, preisen die Sektenwerber einen Film an, der zeige, «wie Auditing funktioniert und wie der Thetan und seine Bank während des Auditings auf das E-Meter einwirken.»

Natürlich wirken Apparate, die vor sich hin blinken, mit geheimnisvollen Skalen und Zeigern versehen sind und eine Vielzahl von Knöpfen besitzen, an denen man drehen kann, auf die meisten Menschen faszinierend. Und wer weiß schon, wie es im Innern eines Voltmeters oder Radios aussieht, von einem Fernseher ganz zu schweigen? Der durchschnittliche Mensch vertraut den Segnungen der Technik genauso blindlings wie die Scientologen ihrer «Black Box».

Der Apparat erhalte, so schreibt Christopher Evans, eine «Aura der Tiefgründigkeit, die zum konkret greifbaren Gegenstück für jenen Spezialjargon wird, den so viele Kulte entwickeln. Das E-Meter und seine Entsprechungen sind letztlich die Verbeugung der Kulte vor dem Maschinenzeitalter, eine unbewußte Anerkennung der Tatsache, daß die Ikonen von heute etwas von einem Düsenaggregat, von einem Fernsehmonitor und Computer an sich haben müssen.»[53]

Ich rufe Ron

Wie die Scientologen versuchen, ihr Anliegen unter die Leute zu bringen, ist durchaus professionell. In Hamburg zum Beispiel wurde am 31.10.89 ein Seminar abgehalten mit dem Thema «‹Wie man sich ein Image aufbaut› – aus der Public Relation Technologie». Interessenten für diese Veranstaltung dürften eher aus den Reihen derjenigen kommen, die Probleme mit ihrem Selbstbild haben und meinen, sich in ihrem Beruf besser verkaufen zu können. Ein Seminar hingegen, das laut der Werbebroschüre wenig später angeboten wurde, zielt, auf der sprachlichen Ebene, eher auf Personen, die in alternativen Kreisen verkehren: «Wie man trotz Unterdrückung selbstbestimmt bleibt.»

Ähnlich modern und einer bestimmten Ausprägung des Zeitgeistes huldigend der Titel eines Scientologen-Heftes: «Neue Zivilisation», oder, ein Verlag, der Hubbards neueste Romane herausgibt: «New Era». Das klingt nach Esoterik, nach dem «neuen Zeitalter« Capras und überhaupt irgendwie fortschrittlich.

Selbst Kunst wird vor den Karren der Mission, so muß man es nennen, gespannt. In den Räumen des «Dianetik-Zentrums» in Berlin-Friedenau hängen Werke des Hamburger Künstlers Pablo Röhrig: «romantische» und geheimnisvolle Bilder nach der Art von Tarot-Karten, die man mit etwas Wohlwollen als intellektuellen Kitsch bezeichnen könnte. Ein Motiv kehrt immer wieder, und ich halte das schon beim ersten Betrachten nicht für einen Zufall. Es ähnelt frappant dem Umschlag der «Bibel» der Scientologen, der «Dianetik» von L. Ron Hubbard: ein Feuer oder heller Lichtschein, der «am Ende des Tunnels» auf einen (orientierungslosen Spaziergänger?) wartet.

Natürlich spricht mich einer der Anwesenden im Foyer an, als ich mich den Details der Bilder zuwende. Ob die nicht «sehr schön» seien? Er weist mich gleich darauf hin, daß Postkarten mit denselben Motiven zu kaufen wären.

Eine andere Methode wendet sich eher an die eigenen Mitglieder, um diesen vorzugaukeln, daß seriöse Institutionen und Personen die Sekte als Gesprächspartner ernst nähmen. Die Mittel, zu denen einzelne Scientologen greifen, paßten zum Ambiente eines zweitklassigen Agenten- oder Spionage-Thrillers.

Während meiner «Schulung», in den Pausen, studiere ich auch, mit möglichst desinteressierter Miene, die vereinsinternen Nachrichten am Schwarzen Brett im Foyer. Dort lese ich von Propagandaerfolgen.

Einer der Funktionäre, erkennbar an seinem Schlips mit Scientology-Symbol, wieselt an meine Seite und fährt mich barsch an, mit wem ich denn hier verabredet sei? Ich darf darauf verweisen, daß ich schon häufig im Schulungsraum verweilt hätte. Der junge Mann wechselt sofort vom «Sie» zum «Du». Mein Gesicht wäre ihm gleich bekannt vorgekommen, meint er zuvorkommend.

Als wichtig wird berichtet: Die «Kommission für Verstöße der Psychiatrie gegen Menschenrechte», eine Tarnorganisation der Sekte, ist von der Tageszeitung «Spandauer Volksblatt» mit ihrem Anliegen erwähnt worden, mit Telefonnummern für Ratsuchende. Allerdings hat keiner der Journalisten bemerkt, daß sich hinter der «Kommission» Mitglieder der Scientology-Sekte verbergen.

Ein gewisser Uwe Meyer schrieb einen Leserbrief an die Zeitschrift «GEO», im Januar 1990, und preist «alternative Methoden» an, die, im Gegensatz zur Psychiatrie, «längst viel bessere Erfolge erzielen». Unterzeichnet ist mit «Kommission für Verstöße der Psychiatrie gegen Menschenrechte».

Ohnehin arbeiten die Missions-Gruppen der Scientology-Kirche häufig unter Tarnnamen wie «College für angewandte Philosophie» (u. a. in Hamburg), CENSA (Zentrum für Lern- und Ausbildungstechniken in Dänemark) oder GAME (Vereinigung für Verbesserung von Ausbildungsmethoden in Frankreich). In Deutschland sind ähnliche Gruppen wie zum Beispiel die «Vereinigung zur Humanisierung religiös-ideologischer Konflikte» (Bonn) oder «Narconon» bekannt. In Bayern etablierte sich sogar eine «Kommission für Polizeireform», die einen «Datenschutzbericht» herausgab. Adresse der merkwürdigen Kommission: die Scientology-Kirche in München.

Die «Kommission für Verstöße der Psychiatrie gegen Menschenrechte» wurde Ende 1972 vom Scientology-Guardian-Büro in München gegründet.[54] Man hatte mir einen Veranstaltungshinweis, allerdings «nur für Mitglieder», schon im Vorraum des Dianetik-Zentrums in die Hand gedrückt.

Einer der Sprecher der Kommission ist jener famose «Wissenschaftler» und Sauna-Spezialist, den ich beim Vortrag über das «Reinigungsprogramm» erleben durfte: Dr. Philipp Sonntag. Dieser begrüßt wenig später in einem Leserbrief an die Berliner Zeitung «Der Tagesspiegel», «daß Verstöße der Psychiatrie gegen die Menschenrechte öffentlich mehr und mehr bekanntgemacht werden». Er spricht sich vehement gegen eine «chemische Keule» aus, die niemand brauche, verschweigt aber, daß er, wie ich in seinem Propaganda-Vortrag für das Sauna-Programm hören mußte, gegen radioaktive Strahlung einen Tabletten-Cocktail aus Nikotinsäure und Vitaminen empfiehlt. Sonntag weiter: «Der kriminellen Quälerei von Menschen wird nur deshalb nicht Einhalt geboten, weil im Zweifelsfall wiederum Psychiater als ‹Sachverständige› hinzugezogen werden. Aus dieser Sackgasse sollten wir heraus.»

Lobend wird am Schwarzen Brett der Scientologen auch die Zusammenarbeit mit der ansonsten recht kritischen Berliner «Irrenoffensive» erwähnt. Dort weiß man – ich frage nach – von nichts. Einer der Mitglieder erinnert sich allerdings an ein Telefongespräch und Versuche von einzelnen Vertretern der Sekte, die «Irrenoffensive» zu einer gemeinsamen Aktion zu überreden. Das sei abgelehnt worden, da man wisse, welche «Heilmethode» die Scientologen für Leute anzubieten hätten, die an psychischen Problemen litten, nämlich das uns schon bekannte «Auditing».

Eine ernstzunehmende Gruppe, die sich mit Mißständen unserer Gesellschaft auseinandersetzt, würde sicher ihren weltanschaulichen oder politischen Hintergrund benennen, ja geradezu darauf bestehen, ihn hervorzuheben. Sonderbar, daß Mitglieder der Sekte ihre wahre Absicht, nämlich für die Scientology zu werben, in der Öffentlichkeit stets verschweigen.

Ein Grund ist sicher: Heilslehren wie die Hubbardsche sprechen Menschen an – vorwiegend junge –, die als Individuum vereinsamt sind, an Streßsituationen leiden, Angst vor Gegenwart und Zukunft haben, irgendwie entwurzelt sind und keine Antworten auf die Sinnfrage wissen. Sie sind noch dem Wertesystem unserer Gesellschaft verhaftet, spüren aber, daß diese sie an den Rand gedrückt hat. Deswegen auch die merkwürdige Arroganz vieler dieser Leute: sie legen allergrößten Wert darauf, als «Wissenschaftler» bezeichnet zu werden, schmücken sich mit Titeln, akzeptieren also eine vorgegebene Hierarchie, die sie hingegen in der Praxis – gezwungenermaßen! – ablehnen, weil sie unfähig sind, sich zu integrieren. Sie sind gescheiterte Existenzen, die nur noch sozial überleben, weil die homogene Gruppe ihnen eine scheinbare Alternative bietet.

Als «Kursleiter» oder «Auditor» dürfen sie Macht über andere ausüben, die ihnen ansonsten verwehrt bleibt. Sie imitieren die Regeln eines Spiels, das sie gar nicht genau kennen und das sie eigentlich ablehnen, weil sie darunter leiden. Vielleicht wissen einige von ihnen, daß ihre Weltanschauung ein System des Selbstbetrugs ist, eine Notlüge, die das eigene Versagen erträglich macht. Man traut sich aber nicht, das zuzugeben, auch vor sich selbst nicht, und gibt sich deshalb als jemand anderes aus: statt als Mitglied einer religiösen oder Psychosekte bezeichnet man sich als Teil einer ominösen «Kommission».

Nur Menschen, die an schweren Defiziten leiden, was ihre Identität angeht, dürften sich von Äußerungen Hubbards wie der folgenden angezogen fühlen: «Die Rangstufe von Scientologen und Dianetikern auf der Welt liegt im oberen Zehntel des obersten Zehntels der intelligentesten Bevölkerungsgruppen der Welt... Das ist eben so. Wir haben es sehr sorgfältig nach Kategorien geordnet. Es mag wohl sein, daß die Gesellschaft ein großes Stück abgesunken ist, und es mag sein, daß die Gesellschaft nicht so gescheit ist wie früher – vielleicht; aber wir sind nichtsdestoweniger auf dem obersten Gipfel übriggeblieben. Wir sind ganz bestimmt das oberste Zehntel vom obersten Zehntel, und das ist Tatsache.»[55] Das ist schlicht Größenwahn.

Ist der Druck so stark, anderen Menschen zu «helfen», sie davon zu überzeugen, daß sie an Problemen leiden, für die man selbst die Antwort habe, oder kann man es auf den Tod nicht ertragen, daß der Rest der Welt nicht genauso glücklich ist, wie man selbst glaubt zu sein, dann verrät das mehr über die eigenen Nöte als über die Probleme derer, die für die «gute Sache» missioniert werden sollen.

Am letzten Tag meines Kurses – den ich aber nicht abschließen werde – spricht mich eine der jungen Damen auf eine Frage an, die ich ihr kurz zuvor gestellt hatte: Wann und wie man feststellen könnte, ein «Clear» zu sein? Sie führt mich zu einem Schreibtisch, setzt sich in Position und fährt sich zum Auftakt mit der üblichen koketten Handbewegung durch ihre langen Haare. Dabei lächelt sie so intensiv, daß ich nicht mehr weiß, ob das meiner Person gilt oder nur eine Variante der Verkaufsstrategie ist. Sie habe eine Antwort, sagt sie, und beugt sich verschwörerisch zu mir, nicht ohne die gesteiften Wimpern flattern zu lassen. Es gebe ein Buch von Lafayette Ron Hubbard, das sich ausführlich mit meinen ungelösten Problemen beschäftige. Ich wisse ja, fügt sie hinzu, daß alle Ärgernisse von den «Aberrationen» herrührten. Und besonders, ihre Stimme wird eindringlich, gelte das für «Aberrationen» im sexuellen Bereich.

Natürlich, das bestätigt der Sekten-Spezialist Friedrich-Wilhelm Haack, können Vereinigungen wie die Scientology-Kirche einzelnen Menschen helfen, Bestätigung und somit neues Selbstbewußtsein zu finden, also, wie die Angehörigen der Scientology-Organisation «Narconon» behaupten, zum Beispiel von Drogen loszukommen. Das gilt aber auch für alle anderen Heilslehren. Nur hieße das, den Teufel mit Beelzebub auszutreiben: die Abhängigkeit von der Droge würde durch die Abhängigkeit von der Gruppe ersetzt.

Laut einer Meldung des «Spiegel»[56] will die Scientology-Kirche demnächst massiv Werbung betreiben. Der Verlag «New Era Publications» will 500000 DM ausgeben, um die «Dianetik» unter die Leute zu bringen. Schon im April prangte das Machwerk von einigen Reklameflächen. «Buchhändler und Einkäufer großer Kaufhausketten», schrieb das Nachrichtenmagazin, würden vom Verkaufsleiter Hubert Schote «mit branchenunüblichen Rabatten von mehr als 50 Prozent geködert. Großabnehmer sollen mit einer Sondervorstellung des Circus Roncalli eingestimmt werden, dessen Chef Bernhard Paul ... Anhänger der ‹Scientology-Kirche› (ist)».

Fernsehanstalten wie der Privatkanal RTL plus dagegen entwickelten Problembewußtsein. Der Sender leitete einen Werbespot der Sekte an Kirchenvertreter im Programmausschuß zur Stellungnahme weiter, da selbst die Bundesregierung davon ausginge, daß die «Aktivitäten» der Organisation Gefahren «für die Persönlichkeitsentwicklung junger Menschen» nach sich ziehe.

Der Name der Tulpe

Vigil und Laudes

«Das ist kein vollkommenes Gebet, bei dem der Mönch sich selbst und das, was er betet, versteht.»

Johannes Cassianus (360–435)

Noch ist die Nacht schwarz wie die Kutte eines Benediktiner-Mönches. Gestalten huschen durch den Kreuzgang. Die spärliche Beleuchtung läßt die neoromanischen Bögen, die bunten Fenster zum Hofgeviert und die schweren hölzernen Türen im Halbdunkel. Eine geschnitzte Maria hält den Schmerzensmann im Arm, beide umflackert vom rötlichen Schein einer Kerze.

Fünf Uhr fünfzehn: Zeit für das erste der Stundengebete. Hier, in einer Benediktiner-Abtei unweit von Münster im Westfälischen, beginnt der Tag mit Vigil, dem ehemaligen «Nachtoffizium», direkt gefolgt von Laudes, dem eigentlichen Morgengebet, früher, vom heiligen Benedikt, noch Matutin genannt.

Es war ein klarer spätwinterlicher Nachmittag gegen Ende Januar. Am Morgen hatte es noch ein wenig geregnet, und nun leckte die Sonne die letzte Feuchtigkeit von den Feldern. Als ich die Autobahn verließ, sah ich zum erstenmal die Abtei. An den Hang eines Hügels geschmiegt, überragte sie wie eine Raubritterburg die Gehöfte des Dorfes unten am Honigbach.

Oben auf dem Hügelkamm, erzählt die Legende, rastete der Friese Liudger, der erste Bischof von Münster, als Missionar unterwegs, vor gut tausend Jahren, einen Tag vor seinem Tod. Der Sünt-Lüers-Weg erinnerte noch lange an ihn. Aber auch die, die er bekehren sollte, hatten ein Zeichen gesetzt: am Fuße der heutigen Abtei opferten die Germanen ihren Göttern. Der Bonenjägerstein, dem Odin als Jäger geweiht, wurde Ende des 19. Jahrhunderts gesprengt, als man Steine für eine neue Straße benötigte – der Besucher muß sich dem heutigen Heiligtum, der Abteikirche, daher auf heidnischem Boden nähern.

Die Mönche, gut dreißig an der Zahl, nahmen mich freundlich auf – ich hatte mich als Gast für eine Woche der Besinnung angemeldet –, wiesen mir ein spartanisch eingerichtetes, aber komfortables Zimmer zu und machten mich mit ihrem, also auch meinem Tagesablauf bekannt. Ein Problem gibt es, das ich aber, um unfruchtbare Diskussionen zu vermeiden, für mich behalte: vom Katholizismus, den ich studieren will, habe ich so viel Ahnung wie Eskimos von der Kamelzucht.

Die Benediktiner, der älteste der Mönchsorden, haben keine Regeln, die den Rahmen der uns bekannten Klostersitten sprengen würden, etwa ein absolutes Schweigegebot wie die Trappisten oder eine lebenslange, aber freiwillige Einzelhaft wie die Kartäuser. Seit dem sechsten Jahrhundert gilt für sie aber: unverzüglicher und absoluter Gehorsam gegenüber ihrem Abt. «Im Blick auf Gott», so formulierte der Ordensgründer Benedikt von Nursia, «folgen in Sekundenschnelle Befehl und Ausführung aufeinander.»

Der Mönch, der sich der Ordnung einer Abtei unterwirft, soll «böse Gedanken und heimliche Fehler» dem Abt offenbaren, schweigend ausharren, auch wenn ihm Beleidigungen zugefügt werden, den eigenen Willen aufgeben und «nicht leicht und sofort zum Lachen» neigen. Außerdem verzichtet der Benediktiner auf persönliches Eigentum: «Die Mönche verfügen ja auch nicht frei über ihren Leib und ihre Gedanken.» Man dürfe nichts haben, «was der Abt nicht gegeben oder nicht erlaubt hat».

Warum sich jemand freiwillig in die Hände einer allgewaltigen Macht begibt, lebenslang, und, als wenn das noch nicht genug wäre, auch auf emotionalen und sexuellen Kontakt mit dem anderen Geschlecht verzichtet, ist dem «normalen» Menschen wahrscheinlich schwer verständlich.

Oder reicht die strenge Erklärung des Paderborner Theologen und Kirchenkritikers Eugen Drewermann aus? Der behauptet unter anderem, das Psychogramm eines typischen katholischen Klerikers ähnele dem des «häßlichen Entleins». Ein Mann, wir beschränken uns hierauf, der in seiner Jugend «mickrig, verhuscht, gehemmt, verschüchtert» gewesen sei, der «Gemiedene der Spielplätze, das Mauerblümchen der Klassenfeten, die verlachte Unschuld vom Lande, der belächelte ‹Senator› der Jugendhorden», könnte seine Minderwertigkeit im Gewand des Klerikers kompensieren. Wer ihn jetzt, als Ordensmann, nicht respektiert, ist ein Gottloser. Jetzt erfährt er Respekt, Liebe, Achtung, Ansehen.

«Die ehedem Verzweifelten sind jetzt die Lieblinge Gottes.»[1] Und, das ist eine erste Wertung: «Man kann auch herrschen, indem man sich selber unterdrückt.»[2]

Die Mönche haben inzwischen das Portal zur Kirche passiert. Ich warte hinten in einer Bank, frierend und mit leerem Magen. Zwischen dem Kloster und der dreischiffigen Basilika gibt es zwei Türen. Vorher wurde mir von dem mich betreuenden Pater eingeschärft, um Gottes willen nicht die rechte der beiden zu benutzen. Dann dächte nämlich die harrende Gemeinde – zumeist Gläubige aus den umliegenden Dörfern –, Abt und Brüder beträten den Raum, und würde sich unverzüglich erheben, was aber bei meinem Erscheinen unpassend und für mich peinlich wäre.

Natürlich gehen Mönche und Abt nicht einfach wie normale Passanten einer Fußgängerzone auf ihre Plätze vorn im Chor. Sie schreiten, langsam, zu zweit und im Gleichschritt, in gleichem Abstand hintereinander, der Abt vorneweg. Die besondere Art des Schreitens soll das Heilige der Handlung betonen. Der Ursprung des Wortes «heilig» entstammt dem Umkreis von «Zauber». «Heilig» ist etwas dann, wenn wir es vom alltäglichen Geschehen, von dem, was wir kennen und was wir gewohnt sind, eindeutig aussondern können.

Die Pater und die einfachen Brüder, beim Stundengebet in der Kleidung nicht voneinander zu unterscheiden, erklimmen die Stufen zum Altar, einem schlichten, aber dennoch wuchtigen Block aus italienischem Travertin. Sie verbeugen sich zu zweit und begeben sich jeweils rechts und links in das Chorgestühl. Hinter dem Altar, in der Ostwand der Basilika, können die Gläubigen ein Bild des christlichen Gottes, in diesem Fall seines Sohnes, betrachten. Es thront riesig über dem Geschehen.

Der Gesang hebt an. Die lateinischen Worte verhallen wegen der unmöglichen Akustik, dennoch wirken sie durch die Fremdartigkeit der Melodie feierlich. Der Singsang besteht nur in einem einzigen Ton. Die Sänger beschwören zunächst den Namen des Gottes. Dann betonen sie dessen Bedeutung und Größe, nicht unähnlich dem mohammedanischen «allahu akbar», zuletzt referieren sie musikalisch einige Dogmen der christlichen Religion, insbesondere das der «Erlösung» von Schuldgefühlen durch ein Blutopfer. «All' meinen Ängsten hat er», Gott nämlich, «mich entrissen», lautet die zentrale Aussage.

Nach der Hymne folgen zwei «Nokturnen», gesungene Psalmen und Wechselrufe zwischen Vorsänger und dem Chor. Der zweite Teil, Laudes, ist ähnlich aufgebaut, nur daß der Text sich mehr auf das mönchische Leben bezieht. Man singt: «Fern bleib' Fleischeslust mit ihrer schmeichelhaften Glut.» Und der Wunsch: «Nicht komme unser Herz zu Fall durch List der Welt.»

Damit ist schon alles angesprochen, was mich am Klosterleben interessiert. Verkürzt dargestellt: Man möchte nach bestimmten, hehren Grundsätzen leben, nämlich nach den Idealen einer monotheistischen Religion, in diesem Fall denen des Christentums, verschärft durch die Ordensregeln Benedikts, und versucht das zu realisieren, indem man sich erstens der Sexualität enthält und sich zweitens in einer großen Gruppe zusammenfindet und alles außerhalb als gefährlich für das Seelenheil definiert. «Die Welt» ist das, was die Rastafari in Jamaika mit «Babylon» bezeichnen.

Das bevorzugte Mittel, sich selbst in diesem Sinne positiv zu beeinflussen, ist das Gebet. Die Benediktiner in meiner Abtei beten sechsmal am Tag, neben Vigil und Laudes, die sie zu einem Gebet zusammengezogen haben, um nicht kurz nach Mitternacht aufstehen zu müssen, um neun, anläßlich des Hochamtes, mittags vor dem Essen, Sext genannt, Non, nach dem Essen, um halb sechs zur Vesperzeit, woran die Bezeichnung Vesperale erinnert, und vor dem Zubettgehen, die Komplet, dann, wenn alles getan ist.

Diese Art, mit dem Heiligen zu kommunizieren, ist nicht die einzige oder die intensivste Art, die das Christentum zuläßt, obwohl sich die Prinzipien aller Gebetstechniken ähneln. Die Ostkirche kennt das sogenannte «Jesusgebet», den «Hesychasmus», eine populäre Weise der Meditation, die Kenner der Materie auch den hiesigen Katholiken ans Herz legen.

Die fünf Gebete der Benediktiner, die nur jeweils eine gute Viertelstunde dauern, und das zusätzliche Hochamt sind ein Kinderspiel gegenüber dem physischen und psychischen Aufwand, den das «Jesusgebet» erfordert. Die Profis beten jahrelang ununterbrochen, insbesondere die Einsiedler rund um das Kloster Athos. Vorschriftsmäßig ist eine «nicht zu bequeme Haltung». Der Forderung nachzukommen, «niemals aufzuhören», wird von Spezialisten eine nur geringe Chance eingeräumt. Hilfsweise sei aber statt dem originalen Wortlaut «Jesus Christus, Sohn und Wort des lebendigen Gottes und Marias, erbarme dich meiner, des Sünders» auch eine geistliche Lesung erlaubt, zum Beispiel Anekdoten aus einem Heiligenleben oder ein Buch, das ein Jesuitenpater empfiehlt, die «Abenteuer des Gebetes».[3] In einem Punkt trifft sich dieses Extrem mit dem, was von den Benediktinern verlangt wird: «Man soll überhaupt nicht an weibliche Personen denken, die Mutter Gottes allein ausgenommen.»[4]

Das ist natürlich sonderbar: gemeinsam zu vermeiden, an etwas Bestimmtes zu denken. Der Inhalt der gesungenen Gebete hat mit dem eigentlichen Anlaß auch nicht immer etwas zu tun, wenn etwa, wie ich später höre, die Mönche den 137. Psalm rezitieren, in dem der «Tochter Babel» gewünscht wird: «Wohl dem, der deine jungen Kinder nimmt und zerschmettert sie an einem Stein!»

Eine andere Merkwürdigkeit, die vor allem Kritikern auffällt, die sich innerhalb des religiösen Welterklärungsmodells bewegen, ist, daß eine eigentliche intime Zwiesprache mit einem höheren Wesen zum Mittel genommen wird, gerade die individuellen Gedanken auszuschalten. Zu diesem Zweck wiederholt eine Gruppe, Jahr für Jahr, immer dieselben Floskeln.

Vermutlich, und das kennen wir auch als einen Unterschied zum Protestantismus, geht es in erster Linie um den Erhalt der heiligen Ordnung, um das Ganze, auf das der einzelne eingeschworen werden soll. Eugen Drewermann, selbst Priester und Psychotherapeut, schreibt, nicht die persönliche Frömmigkeit solle bei der Sitte des Stundengebetes vertieft werden. «Der Sinn liegt darin, bis in den letzten Winkel des Herzens die Gefühle, die Gedanken, die eigenen Worte fortzunehmen, bis nichts mehr übrigbleibt als eine Ansammlung fertiger Riten, immer richtiger Gedanken und standardisierter Redewendungen.»[5]

Das muß nicht verkehrt sein, um ein bestimmtes Sozialverhalten zu erzielen – und genau darum, nicht um theologische Spitzfindigkeiten, geht es hier. Was jemand denkt, könnte egal sein. Die Form des Stundengebets ist ohnehin nicht christlichen, sondern altägyptischen Ursprungs. Der Lauf der Sonne, des Lichts der Welt, durch den Tag, in einem bestimmten, unveränderten Rhythmus, wird gefeiert, wie ohnehin in allen Weltkulturen ursprünglich die Anrufung des Übernatürlichen mit den beobachtbaren Naturgesetzen und ihren Zyklen parallelläuft.

Erst wenn die Natur weniger wichtig für das Zusammenleben wird, wie in unserer Zeit, wenn der Arbeits-, nicht der Rhythmus der Natur den Tag einteilt, wenn es darauf ankommt, wie jemand mit seinen Mitmenschen umgeht, werden die Gebete der jeweiligen ortsansässigen Religion den einzelnen Gläubigen zur freien Ausgestaltung überlassen. Das trifft für den Protestantismus viel mehr als für die katholische Religion zu, denn er ist eine Form der Anbetung des Übernatürlichen, die dem Industriezeitalter angemessener ist, eine These, die der bekannte Soziologe Max Weber eingehend untermauert hat.

Außerdem sangen die Mönche bis vor nicht allzu langer Zeit in Latein, was niemand verstand. Die Benediktiner der Abtei pflegen diese Sitte noch während der Vesperale, bei der die meisten Zuhörer dem Gesang lauschen.

Und die Psalmen behandeln mehr die Stammesgewohnheiten altorientalischer Völker, etwa die Blutrache, für die aber, das ist der Fortschritt der biblischen Varianten, nicht mehr der einzelne, sondern das jeweilige höhere Wesen zuständig ist. Das hat mit der klösterlichen Gemeinschaft und dem Zwang, die sexuellen Regungen zu verdrängen, nichts zu tun, eher im Gegenteil: verhielten sich die Sänger und das Publikum so, wie es der biblische Dichter von seinem Gott fordert, gäbe es nur noch Mord und Totschlag in der Basilika.

Wir können eher vermuten, daß das Stundengebet, wie es von den heutigen Benediktinern zelebriert wird, der «Depersonalisation» dient, wie das Drewermann nennt. Die Mitglieder einer sozialen Gruppe vereinigen sich nicht durch persönliche Beziehungen, etwa Liebe und Freundschaft, sondern dadurch, daß alle das eigene Ich aufgeben und mit der übergeordneten männlichen Bezugsperson, Gott oder, je nach Anlaß der Anrufung, Christus genannt, verschmelzen.

Belege dafür finde ich später in dem Reisebericht eines Paters nach Rom. «Unvergeßlich» sei für ihn gewesen, daß er dem Papst «auf einem roten Kissen das messingvergoldete Hämmerchen reichen durfte», mit dem der an ein Tor der örtlichen Basilika klopfte, eine an sich belanglose Handreichung, die man von jedem höflichen Menschen verlangen würde. Sie wird aber, weil es sich um den leiblichen Stellvertreter eines göttlichen Wesens handelt, auf der Gefühlsebene ins Ungeheuerliche übersteigert.

Aus psychoanalytischer Sicht wäre das ein an sich undenkbarer Vorgang: das «Ich», so das gängige, vereinfachte Modell von Sigmund Freud, wird im Normalfall vom «Es», dem Unbewußten, und dem «Über-Ich», dem, was an Normen und Geboten vorhanden ist, beeinflußt, schwankt hin und her und ist sich der Gründe seines Tuns nur mehr oder minder bewußt. In diesem Fall aber, wie es die Religion fordert, müßte das «Ich» vollständig mit dem «Über-Ich» identisch werden. Der Mensch wäre zum willenlosen Werkzeug einer Macht geworden, die sich glaubwürdig als Sachwalter der übergeordneten Werte auszugeben versteht.

Daher ist ein religiöses Sozialverhalten nur in zwei Varianten möglich. Die erste ist, daß der Gläubige akzeptiert, in einem streng hierarchischen System zu leben, sei es nur auf der weltanschaulichen

Ebene, also abstrakt, oder real, wie ein Mönch in einem Kloster. Die andere Möglichkeit ist die, die gerade Menschen anspricht, die von ihren einstigen Idealen und Moralvorstellungen enttäuscht sind, nämlich Meditation ohne ein göttliches Wesen, etwa Yoga oder Zen.

Der Effekt ist der gleiche: Bemüht sich der gläubige Katholik, anstatt den eigenen Verstand zu gebrauchen, bloß zu «glauben», wird er über kurz oder lang alle «normalen» Wünsche und Begierden vergessen, somit sich selbst. Eben das ist auch das Ziel bei der Zen-Meditation, die «unmittelbare Wirkung des Satori», der religiösen Ekstase, die hier «Erleuchtung» genannt wird: «Ein Selbst scheint nicht mehr dazusein.»[6]

Jemand, der das erreicht hat, ist natürlich für eine soziale Gruppe gefährlich, da er sich von jedem Vorgesetzten oder dem, den er dafür hält, benutzen lassen kann. Die Vermutung liegt nahe, daß nur Menschen diesen Weg der Angstbewältigung wählen, die mit ihren erlernten Gefühlen in einer normalen Gesellschaft und dem, was sie an Sozialverhalten einfordert, nicht zurechtkommen.

Hier trifft die Parabel vom «Fuchs und den Trauben»: Fällt es mir schwer, so zu leben, wie man es von mir fordert, versuche ich nicht, die Ursachen, warum ich mich überfordert fühle, in mir selbst und meiner eigenen Geschichte zu suchen, sondern propagiere meinen psychischen Zustand, die Unfähigkeit zur Normalität, als Mittel zum ewigen Heil.

Welche Konsequenzen das haben kann, erfahre ich wenig später.

Terz: Ein Mönch verschwindet

Nein, der Chronist bittet Gott nicht um eine ruhige Hand, um die schrecklichen Dinge niederschreiben zu können, die sich vor zwei Jahren im Kloster ereigneten. Ein schmales Büchlein erzählt die Geschichte der Abtei. Darin lese ich den schlichten Satz: «Ein Bruder ist gleich nach der Terz aus dem Fenster im vierten Stock gestürzt.» Die Mönche fanden ihn kurz darauf vor dem Westflügel, in seinem Blute liegend und schwer verletzt. Einundzwanzig Jahre zählte er und hatte erst vor kurzem sein Gelübde abgelegt. Er erlag wenig später seinen inneren Verletzungen.

Bruder Bartholomäus sei der Verstorbene hier genannt. Seine Mutter, das ist bekannt, starb bei der Geburt. Die, die ihn kannten und mit ihm lebten, haben ihn als «sehr liebenswürdig» empfunden. Es wird allerdings berichtet, daß er «aufgrund seiner Anlage und seiner Lebensgeschichte», so formuliert es der Chronist, «von Depressionen und Insuffizienzkomplexen geplagt» worden wäre.

Der Novizenmeister, der für das seelische Wohlergehen der jungen Mönche zuständig und verantwortlich ist, meinte, bei seinem jugendlichen Alter solle man die Entwicklung abwarten, ihm Zeit lassen, in der Hoffnung, die endgültige Klärung werde sich ergeben.

«Insuffizienz», das heißt Schwäche, kann in einer von den Grundsätzen der christlichen Lehre beherrschten Umgebung nur im religiösen Sinne gemeint sein. Sicherlich entsteht ein Gefühl, ständig zu versagen, nicht dadurch, daß ein Mönch die Regeln des Zusammenlebens in der Ordensgemeinschaft nicht auf Dauer akzeptieren könnte, etwa die nötige Ehrfurcht beim Gebet, das Gebot des nächtlichen Schweigens oder des Maßhaltens bei Speisen und Getränken.

Das schwierigste Problem von Männern, die im Zölibat leben, dürften vielmehr die natürlichen Regungen des Körpers sein. Jedes Lustempfinden außerhalb der Ehe, wenn es nicht im Schlaf oder durch Zufall, also unwillentlich erzeugt wird, gilt als Sünde, die mit der Verdammnis bestraft wird, wenn man den Betreffenden nicht rituell davon befreit.

Eugen Drewermann spricht angesichts dieser Forderungen der kirchlichen Lehre von einer zwanghaften und «schwer erkauften Doppelmoral». Wenn junge und gläubige Katholiken mit dem Gedanken spielen, allem Weltlichen zu entsagen und ihr Leben in Zukunft in einer fast geschlossenen Anstalt und ohne Frauen zu verbringen, müssen sie die Hoffnung haben, den dortigen Anforderungen in Maßen, mit wenigstens wechselhaftem Erfolg, zu genügen, nicht nur in ihren eigenen Augen, sondern auch vor den Ohren ihres Beichtvaters, des Abtes. «Bei völliger Resignation ihrer sittlichen Bemühungen hätten sie den Weg hinter Klostermauern gar nicht erst gefunden.»[7]

Die Beichte jedoch verpflichtet sie, die verborgensten Peinlichkeiten zu enthüllen, was auf die Dauer zu Resignation oder zur Unehrlichkeit führen muß. Niemand kann gezwungen werden, seinem religiösen Vorgesetzten zu berichten, welche verbotenen Pfade seine Gedanken im Halbschlaf oder während der Messen, angesichts einer attraktiven Beterin, gegangen sind. Auch weniger wichtige Dinge, etwa dem Mitbruder die Schokoladensoße des sonntäglichen Puddings nicht zu gönnen, eifersüchtig zu sein, daß der Abt jemand anderen mehr beachtet, oder gar, daß ein Mitmönch in Glaubensdingen scheinbar konsequenter und erfolgreicher sein kann, dürften zunächst die Seele nicht übermäßig belasten.

Jeder einigermaßen ehrliche Mensch muß jedoch gestehen, daß er nicht immer so handelt, wie er es von sich selbst erwartet. Es ist für das schlechte Gewissen einerlei, ob man die Forderung, sich in einer bestimmten Weise zu verhalten, befolgen will, weil es eine mächtigere Person angeordnet hat, oder nur deshalb, weil es der eigene Wunsch ist.

Wir können zum Beispiel das christliche Gebot der Nächstenliebe befolgen, um dem Fegefeuer oder sonstigen Unbillen, die bei Nichtbeachtung drohen, zu entgehen. Wir können uns aber auch «nur» aus dem Grunde um unsere Mitmenschen und ihre Probleme kümmern, weil wir der Ansicht sind, es ginge uns allen besser, wenn die Leute sich wechselseitig nur so wenig wie möglich auf die Nerven gingen, und einer müsse ja schließlich damit anfangen.

Die Mönche im Kloster haben sich jedoch freiwillig in eine Situation begeben, in der sie, was den Maßstab der Kirche angeht, immer Versager sein müssen. Eine Verfehlung nicht gebeichtet und dennoch in der täglichen Messe die Hostie verzehrt zu haben, ist, das behauptet die katholische Glaubenslehre, eine schwere Sünde «gegen den heiligen Geist», deren Vergebung nicht möglich sein wird. Es ist eigentlich alles umsonst, wenn man einmal mit der Nachlässigkeit angefangen hat. Am Ende sei es, sagt Drewermann, «die Forderung nach totaler Offenheit und Ehrlichkeit, die den Grund zu chronischer Unaufrichtigkeit» bildet.[8]

Ein moderner «Beichtspiegel», «mit ausführlicher Gewissensforschung», gibt folgende Tips, was der Gläubige falsch gemacht und somit bereuen müßte: «Habe ich mich bei unanständigen Gedanken oder Erinnerungen aufgehalten?» – «Habe ich mir unkeusche Erinnerungen oder Gedanken ins Gedächtnis gerufen?» – «Habe ich mich von schlechten Begierden gegen die Keuschheit und die Herzensreinheit leiten lassen, auch wenn ich ihnen nicht durch Taten gefolgt bin?» – «Habe ich unanständige Gespräche geführt? Habe ich sie begonnen?» – «Habe ich an Veranstaltungen teilgenommen, die eine unmittelbare Gelegenheit zur Sünde beinhalten?» – «Bin ich mir bewußt, daß es schon eine Sünde ist, sich solchen Gelegenheiten auszusetzen?» – «Habe ich mich bei unanständigen Blicken aufgehalten?» – «Habe ich unkeusche Regungen der Sinne zurückgewiesen?» – «Habe ich Unkeusches getan? Allein oder mit anderen? Wie oft? Mit Personen meines oder des anderen Geschlechts?»

Ein Mönch wird weniger als der oder die durchschnittliche Gläubige Gelegenheit haben, in «unkeusche» Situationen zu kommen oder sich an Sinnesreizen zu verlustieren, die einen strengen Beichtvater zu allerlei Bußen bewegen würden. Auch entstammt diese Schrift aus dem Umkreis des «Opus Dei», einer katholischen Organisation, die, was die

Strenge des Glaubens angeht, so orthodox ist, daß sie, bildlich gesprochen, im Keller Schatten werfen würde. Immerhin wird sie, da fand ich sie, im Dom zu Billerbeck, in enger Nachbarschaft zum Kloster, den Frommen zur geistigen Erbauung und geistlichen Anleitung angeboten.

Die «erste Regel der Demut», eines der Gebote der Benediktiner, besagt: «Der Tod steht an der Schwelle der Lust.» Die Lust ist nicht unbedingt sexueller Natur, sondern kann einfach darin bestehen, daß man wissentlich und aus freien Stücken etwas «verkehrt» macht. Es bedürfte eines erheblichen rhetorischen Geschicks, den Beichtvater oder das übergeordnete göttliche Wesen anschließend glaubwürdig von der eigenen Reue zu überzeugen.

Wir wissen nicht, was den unglücklichen Bruder Bartholomäus quälte. Die Mönche der Abtei waren aber bald nach seinem tödlichen Sturz gezwungen, sich erneut mit den Hintergründen seines Ablebens zu beschäftigen.

Im Mai verschwand der Novizenmeister, der sich so verständnisvoll um das Wohlergehen des jungen Bruders gekümmert hatte, an seinem Ferienort Garmisch-Partenkirchen. Er kehrte von einer Wanderung nicht zurück. Es wird gesagt, er habe unter dem Schicksal des Bruders Bartholomäus am meisten gelitten.

Der Novizenmeister, hier soll er Pater Johannes heißen, wollte einen «ordentlichen Marsch» durch die Berge machen. Das berichtet jemand, der ihn die Tage vor seinem Verschwinden begleitet hatte. Ihn habe der Weg im Reintal zwischen dem Wettersteingebirge und dem Zugspitz-Alpspitzmassiv gereizt. Seinem Begleiter war nicht nach einem ausgedehnten Marsch zumute.

Nach der morgendlichen Messe und einem ausgiebigen Frühstück sagte Pater Johannes, bei sehr gutem Wetter und ausgezeichneter Fernsicht, er werde an dem Flüßchen Partnach entlanggehen, so weit er käme, und dann zurückkehren. Er machte sich, offenbar in bester Laune, startklar, telefonierte noch mit einer guten Bekannten und verabredete sich mit ihr für den Abend desselben Tages. Dann ging er los. Seitdem fehlt jede Spur von ihm.

Um neun Uhr abends alarmierte man die Bergwacht. Die suchte alle Forststraßen und am nächsten Tag, nachdem nichts gefunden wurde, auch alle Wanderwege im Reintal, im Kreuzeckgebiet und sogar in Richtung Mittenwald ab. Ein Hubschrauber setzte sich in Bewegung, und siebenundzwanzig Männer, begleitet von sieben Hunden, durchforsteten das gesamte Gelände. Am nächsten Tag half ein weiterer Hubschrauber der Bundeswehr aus – alles ohne Erfolg.

Der Begleiter des Paters erzählt, er sei das ganze Tal persönlich abgegangen, habe zusammen mit einem ortsansässigen Förster die Partnach «von Hinterklamm bis Mitterklamm» abgesucht. Noch eine Woche lang suchten Gebirgsjäger. Niemand fand ein Lebenszeichen von Pater Johannes, der sich ja schließlich nicht einfach in Luft aufgelöst haben konnte.

Der Novizenmeister – man spielte alle Möglichkeiten in Gedanken durch – konnte am Fluß entlang in dreieinhalb Stunden die Reintalangerhütte erreichen. Weiter ging es nicht, da der Weg dann steil zur Zugspitze ansteigt und unter etwa dreißig Zentimeter Schnee verborgen lag. Auf der ganzen Strecke steigt der Weg nur etwa 300 Höhenmeter an. Er ist überall so gründlich ausgebaut, daß man ihn bequem mit einem Jeep befahren kann.

Die Bergwacht und die hinzugezogene Polizei vermuteten, daß der Pater vielleicht auf dem Rückweg von der Hütte nach Garmisch seine geplante Route verlassen hätte und den Bernadeiweg zum Kreuzeck hinaufgestiegen wäre, wohl mit dem Gedanken, es gäbe noch zeitlich genügend Spielraum. Auch hätte er nicht denselben Weg noch einmal zurückgehen müssen.

Der Bernadeiweg, beschreibt der Informant die Situation, sehe am Anfang sehr verlockend aus, steige dann aber sehr steil an und habe sehr viele Absturzmöglichkeiten. «Es handelt sich um ein äußerst unübersichtliches Gelände, das unmöglich flächendeckend abgesucht werden kann.» Wenn Pater Johannes nur einige Meter vom Weg entfernt gelegen habe, zwischen Bäumen, womöglich in sein dunkelgrünes Regencape eingerollt, «dann ist er praktisch unauffindbar.» Im übrigen habe es in den Tagen danach erhebliche Mengen an Neuschnee gegeben.

Die Bergwacht gab einen offiziellen Bericht über das Ereignis heraus, in dem unter anderem aufgeführt wird, daß «im Verlauf des Sommers» offiziell und privat erneut Versuche gemacht worden wären, irgendwelche Spuren in dem vermuteten Gebiet zu finden. «Nichts führte auch nur zu einem Ansatz irgendwelcher Ergebnisse.»

Himmelfahrt nahmen alle Pater und Mönche der Abtei an einer Messe für den Verschollenen teil, «an dessen tragischem Tod kaum noch zu zweifeln war», wie der Chronist berichtet. Im Herbst fuhren der Abt und ein Pater nach Garmisch. Es ginge ihnen, so sagten sie vor ihrer Abreise, nicht um ein «Suchen», sondern um ein «Be-Suchen» im Ettal. Sie nahmen aus dem Gelände einen Findling mit, «der nun zur Erinnerung an den Mitbruder auf unserem Klosterfriedhof liegt.»

Der Autor des Berichtes fügt einige Sätze an, die Leserin und Leser nachdenklich stimmen werden. Pater Johannes sei zuletzt ein beliebter und erfolgreicher Jugendgruppenleiter gewesen. Seit Anfang der siebziger Jahre lebte er in der Abtei, nachdem er Theologie und Kirchenrecht studiert hatte. «Er war geprägt von einer großen Gewissenhaftigkeit. Er entwickelte sich aber bald zu einer von der benediktinischen Spiritualität geprägten Weihe.» Gern habe er sich auch als «Kanonist» ansprechen lassen – «kanonisieren» heißt soviel wie «heiligsprechen».

«Von Hause aus» brachte er, so die Einschätzung seiner Mitbrüder, ein ernstes Wesen mit, obwohl er auch herzliche Freude zeigen konnte. Er habe «in hohen Maße die Achtung und das Vertrauen seiner Novizen besessen», die ihn als einen «glaubwürdigen Mitmenschen» in Erinnerung hätten.

«Zuweilen meinte er wohl», schließt der Chronist, «zu den jungen Menschen, die ihm anvertraut waren, auch durch persönliche Zuwendung und Bindung Brücken schlagen zu wollen. In den letzten Jahren zeigte sich Pater Johannes in seinem Urteil und in seinen Entscheidungen recht selbständig...» Und, was ebenfalls, auch für den Autor der Annalen des Klosters, bemerkenswert ist: «An seinem letzten Allerseelentag empfahl er seinen Junioren ausdrücklich für den Fall seines Ablebens das Gebet.»

Diese wolkigen Formulierungen sind die einzigen Indizien, die uns die Chronik für eine mögliche Erklärung der beiden mysteriösen Todesfälle anbietet. Ist es merkwürdig, daß ein Lehrer – nur ein säkulares Wort für Novizenmeister – durch «persönliche Zuwendung» auffällig wird? Dazu muß man wissen, daß die katholische Kirche von ihren Klerikern verlangt, sich persönlicher Beziehungen, den sogenannten «Partikularfreundschaften», zu enthalten. Ein Mönch darf keine privaten Gefühle zu seinen Mitmenschen hegen. Alle Emotionen haben sich der «Gottesliebe» unterzuordnen.

Das ist, falls wir uns innerhalb des kirchlichen Denkens bewegen, konsequent. Wenn alle Anstrengungen darauf gerichtet sind, den eigenen Willen abzutöten und individuelle Gefühle zu verdrängen, bleibt natürlich nichts mehr übrig, mit dem man sich auf jemand anderen einlassen könnte. Liebe zwischen den Brüdern eines Klosters ist verboten, sagt Drewermann, nicht weil man immer gleich an das eine denken müsse, «sondern ganz einfach deshalb, weil die Liebe (nebst ihrer enttäuschten Kehrform, dem Haß) die intensivste persönliche Gefühlsregung schlechterdings darstellt».[9] Als Beispiel führt er an, daß noch in den Priesterseminaren der siebziger Jahre durch Aushang am Schwarzen Brett geregelt wurde, welcher Bruder mit wem nachmittags spazierengehen durfte.

Wir können uns daher vorstellen, in welche Gewissenskonflikte ein junger Novize und sein Meister kommen können, wenn sich aus dem Lehrer-Schüler-Verhältnis Ansätze einer Freundschaft entwickeln. Wie könnte man das, ohne seinen eigenen Gefühlen Gewalt anzutun, verhindern? Ohnehin dauert das Noviziat zwei Jahre, in denen Pater Johannes wahrscheinlich einen tiefen Einblick in die psychischen Konflikte des Bruders Bartholomäus gewonnen haben wird. Wenn er ein verantwortungsbewußter Mensch gewesen ist, und das bezeugt die Chronik eindeutig, hat er sich den Problemen seines Zöglings gestellt.

Ein junger Mann, der sich einem Kleriker anvertraut, wird zwangsläufig an dessen widersprüchlichem Verhalten verzweifeln. Der Novizenmeister muß einerseits mit seinen Gefühlen reagieren, um Vertrauen zu wecken, andererseits darf er das nicht – und das wissen beide Gesprächspartner. In der Psychologie gibt es dafür den Ausdruck «double-bind», eine «Doppelbödigkeit der zentralen Bezugsperson»[10], die in extremen Fällen als eine der Ursachen für Schizophrenie gilt.

Wir reagieren verwundert, wenn jemand uns seine oder ihre Zuneigung bestätigt und am nächsten Tag das genaue Gegenteil verkündet. Diese Verwunderung kann, wenn die Beziehung intensiver ist, leicht in Aggression umschlagen, eine andere Form der Furcht. Ein Mönch wie Bruder Bartholomäus, dessen Minderwertigkeitsgefühle bekannt waren, wird eher in seiner eigenen Person die Gründe dafür gesucht haben, daß eine Freundschaft unmöglich und unerwünscht war, ganz abgesehen davon, daß ein Mönch laut Ordensregel ohnehin nicht wütend oder aggressiv sein darf. «Um deinetwillen werden wir getötet Tag für Tag», zitiert Benedikt von Nursia die Bibel, «behandelt wie Schafe, die man zum Schlachten bestimmt hat.»

Der Konflikt zwischen den eigenen Gefühlen und dem Gebot der Religion ist unlösbar. Jegliches Selbstwertgefühl muß unterdrückt werden, was Menschen, die ohnehin zu Selbstzweifeln neigen, noch mehr in Schwierigkeiten bringt. Einer der Gründe, das Leben im Kloster zu wählen, wendet sich gegen sich selbst. Vielleicht hat der junge Mönch gehofft, jetzt würde er auf Dauer wirklich geliebt, etwas, was selbst in intakten Familien nicht garantiert werden kann, nicht ohne Widersprüche und Konflikte. Vielleicht hat er erwartet, dem Gefühl der Einsamkeit in der Gemeinschaft der Brüder entfliehen zu können, und war enttäuscht, daß er aufgrund der Pflicht, sich Freundschaften von Mensch zu Mensch zu verweigern, jetzt erst gerade einsam wurde. Eugen Drewermann vermutet sogar, daß Erfahrungen in der Kindheit einen jungen Mann dieses «System der Gefühlsunterdrückung» – er meinte die strengen Regeln des Klerikerlebens – haben freiwillig wählen lassen. Das sei «plausibel und erstrebenswert für denjenigen, der es geradewegs als Gefahr erlebt hat, in der Entwicklung ‹normaler› Gefühle als ein Nichts beiseite geschoben zu werden.»[11]

Der zweite Teil der Vorwürfe, die der Chronist der traurigen Ereignisse verdeckt ausspricht, wiegt schwerer: Jemand, der sich «recht selbständig» zeigt, wird sich Ermahnungen, Anweisungen oder Ratschläge anhören müssen, die er aber nicht «recht» befolgt zu haben scheint. Eine eigene Meinung zu haben und diese auch gegen Anfeindungen durchzusetzen, gilt im allgemeinen als Zeichen von Charakter, als Zivilcourage. Diese Haltung, das können wir dem vorwurfsvollen Unterton der Klostergeschichte entnehmen, entspricht aber nicht dem, was von einem Mönch und Pater erwartet wird, nämlich absoluter Gehorsam den kirchlichen Vorgesetzten und deren Meinung gegenüber.

Natürlich kann sich die Institution Kirche, ungeachtet aller theologischen Spitzfindigkeiten, darauf berufen, ein Mann, der freiwillig das Leben als Mönch gewählt habe, dürfe sich nachher nicht beschweren, daß er gewisse Regeln zu beachten hat, darunter eben, ohne Diskussionen sich vorschreiben zu lassen, was er tun oder auch nicht tun darf. Jeder weiß, was ihn nach der Probezeit erwartet.

Kritik an einem autoritären System wie dem der katholischen Kirche richtet sich eher dagegen, daß es den Mitgliedern, wenn sie ihre Einstellung zur Macht verändert haben, kaum mehr möglich ist, ohne selbstzerstörerische Qualen und jahrelangen Kampf das ursprünglich selbstgewählte Gefängnis zu verlassen.

Das liegt daran, daß ein junger Mensch, der mit Anfang Zwanzig, womöglich aus einem streng katholischen Elternhaus stammend, sich selbst noch nicht genug kennt, um eine Entscheidung zu treffen, die ein Leben lang gültig sein soll. Wie die Ethnologin Gisela Bleibtreu-Ehrenberg schreibt, gibt es in vielen Kulturen die Regeln, Heranwachsende nach Geschlechtern zu trennen. Damit soll ihr Selbstbild, ihre Vorstellung, was zu den von der jeweiligen Gesellschaft geforderten Pflichten von Mann und Frau gehört, gefestigt werden, bevor sie sich intensiv mit dem anderen Geschlecht beschäftigen.

Der Kirchenkritiker Drewermann behauptet sogar, daß «in den reinen Männergruppen und Frauengruppen der Ordensgemeinschaften im Grunde die Psychologie von Heranwachsenden am Ende der Pubertät verewigt wird»[12]. Das von der Kirche propagierte Klerikerdasein scheine ein «großangelegter Versuch» zu sein, «uralte Pubertätsängste zu stabilisieren und damit den latent homosexuellen Faktor der Triebentwicklung auf Dauer zu stellen»[13].

Wir können vermuten: Je instabiler eine Persönlichkeit ist, desto mehr kommt sie in Versuchung, sich auf ein System der Machtausübung einzulassen, in dem starre Regeln herrschen, in dem man nicht selbst Entscheidungen treffen muß, in dem ein geschlossenes Weltbild herrscht, das alles erklärt und keine Widersprüche offenläßt – zum Beispiel eine Religion.

Homosexualität, die Drewermann hier ins Spiel bringt, ist keine Form der sexuellen Unterentwicklung, auch kein Zeichen dafür, das die sexuelle Selbstfindung irgendwann im Stadium der Unreife stehengeblieben ist. Sie könnte natürlich latent hinter den «persönlichen Bindungen» verborgen sein, die der Chronist unserer Abtei dem so tragisch verstorbenen Novizenmeister zum Vorwurf macht. Ungewöhnlich wäre das nicht, denn ernstzunehmende Untersuchungen gehen davon aus, daß bis zu einem Viertel der Priesteramtskandidaten derartige Beziehungen unterhält.

Das System der Kirche, das, was sie ihrem «Personal», dem Klerus, als Lebensmodell vorgibt, insbesondere den Mönchen eines Klosters, verewigt jedoch die Phase, in der normalerweise eine Entscheidung über die sexuellen Orientierung erfolgt, so oder so. Die persönliche Unsicherheit und die Ängste sollen gebannt werden, indem sich die Person «auflöst», sich aufgibt und ganz «in den Schoß der alleinseligmachenden Mutter Kirche» flüchtet – ein bezeichnender Vergleich für diese Situation.

Eine Flucht in die andere Richtung, aus den Klauen der kirchlichen Macht, ist unmöglich. Sobald ein Kleriker dies erkennt, wird ihm die Ausweglosigkeit seiner Lage bewußt werden. Gefühle zu seinen Mitbrüdern zu zeigen, seinen ihm Anvertrauten – wie im Fall eines geistlichen Lehrers – beizustehen, wenn diese ein «Problem» haben, das nur gegen die Moral der Kirche gelöst werden könnte, verlangte, sich selbst zu verleugnen. Und wenn ein junger Mönch den Selbstmord wählt, wird seine Bezugsperson sich Vorwürfe machen, ihn nicht daran gehindert zu haben – aus Unfähigkeit, aus Angst, aus Inkonsequenz dem eigenen Empfinden gegenüber. Was bleibt, ist die Bitte an die Mitbrüder, «im Falle des Ablebens» seiner fürbittend zu gedenken.

Hochamt: Die Macht des Essens

«Alles, was gegessen wird, ist Gegenstand der Macht.»[14]
Elias Canetti

Die Orgel perlt eine liebliche Melodie. Der Bruder Kantor läßt die Töne ineinanderfließen. Sie kommen nicht zur Ruhe, tanzen auf und ab, begrüßen den kräftigen Baß, der einsam emporsteigt. Der Grundton aus der Tiefe zerfasert sich in eine Dissonanz, löst sich gefährlich auf, droht nun die liebliche Melodie zu verschlingen, wie das Unbewußte die mühevolle Rationalisierung des eigenen Leidens. Gewaltige Akkorde brausen, untermalt vom Geläut aller Glocken hoch über dem Kirchenraum, ein Donnergrollen, als wenn gleich der Dämon Samiel wie die wilde Jagd aus einer Schlucht hervorbräche. Die Abstände werden kürzer, der Baß dominiert, die Melodie taumelt, als sei ihr der Ausweg in die Harmonie versperrt. Dann reißt ein mächtiges Dur alles mit sich und verharrt in einem strahlenden Schlußakkord.

Meine erste Messe an einem kirchlichen Feiertag, einem der «zweiten Ordnung», «Mariä Lichtmeß», das «Fest der Darstellung des Herrn». Ich sitze eingekeilt zwischen den Gläubigen, die die Basilika bis fast auf den letzten Platz gefüllt haben. Ich weiß nicht, was mich erwartet, hoffe aber, nicht unangenehm aufzufallen, und nehme mir daher vor, die Verrichtungen der Gläubigen schlicht zu imitieren.

Die Doppeltür zum Kloster öffnet sich, und die Prozession der Mönche tritt ein, gemessenen Schrittes und feierlich, wie es sich gehört. Überhaupt fallen beim Katholizismus eine «gewisse Langsamkeit und Ruhe» auf, schreibt Elias Canetti.[15] Alles ist getragen und setzt sich dadurch von den «normalen» Bewegungen des Alltagsgeschehens ab; «ein wenig erinnert es alles an eine unendlich verdünnte Totenklage, über die Jahrhunderte mit solcher Gleichmäßigkeit verteilt, daß von der Plötzlichkeit des Todes, der Heftigkeit des Schmerzes kaum etwas übriggeblieben ist: der zeitliche Vorgang der Klage ist mumifiziert.»[16]

Es ginge anders, das wissen wir von differierenden Formen des religiösen Ausdrucks. In den USA zum Beispiel, in der jeden Tag diverse Sekten entstehen, die religionssoziologisch im weiteren Sinne dem Protestantismus zuzuordnen sind, haben sich viele Prediger, vor allem in den schwarzen Gemeinden, auf medienwirksame Showeinlagen spezialisiert, die, sieht man vom religiösen Inhalt der Gesangstexte ab, in jeder Konzerthalle begeistern würden.

Unmöglich sich vorzustellen, daß sich die Benediktinermönche, allen voran der ehrwürdige Abt, beschwingten Schrittes dem Heiligtum näherten, vielleicht ein gejauchztes «praise the lord» auf den Lippen, das die Gemeinde fröhlich und chaotisch beantworten würde. Genauso undenkbar ein getanztes Ritual, vorn am Altar, Klosterbrüder zusammen mit Ordensschwestern, wiegende Hüften, ekstatische Schreie, verzücktes Augenrollen. Die Ekstase ist während des katholischen Kultes, jedenfalls im mitteleuropäischen Kulturraum, nur der Orgel erlaubt.

Die Form, in der sich der Beginn der heiligen Handlung, hier Messe genannt, darbietet, soll den Gläubigen zur Distanz anhalten und ihm zeigen, daß er jemandem oder etwas gegenübertritt, der oder das sehr viel stärker ist als er selbst. Die Reihenfolge der eintretenden Sachverwalter des Übermächtigen ist zugleich ein Spiegel der kirchlichen Hierarchie. Sie zeigt, daß alles seine Ordnung hat, seit den Zeiten der Vorväter, daß sich nie etwas ändern muß, da doch alle Bewegungen, die Kleiderordnung, das, was gesagt wird, schon immer ihren Sinn hatten und behalten werden.

Die Gläubigen sollen sich auch nicht an dem Dargebotenen ergötzen, sich nicht an den Gewändern satt sehen, nein, die Buntheit ist nicht Selbstzweck, sondern dient der Darstellung der Macht. Das liturgische Gewand, schreibt ein katholisches Brevier, verdecke die Individualität seines Trägers. Es «verbirgt gleichsam seine Schwächen, Eigenarten und Fehler. Auf jeden Fall rückt das Gewand den Träger in den Hintergrund; es verbirgt die Privatperson, um sein Amt um so stärker hervorzuheben und erkennbar zu machen.»

Ich sehe ein helles Gewand, am Saum schwarz und weiß kariert, einen Überwurf, der an einen Poncho erinnert, vorn und hinten zwei senkrechte Streifen, mit Gold durchwirkt und mit Symbolen verziert, Kornähren vielleicht. Dort ein Mönch mit nur einem Streifen in der Mitte. Die Arme lassen, wenn sie verschränkt werden, die Unterseite der Kleidung erkennen, sehr schöne Harmonie der Farben, Grau mit Rot, Blau oder Grün, auch Beige ist zu sehen. Die einfachen Brüder tragen im Normalfall Schwarz, jetzt aber Weiß.

Wahrscheinlich sagen die verschiedenen Trachten etwas über die Hierarchie aus, was mir und den normalen Kirchenbesuchern aber verborgen bleibt, da wir den Code nicht entschlüsseln können. Der Sinn ist klar: das, was verehrt wird, muß kompliziert, angstbesetzt, weil mächtig, und schwierig zu handhaben sein, wenn schon das Äußere der Priester einen derartigen Aufwand nötigt macht.

Die Gemeinde bricht nicht in Begeisterung aus, keine «Aaahs» und «Ooohs» sind zu hören. Das Gefühl könnte sich einschleichen, daß jene, die da eintreten und um die Feinheiten des Betragens im Heiligtum wissen, so viel anders sind als wir, daß uns nur bleibt, sie stumm zu verehren und ihnen zu überlassen, uns den Zugang zum Göttlichen irgendwie zu ermöglichen. Das sieht auch Canetti so, der sagt, es ginge bei dem Ritual der Messe nur um die gemeinsame Verehrung. «Mehr Gemeinsamkeit ist gar nicht erwünscht, sie könnte zu Gefühlsausbrüchen und Aktivitäten führen, die nicht mehr zu kontrollieren sind. Die Verehrung selbst ist graduiert; indem sie, der Prozession entlang, von Stufe zu Stufe klimmt, die bekannt und erwartet sind, Stufen, die alle bestehen bleiben, ist ihr jeder Stachel der Plötzlichkeit genommen. Sie steigt leise und unbeirrbar wie die Flut, erreicht ihren höchsten Stand und sinkt langsam wieder ab.»[17]

Nun geschieht doch etwas Unerwartetes. Bisher, bei den täglichen Messen, war ich es gewohnt, daß die Prozession der Mönche sich schnurstracks die Stufen hinauf zum Altar bewegte, wo sich alle verbeugten und dann nach rechts und links verteilten. Jetzt aber biegt die Schar in die entgegengesetzte Richtung, zieht an den Gläubigen vorbei nach hinten. Vorn geht ein Pater mit einem Kreuz, das vor Edelsteinen nur so blitzt. Ihn flankieren zwei Kerzenträger.

Auch der Rest der Brüder hält kleinere Kerzen, und der Abt, der heute überraschenderweise ziemlich weit hinten zu finden ist, trägt eine Kopfbedeckung, die entfernt an einen senkrechten Entenschnabel erinnert. Außerdem ist er mit einem Weihrauchkessel bestückt, der, dieser profane Vergleich sei hier erlaubt, wie der abgeschnittene Helm eines Tiefseetauchers geformt ist.

Die vorderen Reihen der Gemeinde, ausschließlich ältere Damen, verlassen ihre Plätze und begeben sich ebenfalls nach hinten. Alle haben plötzlich Kerzen in der Hand, die wohl irgendwo deponiert gewesen sein mußten. Nur ich bin ohne, versuche aber, diesen Mangel durch eine feierliche Miene auszugleichen.

Die Gläubigen und ich blicken nach hinten. Die Pater zünden mit ihren Lichtern die der anderen an. Die Unmenge der Kerzen sieht recht hübsch aus. Der Abt beginnt, in getragenem Singsang, auf die Bedeutung des Tages hinzuweisen: der Herr sei nämlich, als Kind geboren, an diesem Tag im Tempel dem Gotte dargeboten worden. In der Ostkirche heißt dieser Tag «Fest der Begegnung des Herrn». Der Abt verschweigt aber, daß es sich ursprünglich um eine Feier der Reinigung der Mutter handelte. Frauen galten nach dem jüdischen Glauben – und nicht nur da – nach der Geburt als unrein und durften deshalb knapp vier Wochen nicht in den Tempel. Dann opferten sie ein Lamm und eine Taube «zur Sühne». Dies sollte sie entsündigen und «von ihrem Blutfluß» befreien, wie es in Leviticus heißt.

Die Kerzenweihe, die ich beobachte, kam erst viel später dazu. Erst seit der Liturgiereform des Jahres 1960 wurde die Feier wieder einem Mann gewidmet, als «Herrenfest» – so die offizielle Bezeichnung. Vielleicht war den Ritualsachverständigen aber nur der Widerspruch aufgefallen, daß nach der katholischen Lehre die Mutter Jesu, Maria, immer Jungfrau geblieben sein soll und deshalb konsequenterweise niemals «unrein», eine Vorstellung, die ja bekanntlich aus der Angst der Männer vor der Sexualität der Frau herrührt, gewesen sein kann.

Die fromme Schar zieht nun an der Rückseite, im Westen der Kirche, vorbei und auf der anderen Seite nach vorn zum Altar, während die Gemeinde sich in den Bankreihen postiert. Die klare Unterscheidung zwischen Fußvolk und Klerus gibt es in der orthodoxen Kirche nicht. Dort wimmelt alles bunt durcheinander, Bettler, Mönche, Gläubige.

Das kann daran liegen, daß die religiösen Inhalte dieser Variante des Christentums altertümlicher sind. Der Gedanke und die Erwartungshaltung, das zukünftige Gottesreich stehe schon sehr bald bevor, ist stärker als im mitteleuropäischen Katholizismus. Die «Nichtbeachtung der Unterschiede zwischen Klerus und Volk», schreibt ein Jesuit, «verweist auf die eschatologische Auffassung».[18] Alle hoffen nämlich, daß dann die sozialen Gegensätze zwischen Arm und Reich aufgehoben würden. Da das schon morgen sein könnte, machte sich der Klerus lächerlich, wollte er heute noch auf die äußere Symbolik seiner geistlichen Macht gesteigerten Wert legen.

Das Vorspiel ist vorbei, jetzt laufen die Vorbereitungen für den eigentlichen Zweck der Veranstaltung an: die Kommunion, der Verzehr einer Hostie durch jeden von uns. Die Kommunion, eigentlich: die Gemeinschaft, ist eine «Vermehrungshandlung». So bezeichnet sie der Nobelpreisträger für Literatur, Elias Canetti. Die Gemeinschaft verzehrt etwas gemeinsam. Wenn wir das, was gegessen wird, als etwas Abstraktes nehmen, als ein Symbol einer archaischen Opferhandlung, erinnert uns die Veranstaltung an die Jagd. «Man ißt zusammen, was man zusammen erlegt hat. Teile desselben Tieres werden der ganzen Meute einverleibt. Etwas von seinem Leib geht in sie alle ein. Sie ergreifen, beißen, kauen, verschlingen dasselbe. Alle, die davon genossen haben, sind nun durch dieses eine Tier verbunden: es ist in ihnen zusammen enthalten.»[19]

Jeder, der etwas gemeinsam mit anderen rituell verzehrt, möchte, daß etwas zunimmt, etwa die Festigkeit der Gemeinschaft, die auch immer die eigene ist, oder etwas, was man schwer erlangen oder erjagen kann. Ja, der Verzehr des Opfertieres hätte sogar seinen Zweck verfehlt, wenn die Gruppe kleiner würde oder die Jagdausbeute geringer.

Das Opfer selbst ist während des Mahles anwesend wie der Bär, dem die sibirischen Jäger ein Stück seines eigenen Fleisches anbieten, ihm, als dem vornehmsten Gast, um ihn gut zu stimmen und vielleicht sogar um Fürsprache bei seinen noch lebenden Brüdern zu erbitten, damit sie sich besser jagen lassen.

Das Mahl symbolisiert die Macht über das, was sich nicht wehren konnte, gegessen zu werden. Habe ich mir ein Teil des Opfertieres einverleibt, zeige ich dem Gott, den ich damit gnädig stimmen will, meine Bereitschaft, mich aus freien Stücken seinen, den religiösen Gesetzen unterwerfen zu wollen. Der Verzicht auf etwas, eben das Opfer, ist ein Zeichen meiner Macht, ein Machtvorbehalt. Ich will der absoluten Macht der Götter entfliehen, indem ich ihnen einen Handel anbiete: Ich will nicht alles, was mir gehört, sondern gebe euch etwas ab. Im Gegenzug behelligt ihr mich nicht mehr mit dem, was in euerer Macht steht, mit Blitz und Donner oder, auf einer sehr abstrakten Ebene, mit dem jüngsten Gericht und der ewigen Verdammnis.

Canetti schreibt: «Doch ist, wie man weiß, von viel größerer Bedeutung die Verheißung der Wiederbelebung und Auferstehung. Das Tier, von dem die Jäger zeremoniös genossen, würde wieder leben, es würde auferstehen und sich jagen lassen. Diese Herbeiführung einer Auferstehung wird in höheren Kommunionen zum wesentlichen Ziel; aber statt des Tieres wird der Leib eines Gottes genossen, und seine Auferstehung beziehen die Gläubigen auf sich selbst.»[20]

Die Auferstehung muß, wenn sie als möglich gedacht werden soll, schon einmal stattgefunden haben, als Beispiel. Der rituelle Opfertod eines Gottes und seine Wiederbelebung spielen in den wesentlichen Weltreligionen daher eine wichtige Rolle. Der Gläubige weiß, daß es funktionieren kann, wenn man sich nur richtig benimmt und die korrekten Rituale vollzieht.

Das Erntedankfest und die Kommunion, die Feier des Opfers, haben eine ganz ähnliche Aufgabe. Früher, auf dem Land, trugen die Bauern von dem, was sie geerntet hatten, einen Teil in das Heiligtum, um mit dem freiwilligen Verzicht zu zeigen, daß sie die Macht des Gottes über Regen und Wind, über Hagel und Sonnenschein akzeptierten.

Wie und warum der Gott seine Macht ausübt, bleibt sein Geheimnis. Es verlöre seine Gewalt über uns, wenn er es preisgäbe. Daher das Widerstreben der katholischen Kirche, die für das Volk nicht verständlichen Texte der Liturgie zu übersetzen. Am Thron der Götter, die nicht mehr geheimnisvoll sind, die nicht die Stärke haben, ihr Geheimnis selbst zu verbergen oder von ihren Priestern schützen zu lassen, dürfte straflos gerüttelt werden.

Das, was wir nicht kennen, übt eine Macht, aber auch eine erregende Faszination aus. Die geheimnisvolle Macht zieht den Verrat geradezu magisch an, wie sich am Beispiel des griechischen Heroen Prometheus zeigt. Der versuchte, Göttervater Zeus zu betrügen, indem er das gute

Fleisch des Opfertieres in einem Rindermagen versteckte, die Knochen aber in Fett wickelte und Zeus wählen ließ. Der durchschaute den Betrug, wählte trotzdem die Knochen, behielt sich aber das Feuer vor, das der hartnäckige Prometheus später aus dem Olymp stehlen mußte. Der Diebstahl ist ein Protest gegen das Opfer: Prometheus nimmt Zeus etwas weg, was der den Menschen eigentlich nur für eine Gegenleistung geben wollte. Der Verrat, der Diebstahl, die Umgehung des Opfers sind auch ein Protest gegen das Schuldgefühl, was uns beschleicht, wenn wir den Göttern etwas vorenthalten.

Die Menschen lieben den Verrat, aber nicht den Verräter, vielleicht eine blasse Erinnerung daran, daß der Segen, den der Verräter der göttlichen Geheimnisse den Menschen bringt, bleibt, er selbst aber der Strafe der Mächtigen anheimfällt. Die Taten der Verräter entlasten das Volk, das sich, im Falle des Scheiterns der Rebellion, darauf berufen kann, selbst nicht unbotmäßig gegenüber den Göttern gewesen zu sein. Es haßt den Verräter für seine Macht, für seine innere Stärke: ihm gelingt es, den Mächtigen zu trotzen, er versagt sich den Ritualen, die die Gewaltigen von den Beherrschten fordern.

Wenn sich die Gläubigen in einem Heiligtum versammeln, erfüllt die Veranstaltung gleich einen doppelten Zweck. Sie preßt die Einzelwesen in eine geschlossene Form, in ein Ritual, was durch seine immerwährende Gleichheit, Langsamkeit und Starre die Masse ruhigstellt; sie befriedigt aber auch deren Bedürfnis, im Gegensatz zur beunruhigenden, chaotischen Welt einen Ort gefunden zu haben, wo noch alles seine gewohnte Ordnung hat: ein «dosiertes Gefühl der Einheit», wie es Canetti nennt. Der Inhalt der jetzt folgenden Predigt dürfte unerheblich sein: das, was gesagt wird, habe ich nach einer Stunde schon wieder vergessen; daß aber einer der beteiligten Pater das goldflimmernde Buch küßt, ist mir noch heute in Erinnerung.

Während jetzt alle knien, hält der Abt eine Hostie über ein silbernes Gefäß und sagt: «Seht das Lamm Gottes, das hinwegnimmt die Sünden der Welt.» Alle antworten: «Ich bin nicht würdig.»

Ziel des Hochamtes ist nämlich die Lossprechung von den Sünden, die wenig später durch die Kommunion symbolisch vollzogen wird. Das ist eine zweischneidige Angelegenheit. Jemand, der mir verzeiht, der gnädig ist, erscheint nicht nur sympathisch, sondern auch sehr mächtig. Er hat insoweit Gewalt über mich, als er mir das beruhigende Gefühl verweigern kann, einigermaßen seelisch im Lot zu sein. Ich entziehe mir freiwillig die Verantwortung für mein Leben, was nicht jedermanns Sache ist. Der ehemalige italienische Staatsprasident Sandro

Pertini, ein erklärter Atheist, faßte dieses Problem so zusammen: «Der Papst fragt in Notzeiten Gott um Rat, ich mein Gewissen.»

Nach mehrmaligem Knien und Aufstehen ertönt nun der ersehnte Freispruch. Anschließend, der Abt fordert dazu auf, gibt man dem Nachbarn oder der Nachbarin die Hand, um zu zeigen, daß man selbst nicht mehr mißgestimmt ist. Dann, die Gemeinde singt dazu, dürfen alle nach vorn.

Die Gläubigen vermeiden hektische Bewegungen, die die Macht beunruhigen könnten. Je größer die Gewalt über mich, desto vorsichtiger muß ich mich bewegen, um sie nicht zu reizen oder zu Präventivschlägen gegen meine Aufsässigkeit zu bewegen. Die Gemeinde, das erlebe ich soeben mit, erhebt sich geordnet, das heißt Reihe für Reihe, und nähert sich im Gänsemarsch dem Altar, die Augen niedergeschlagen und die Hände zusammengelegt.

Die Hand spielt eine wichtige Rolle bei der Opferhandlung. Die Finger werden beim Gebet, der Anrufung der Götter, zusammengelegt oder verschränkt, so daß sie nicht mehr vorwitzig herumspielen können. Ich verzichte darauf, zu zeigen, etwas benennen zu wollen, was ja immer ein Schöpfungsakt wäre.

Die Hand kann auch zerstören; die Pranke des Raubtieres gilt als Zeichen der Stärke. Das Spiel der Hände, die Vorwegnahme dessen, was «unter meinen Händen» entstehen will, könnte den Gott provozieren, deshalb drängt das Ritual auf Unterlassung. Alles, was ich wissen will, schreibt mir das Ritual vor, meine Hände formen nicht die Welt, um sie zu erneuern. Der einzige Akt, wozu während der Kommunion die Hände benötigt werden, ist die Einverleibung des Opfers.

Andere Varianten des Rituals verlangen sogar, daß der Gläubige seine Zunge dem Priester darbietet, der ein Stück des Opfertieres verteilt: die Hände bleiben stumm, passiv, bleiben Gefäß wie der gesamte Mensch, der auf die Segnungen der Macht wartet, der innerlich rein und leer ist, der nicht mehr er selbst ist, sondern mit der Gewalt, die über ihn kommt, verschmilzt. Der Gläubige ist nur etwas, indem er ein Teil der Macht wird. Er ißt die Macht.

Jetzt bin ich an der Reihe. Meine rechte Hand liegt unter der linken, in die der Pater die Hostie legt. Dann nehme ich sie, während der Pater darauf hinweist, daß es sich um den «Leib Christi» handele. Ich trete ein Stück zur Seite, verneige mich knapp vor dem Heiligen, lege die Hostie in den Mund und kehre um. Man dürfe die Hostie nicht kauen, sagte mir vorher ein Eingeweihter: ein Tribut an die geheimnisvollen

Eigenschaften des Geopferten. Ich befürchte, wenn ich seine Form zerstören würde, daß es die Fähigkeit, mich zu stärken, verlöre.

Deshalb ist der gegenteilige Rat einiger englischer Ärzte, die Kommunionsoblaten nur stückweise zu sich zu nehmen, sinnlos. Das Fachblatt «New England Journal of Medicine» hatte berichtet, nach Ansicht einiger Forscher berge der Verzehr kirchenüblicher Hostien aus Weizenstärkemehl gesundheitliche Risiken. Die Oblaten enthalten unter anderm Gluten, eine Art Kleber, und wasserunlösliche Proteine wie Gliadin, Substanzen, die eine Erkrankung mit verschiedenen Symptomen auslösen können. Es wurden Durchfall, Gewichtsverlust, Blähungen und Magenschmerzen genannt. Als Alternative boten die Ärzte glutenfreie Hostien an. Die Vatikanische Kommission für Glaubensfragen verweigerte bislang aber den neuen Oblaten die Zulassung.

Sext: Das Geheimnis der Weißen Göttin

Jetzt, gegen Ende der Vorstellung, steht die Monstranz auf dem Altar – ein Gefäß, dessen Form nahelegt, daß hier ein Weinglas, ein Kreuz und eine Sonnenscheibe nebst diverser Edelsteine miteinander verschmolzen sind. Es enthält eine geweihte Hostie. Die in weißes Tuch gewandeten Priester heben die Hand zur gemeinsamen Segnung, eine sehr alte Geste, die aber unangenehme Assoziationen hervorruft.

Alle knien um den Altar. Weihrauchschwaden steigen zu beiden Seiten hervor, eine getragene Stimme singt irgend etwas Lateinisches. Das Bild ist seltsam entrückt, wie aus einer anderen Welt: die Rücken der Priester, von den einfachen Gläubigen abgewandt, nur mit dem Allerheiligsten beschäftigt, die fremdartigen Gewänder, der Qualm, der die Köpfe einnebelt. Die Situation erinnert an Riten ferner Völker.

So werden die Azteken geopfert haben: brennende Feuer ringsum, die Priester auf der Spitze der Pyramide, nur von fern dem Volk sichtbar, das unten vor Ehrfurcht erschauert. Sie rufen mit fremden Lautfolgen den Kriegsgott Huitzlipochtli an, halten den zitternden Gefangenen, die bald ihr Herz verlieren werden, ein Idol seiner herrlichen Macht entgegen, blitzende Obsidianmesser auf dem Altar.

Weiß, wie die Gewänder der Mönche, ist eine Farbe, die mit sonderbaren Emotionen verknüpft ist. Brautschleier sind weiß, Weiß ist aber auch die Farbe des Todes und der Trauer in weiten Teilen Asiens. Weiß fällt aus der Reihe: der weiße Wal, Moby Dick, oder der weiße Hai bedeuten Gefahr, wie wir überhaupt Albinos mit zwiespältigen Gefühlen betrachten. Etwas, was aus der Reihe fällt, was fremd erscheint, behagt uns nicht. Tiere, die in alter Zeit geopfert wurden, wie der Stier oder die Taube, mußten häufig weiß sein. Wir verbinden Schönheit, Reinheit, Pracht mit Weiß, und ekeln uns vor dem weißen Aussatz der Leprakranken. Bei tödlichem Schrecken wird das Gesicht bleich, «weiß wie Schnee».

«Albino» stammt aus dem lateinischen «albus», weiß. Der Wortstamm ist zum Beispiel im Fluß «Elbe» enthalten. Das griechische Wort «alphos», «mattweißer Aussatz», hat dagegen eine geheimnisvolle Verwandtschaft: etwa «Albion», ein alter Name für England, «Alb», der gräßliche Traum, oder «alphiton», was Graupelgerste bedeutet. Doch was ist das Gemeinsame?

Nennius, der im 9. Jahrhundert in Wales lebte, berichtet von einer Sage, wonach «Albion» seinen Namen von Albina, einer «Weißen Göttin» erhalten habe. Albina ist «Alphito», in der griechischen Mythologie die älteste Göttin der Danaiden, den fünfzig Töchtern des Danaos, die mit ihrem Vater aus Ägypten flohen, weil sie nicht in die Hochzeit mit den fünfzig Söhnen seines Bruders einwilligen wollten. Sie kehrten in ihre Heimat zurück, nach Argos, einer Stadt auf der Peloponnes. Alphito war die dortige Gerste-Göttin und auch unter dem Namen Danaë bekannt. Homer bezeichnet in seiner «Ilias», dem Epos von der Eroberung Trojas, häufig alle Griechen als «Danaer», oder auch als «Argiver», was sich wiederum von der Landschaft Argolis herleitet, in der Argos liegt.

Die Gerste-Göttin Danaë alias Alphito wurde auch als weiße Kuh verehrt und ist der legendären Io gleichzusetzen, die von dem Göttervater Zeus, in einer erheblich jüngeren Variante des Mythos, in eine weiße Kuh verwandelt wurde, um sie, die er liebte, vor seiner eifersüchtigen Gattin Hera zu verbergen. Der Verwandlungen der Weißen Göttin nicht genug: die Ägypter identifizierten Io mit Isis, die mit einem Kuhkopf abgebildet wird.[21]

Beim peleponnesischen Kult, der sich um Alphito rankt, «erbte der Königsprätendent die Gunst der Priesterinnen seiner Mutter-Gottheit», berichtet Robert von Ranke-Graves in seinem spannenden Buch «Die Weiße Göttin».[22] Der alte König wurde kastriert und Teile seines Körpers eucharistisch verzehrt, eine unangenehme Angelegenheit, die uns noch beschäftigen wird.

Dieses uralte kannibalistische Ritual, das in ähnlicher Form auch aus anderen Kuturen bekannt ist, findet seine Entsprechung im Mythos von der Usurpation der olympischen Macht durch Zeus. Die allgewaltige Erdgöttin Gaia zeugte aus sich heraus Uranos, den sie ehelichte – eine Schöpfungsgeschichte, die der biblischen, was das Verhältnis der Geschlechter angeht, diametral entgegensteht. Gaia fertigte eine Sichel an, mit der ihre Kinder, unter ihnen der Titan Kronos, Uranos entmannen sollten, weil er seine Sprößlinge haßte. Kronos vollzog die Tat, wurde aber in zehnjährigem «Kampf der Titanen» gegen die olympischen Götter, angeführt von seinem Sohn Zeus, der Herrschaft beraubt.

Kronos spielt in den griechischen Mythen eine untergeordnete Rolle, obwohl er ursprünglich der Heros des Gerste-Kultes der Alphito war. Das Werkzeug der Göttin ist ebenfalls eine mondförmige Sichel, ein Symbol der Entmannung, das auch in der biblischen Apokalypse des Johannes mehrfach auftaucht, wie auch die römische Entsprechung des Kronos, Saturn, ständig mit dieser Waffe zu sehen ist.

Die Tendenz dieses Welterklärungsmodells ist klar, ohne daß wir etwas über die realen Hintergründe wissen müßten: Ein König, dessen Herrschaft abgelaufen ist und dessen Macht sich allein aus der Tatsache herleitet, daß sie ihm durch eine weibliche Gottheit verliehen wurde, wird ersetzt durch einen Herrscher, der der Legitimation durch eine Göttin nicht mehr bedarf.

Der ökonomische und soziale Sinn dieser etwas komplizierten mythologischen Verwicklungen, knapp dargestellt, ist folgender: Um 1900 v. Chr. fielen Hirtenvölker in Griechenland ein, die eine männliche und dreieinige Gottheit verehrten, die späteren Brüder Zeus, Poseidon und Hades. Sie trafen auf bronzezeitliche Kulturen, die im Gegensatz zu den Invasoren vor-indoeuropäischen Ursprungs waren und die Homer noch als «Pelasger» kannte. Diese praktizierten die weibliche, «matrilineare» Erbfolge und beteten eine Große Göttin an, die Schutzherrin der Landwirtschaft, Garantin der Fruchtbarkeit, die auch unter dem Namen Demeter geläufig ist.

Die Pelasger sind identisch mit den sagenhaften Danaern und stammen wahrscheinlich aus Nordafrika, was der Mythos noch verkürzt als «Reise» der fünfzig Töchter von Ägypten in die Ägäis wiedergibt. Ägyptische Inschriften berichten von einem Volk der «Danuna», die eine Göttin «Danu» verehrten und vor von Norden nach Griechenland eindringenden Stämmen nach Syrien auswichen, ja bis zum Euphrat gelangten. Der griechische Schriftsteller Lukian, der im 2. Jahrhundert n. Chr. lebte, wußte noch von Riten, die in seiner Zeit in Syrien zu Ehren einer «Großen Göttin» gefeiert wurden. Andere Gruppen erreichten auf alten Handelswegen Britannien, daher der Name «Albion» und die erstaunlichen Parallelen zwischen jüdischen, keltischen und griechischen Mythen.[23]

Homer, von dem wir viele der archaischen Erzählungen überliefert bekommen haben, lebte im 9. oder 8. Jahrhundert v. Chr. Seine Werke künden in epischer Form von historischen Ereignissen, die bis ins 2. Jahrtausend zurückreichen. Noch weit vor seiner Zeit hatten die einwandernden achäischen Stämme einen der vielen lokalen Orakel-Kulte übernommen, hier den des Hirtengottes Zeus, der alsbald den Gerste-Ritus der Weißen Göttin mehr oder weniger überlagerte. Von der Vorherrschaft der Invasoren über die pelasgischen Ackerbauern berichtet der Sieg des Zeus über Kronos in verschlüsselter Form.

Ursprünglich gebiert die Göttin im Alleingang einen Mann, Kronos. Während der orgiastischen Feiern zu Ehren der Gerste-Göttin Demeter alias Alphito alias Danaë entmannten sich die Jünglinge in Ekstase selbst, wahrscheinlich eine rituelle Erinnerung an jene Zeit, als dies die Priesterinnen noch in die Hand genommen hatten.

Jetzt, in der neueren, den patriarchalischen Hirten genehmeren Variante, entmannt Zeus seinen Vorgänger Kronos. Er usurpiert eine heilige Handlung, die zur Zelebration der Macht der Großen Göttin diente, für die Symbolik seiner eigenen Herrschaft. Und, um das Maß vollzumachen: die wichtigste weibliche Gottheit im patriarchalischen Pantheon, die jungfräuliche Athene, wurde nicht geboren, sondern entsprang aus Zeus' Kopf.

Die Angelegenheit ist sogar noch ein wenig vertrackter, führt uns aber auf die Spur eines Geheimnisses, das bis in unsere Tage nachwirkt. Zu Homers Zeit war die Macht der «Weißen Göttin», auch auf religiöser Ebene, gebrochen und durch die Dominanz männlicher Götter im Olymp ersetzt. Danaë alias Alphito alias Io war schon zu einem Mann, Danaos oder Danaios umgemodelt worden, denn den Sachwaltern des patriarchalischen Kultus im klassischen Griechenland erschien die Vorstellung einer von Frauen und weiblichen Gottheiten dominierten Gesellschaft unwahrscheinlich und abwegig.

Nur ein verräterisches Indiz blieb: Die mehrere Jahrhunderte jüngere Variante des Danaiden-Mythos weiß immerhin noch von drei Töchtern, statt der fünfzig: fünfzig, «vermutlich weil dies die übliche Zahl der Priesterinnen in den argivischen und elischen[24] Akademien des Muttergöttin-Kultus war»[25]; drei deshalb, weil die uralte «Weiße Göttin» unter drei Namen oder in drei Gestalten auftrat. Die weiße Kuh Io wechselte ihre Farbe, erzählt die Sage: von Weiß nach Rosa und

Schwarz. Weiß steht für den Neumond, die Zeit der Geburt und des Wachstums, Rot für den Vollmond, Liebe und Kampf, Schwarz für den Neumond, Tod und Wahrsagerei. Etwas weniger metaphorisch berichtet der nordafrikanische Schriftsteller Apuleius im 2. Jahrhundert n. Chr., daß die Weiße Göttin einst «in ihrer dreifachen Eigenschaft als weiße Säerin, rote Schnitterin und schwarze Drescherin verehrt wurde»[26].

Bekannt sind die drei Erinyen, die römischen Furien, Rachegöttinnen, die der Sage nach aus den Blutstropfen entstanden, die bei der Entmannung des Uranos auf den Boden fielen. Sie verfolgten unerbittlich jeden Frevler, bis er unter der Last der Alpträume dem Wahnsinn verfiel – ein Zusammenhang, der uns jetzt bekannt vorkommen wird, und den Shakespeare zu den drei wahrsagenden Hexen in der Anfangsszene von «Macbeth» verarbeitet hat.

Eine verblüffende Wendung nimmt unsere Suche nach dem Geheimnis des Mythos, wenn wir den Weg der dreifaltigen und kuhköpfigen Weißen Göttin im alten Ägypten verfolgen. Isis alias Io ist Gattin und zugleich Schwester des Osiris. Ihre Symbole waren, noch in römischer Zeit, Kuhhörner und eine Mondscheibe. Osiris wurde von seinem Bruder Seth getötet und zerstückelt, von Isis jedoch wieder zum Leben erweckt und zum Herrscher der Unterwelt und des Totenreiches eingesetzt. Sein Sohn Horus folgt ihm als Herrscher, nachdem er Seth besiegt hat, und gilt als auferstandene Reinkarnation des Osiris.

Dargestellt wird Horus als Kind oder als Knabe, der auf dem Schoß seiner weinenden Mutter Isis sitzt. Isis stammt von «ish-ish» – «sie weint». Dieses Bild ist uns in einer aktuelleren religiösen Variante geläufig, meist aus Holz geschnitzt: lateinisch «Mater Dolorosa», die «Schmerzensreiche Mutter».

Der griechische Autor Plutarch, aus dem 1. Jahrhundert n. Chr., berichtet von den alljährlichen in Ägypten stattfindenden Mysterien, die an die sieben Monate von der Wintersonnen- bis zur Sommersonnenwende erinnern: Die Mond-Kuh Io oder Isis umkreist siebenmal den Sarg des Osiris, ein Ritual, das in den Bräuchen der Freimaurer wiederkehrt.[27]

Isis trägt auch den Titel «Ia-hu», ein Wort, das nach Ranke-Graves aus dem sumerischen[28] «Ia», «die Erhabene», und «Hu», die Taube, zusammengesetzt ist. Im gesamten «fruchtbaren Halbmond», dem Gebiet zwischen Mesopotamien und Ägypten, zwischen Euphrat und Tigris und dem Nil, wurde die Muttergöttin als Kuh und als Taube verehrt, und viele Götter, zum Beispiel der jüdische Jahwe oder sein Konkurrent

Bel, tragen diesen Ehrentitel. Die Mysterienfeiern wollen uns also von der Herrschaft und Macht der Mondgöttin über den Zyklus des Sonnenjahres berichten.

Der gleiche Kult des göttlichen Kindes existierte im minoischen Kreta, lange bevor die uns bekannten achäischen Danaer den Palast des Königs Minos in Knossos plünderten und lange bevor Troja, ungefähr um 1239 v. Chr., erobert wurde. Das Kind, der ortsanssässige Zeus, wird in einer der Großen Göttin geweihten Höhle geboren, und zwar zur Zeit der Wintersonnenwende, also am 25. Dezember. Das ist genau der Tag, an dem auch der Sonnengott Mithras geboren sein soll, den vor allem die römischen Soldaten unter Kaiser Nero verehrten.

Auch die berühmten eleusischen Mysterienspiele, aus dem 5. Jahrhundert v. Chr., benannt nach einer Stadt in der Nähe von Athen und der Göttin Demeter gewidmet, drehten sich um das göttliche Kind. Eleusis heißt «Advent» und meint wohl die Erwartung der Geburt. Die Mutter war eine Göttin Daeira, «die Weise des Meeres», die mit der minoischen Taubengöttin Aphrodite, der «Schaumgeborenen», gleichgesetzt wurde, die jedes Jahr, das wird in verschiedenen mythischen Erzählungen berichtet, auf der Insel Zypern mit erneuter Jungfräulichkeit aus dem Meer steigt. Das göttliche Kind, ihr Sohn, wurde in der Frühzeit der eleusischen Mysterien «von den als Hirten verkleideten Mystagogen den Teilnehmern zur Anbetung ausgestellt; es saß in einem ‹liknos›, dem aus Weiden geflochtenen Erntekorb»[29].

Die Mutter des Eleusis war Jungfrau. Erst vor der Wende zum 1. Jahrtausend v. Chr., als sich der patriarchalische Götterhimmel Griechenlands unwiderruflich etabliert hatte und die räuberischen Dorer das alte Gebiet der Weißen Göttin besiedelten, kam man auf die Idee, Eleusis müsse auch einen Vater haben, wozu später Ogygos erklärt wurde – ein erfundener Name, der sich von der Insel Ogygia ableitet, deren Königin Kalypso war, eine Nymphe, der noch der sagenhafte Globetrotter Odysseus während seiner Irrfahrten begegnete.

Dem eleusischen Mysterium vom göttlichen Kind, das ursprünglich keinen Vater hat, begegnen wir auch in der Gestalt des biblischen Moses, der als Baby in einem Weidenkorb am Fluß aufgefunden wird. Genau das behaupteten auch die Priester, die die Regie in Eleusis führten: sie hätten das göttliche Kind in einem geflochtenen Korb am Ufer entdeckt.

Bevor wir die Zielgerade unserer mythologischen Reise ansteuern, wären begründete Zweifel des Lesers und der Leserin auszuräumen, ob es erlaubt sei, zwei Göttinnen oder Götter einfach gleichzusetzen –

etwa Isis mit Io, Io mit Alphito, Alphito mit Demeter oder Danaë –, da doch der Mythos, der von ihnen erzählt, einen historischen Tatbestand in ein Bild, einen Vergleich, ein Symbol oder auch in einen Gedanken verdichtet, da somit zwei legendäre Personen in zwei verschiedenen Mythen zwei unterschiedliche Sachverhalte beschreiben müßten.

Dürfen wir «Die drei Marien der Provençe», von denen Ranke-Graves berichtet, die noch heute im französischen Arles, vor allem von Zigeunern, verehrt werden – im Monat Mai während der Weißdornblüte –, mit den drei Aspekten der uralten «Weißen Göttin» gleichsetzen? Weist ihre auch heute noch gebräuchliche Anrede «Die drei Marien der Meere» auf die jungfräuliche Aphrodite hin, die dem Meer entstieg; und würde das nicht der Beobachtung entsprechen, daß sich die Römer im Monat Mai des Geschlechtsverkehrs enthielten?

Oder stammt die Traditon der – heute katholischen – «drei Marien» nur von den vorchristlichen Reliefs auf dem Friedhof von Alyscamps in Arles, den Dante Alighieri noch kannte? Ist «Alys», aus dem vorkeltischen «alisia», in das spanische Wort «aliso», Erle, eingegangen, und ist es nicht ein merkwürdiges Zusammentreffen, daß Ogygia, die Insel der Nymphe Kalypso – aus dem Umfeld des Mythos der jungfräulichen Mutter und ihrem göttlichen Kind – mit Erlen bestanden war? Und kehrt diese Assoziation in Goethes «Erlkönig» wieder, einem geheimnisvollen Geist, der es vor allem auf kleine Kinder abgesehen hat?

Eine vorläufige Antwort finden wir in der Geschichte des Katholizismus. «Was den frühen Konzilien der Kirche als die teuflischste, allerunverzeihlichste Ketzerei erschien», berichtet Ranke-Graves, «war die Gleichsetzung des Herakles-Dionysos-Mithras-Stieres, dessen lebendiges Fleisch die orphischen Asketen [30] bei ihrer Initiationszeremonie zerrissen und aßen, mit Jesus Christus, dessen lebendiges Fleisch in der heiligen Kommunion symbolisch zerteilt und verzehrt wurde. Mit dieser Häresie, die aus dem Ägypten des zweiten Jahrhunderts stammte, ging eine andere einher, nämlich die Gleichsetzung der Jungfrau Maria mit der Dreifaltigen Göttin. Die Kopten gingen sogar so weit, die ‹drei Marien›, die der Kreuzigung beigewohnt hatten, zu einer einzigen Figur zu verschmelzen...» [31]

Offenbar gibt es Elemente im Christentum, die den Kulten wesentlich älterer Religionen fatal ähneln. Fatal – für die Hüter der reinen Lehre – deshalb, weil es die «einfachen» Gläubigen verwirren würde, erführen sie, daß der Ursprung des christlichen «Opfers», was wir jetzt schon vermuten können, eigentlich eine Zeremonie zur Verherrlichung einer uralten Göttin ist. Die Erinnerung an die archaische weibliche Macht ließ sich nicht ausrotten, und die neuen religiösen Herren mußten, um sich zu rechtfertigen, die alten Mythen irgendwie in ihr System übernehmen.

Das ist eine effektive Maßnahme, die zum Beispiel die Herrscher der südamerikanischen Inkas mit Erfolg anwandten: Die Götter der unterworfenen Völker durften im Tempel der Eroberer Platz nehmen und dort auch verehrt werden, allerdings mit beschnittenen Kompetenzen. Und es ist bestimmt kein Zufall, daß Papst Johannes Paul II. anläßlich seiner Reise nach Peru die Messe nicht in einer katholischen Kirche, sondern ausgerechnet in Sacsayhuaman las, einem alten Heiligtum der Inkas und Zentrum astronomischer Beobachtungen.

Oft verliert sich auch im Verlauf der Geschichte die ursprüngliche Bedeutung einiger Aspekte des Mythos. Die Form, zum Beispiel der Name, ist noch da, aber mit einem neuen Inhalt gefüllt. Die Bibel erzählt von einem «Schamgat, Sohn der Anat»[32], ein Kriegsheld, der das Volk Israel rettete. Sie weiß aber nichts mehr von Anat, der Mutter, einer jungfräulichen, aber blutrünstigen Liebesgöttin aus Ugarit am östlichen Mittelmeer, zu deren Ehren die Priesterstadt des biblischen Propheten Jeremias Anatot genannt wurde.[33] Lilith, Adams erste Frau im jüdischen Talmud, die das Paradies verlassen mußte, weil sie sich beim Verkehr der Missionars-Stellung verweigerte, regredierte im Mittelalter in der Volksetymologie zu einer mehr oder minder harmlosen Dämonin der Nacht, weil man glaubte, ihr Name hinge mit «lejl», Nacht, zusammen. In Wirklichkeit verkörpert sie «die kanaanitischen Frauen, die Anat verehrten und denen voreheliche Promiskuität erlaubt war»[34].

Von Anat erxistiert ein Bildnis aus dem 2. Jahrtausend v. Chr. Sie schaut dort dem Helden Aleyn zu, wie er seinem Zwillingsbruder Mot ein Messer unter die fünfte Rippe stößt. Aleyn und Mot sind die Götter des zunehmenden und des abnehmenden Jahres, die sich wechselseitig ablösen, das heißt töten oder kastrieren, ähnlich wie Osiris, der für die erste Hälfte des Jahres zuständig war, und Seth, der ihn tötete und für die andere Hälfte verantwortlich zeichnete.[35]

Die Basis aller dieser Mythen bildet die Tatsache, daß es ein Jahr, eine festgelegte astronomische Einheit gibt. Die Priester mußten die Sterne beobachten, um zutreffende Voraussagen über Aussaat und Ernte, über zyklische Überschwemmungen oder andere wichtige Ereignisse machen zu können, die für eine auf der Landwirtschaft beruhende Kultur wichtig sind. Es gibt keine Gesellschaft, die ohne symbolische Handlungen auskommt: das Verhältnis zwischen denen da oben und denen da unten wiederholt sich auf weltanschaulicher Ebene. Astronomie, Religion und Legitimation der Priester und Herrscher sind eng miteinander verzahnt. Ändert sich eine der Variablen, müssen die anderen angepaßt werden.

Auch ein Mythos, der nicht unbedingt identisch sein muß mit den gerade aktuellen Legenden der herrschenden Religion, spiegelt diese Veränderungen wider. Ja, er kann sogar aufgrund seines Eigengewichts dazu beitragen, ideologische Widersprüche zu verkleistern oder zu erklären: warum Altes plötzlich nicht mehr gelten soll und warum das Neue, zum Beispiel der Herrschaftsantritt eines Königs, die Legitimation des Göttlichen besitzt.

Einen Mythos können wir uns als «vorreflexive Sprache»[36] vorstellen. Die Menschen handeln nur dann richtig, wenn sie sich im Einklang mit den Gesetzen des Kosmos befinden. Das Material für die Erzählung von dem, was die Welt zusammenhält, ist anthropomorph: nicht die Gravitation läßt die Gestirne sich bewegen, sondern Wille und Taten der Götter und Göttinnen, die aber nicht unbedingt als Personen, sondern auch als Tiere, etwa als Große Wasserschlange – sowohl ein Sternbild als auch eine häufig auftretende mythische Figur – gedacht werden können.

Im Jahr gibt es zwei markante Punkte: die Sonnenwenden, eine bei Sommeranfang, eine bei Winteranfang. Zur Zeit der Sommersonnenwende sind die Tage auf der nördlichen Halbkugel am längsten, zur Zeit der Wintersonnenwende sind sie am kürzesten. «Wende» bedeutet, daß sich die Deklination der Sonne umkehrt. Die Deklination ist der Winkel des Sterns zum Himmelsäquator, also der nur gedachten Verlängerung des Erdäquators an die Gestirne. Die Erde rotiert aber nicht in genau der Richtung des Himmelsäquators, sondern ein wenig geneigt. Deswegen gibt es überhaupt Jahreszeiten: Im Juni ist die Nordhalbkugel mehr zur Sonne geneigt, im Dezember die andere Hälfte.

Für die Erstellung eines exakten Kalenders gibt es seit der Entstehung der Astronomie[37] zwei Berechnungsmaßstäbe, entweder die Umlaufperiode der Erde um die Sonne oder die zwölf Umläufe des Mondes um die Erde. Das Sonnenjahr hat 365 Tage, das Mondjahr nur 354. Die Babylonier bevorzugten das Mondjahr, die Ägypter das Sonnenjahr.

Natürlich liegt es näher, den Mond dem weiblichen Geschlecht zuzuordnen, denn der Monatszyklus der Frauen scheint vom Nachtgestirn irgendwie beeinflußt zu werden. Eine Mondgöttin, um deren Gunst zwei Heroen buhlen, die die Herrschaft über das Leben und die Men schen erringen wollen, symbolisiert in ihrer astronomischen Bedeutung das Mondjahr, die jungen Männer – oder auch Zwillinge – die beiden Jahreshälften.

Zwillinge als Symbol einer Doppelherrschaft oder eines Doppelkönigtums tauchen in Erzählungen vieler Völker auf. Die meisten sind sich noch bewußt, daß die beiden jungen Männer unter der Herrschaft einer Frau stehen. Der klassische vorchristliche Mythos, der sich mit dieser Thematik beschäftigt, ist der des Herakles oder Herkules. Auch dieser antike Muskelmann ist ein Zwilling. Er hat zwölf Gefährten, sein Bruder ist sein Stellvertreter. «Er geht alljährlich eine Waldhochzeit mit einer Königin der Wälder ein», berichtet Ranke-Graves über eine Variante der Legende, «einer Art marianischer Jungfrau.»[38] Zur Sommersonnenwende, so will es der uralte Brauch, wird er in die Mitte eines Kreises von zwölf Steinen geführt und an eine Eiche gefesselt. Seine Gefährten töten ihn auf grausame Weise und zerstückeln ihn. «Die zwölf berauschten Männer rasen in einem wilden Achter-Tanz um die Feuer, singen ekstatisch und zerreißen mit ihren Zähnen das Fleisch.»

Sein Stellvertreter und Bruder folgt ihm in der Herrschaft, und wenn seine Zeit vorbei ist, beginnt das Ritual aufs neue. Er erringt die Königswürde, indem er die Königin heiratet und einen edlen Teil des Körpers seines Vorgängers verzehrt hat. «Er wird wiederum abgelöst vom Neujahrs-Herakles, einer Reinkarnation des Ermordeten, der ihn enthauptet und offenbar seinen Kopf verzehrt. Dieses abwechselnde eucharistische Opfer begründete die Kontinuität des Königtums, wobei alle Könige nacheinander Sonnengott und Geliebter der regierenden Mondgöttin waren.»[39]

Viel später tritt anstelle der Tötung des Königs ein Kindesopfer, wie es die Phönizier noch kannten, die dieses grausame Ritual im Tal Hinnon, der Stätte der Großen Schlange, vollzogen – auch Gehenna genannt. Hieran erinnern wohl arabische Überlieferungen, denn die Hölle, wo die Ungläubigen schmoren, heißt im Koran «Gehenna».

Analoge Schilderungen finden wir auch in der Apokalypse des Johannes, wo ein «Sonnenweib» beschrieben wird, dessen Füße auf dem Mond ruhen und dessen Haupt eine Krone von zwölf Sternen ziert. Auch das göttliche Kind fehlt nicht, das von einer großen Schlange oder einem Drachen bedroht wird – ein Symbol, das häufig den Stellvertreter des Sonnenkönigs darstellt. «Der Sohn, der auch den Namen Luzifer oder Phosphoros (‹Lichtbringer›) führte, weil er als Abendstern dem Licht des Mondes vorauseilte, wurde alljährlich wiedergeboren, wuchs mit dem Fortschreiten des Jahres heran, vernichtete die Schlange und gewann die Liebe der Göttin. Ihre Liebe vernichtete ihn, doch aus seiner Asche wurde eine neue Schlange geboren.»[40] Nicht zu vergessen, daß die Schlange in vielen Überlieferungen ein magisches Ei legt – zu Ostern, weswegen es Ostereier gibt.

Wie alt das Geheimnis der Göttin ist, zeigt die Erzählung vom männlichen Helden Theseus. Der tötet den Minotaurus, ein Wesen mit menschlichem Körper und Stierkopf, mit der «labris», der Doppelaxt, heute ein feministisches Symbol, das auch in das Wort «Labyrinth» eingeflossen ist. Die Königstochter, die ihm hilft, heißt Ariadne, «die Heiligste», von der noch im antiken Griechenland gemunkelt wurde, daß sie einst eine orgiastische Göttin gewesen sei, der Männer geopfert worden wären.

Auch die Riten des römischen Gottes Mithras und die des griechischen Dionysos beinhalten als zentrale Handlung die Tötung eines Stieres. Dieser wird eucharistisch verzehrt. Der Gott selbst erblickt zeitgleich mit Christus, zu Weihnachten, das Licht der Welt.

Und jetzt verstehen wir auch, warum die Kirche schon in der Frühzeit des Christentums Erinnerungen an das von uns gesuchte Geheimnis zu unterdrücken suchte. Das Opfer in der katholischen Messe wie überhaupt das christliche Abendmahl, der Verzehr des göttlichen Leibes, haben ihre Wurzeln in einem jahrtausendealten Ritual, das die Herrschaft der Urmutter, der Dreifaltigen Weißen Göttin, symbolisierte. Vielleicht hieß sie ja wirklich Maria: «Ma» – eine Abkürzung des sumerischen «Ama», Mutter, und «rie» von «rim», ein Kind gebären.[41]

Non: Im Refektorium

«Bier gibt es nicht», sagt mir ein Pater, als müsse er sich dafür entschuldigen, «erst ab Feiertagen zweiter Ordnung.» Ich solle noch ein paar Tage, bis «Mariä Lichtmeß», warten. Trotz des Alkoholverbotes leben die Mönche nicht allzu asketisch. Die Nahrungsaufnahme ist jedoch strengen Regeln unterworfen. Man diniert gemeinsam, aber schweigend.

Bevor ich den Speisesaal, das Refektorium, betrete, werden mir die klösterlichen Tischsitten erläutert. Jeder warte brav vor seinem Platz, bis der Abt und vier altehrwürdige Pater an der Schmalseite des langge-

zogenen Raumes Aufstellung genommen haben. Die schweren Holztische an den Längsseiten sind vom Celleraren und seinen Gehilfen gedeckt worden. Der Tischleser steht hinter seinem Pult, dem Abt genau gegenüber. Durch die hohen, halbrunden Fenster dringen Sonnenstrahlen auf den gefliesten Boden und seine Mäandermuster und bescheinen die dunkelbraune und mannshohe Holzvertäfelung sowie die an der Wand fortlaufenden Bänke. Langsam legt sich das Rascheln der Kutten, das Gescharre der vielen Füße und das Murmeln der Mönche.

Jetzt hebt der Abt mit hoher und schon dünner Stimme zum Tischgebet an: er dankt für die Speisen, und wir antworten den Refrain im Chor. Dann huschen alle auf ihre Plätze. Ich beachte die kleine Stufe, vor der ich gewarnt worden war, eingedenk anderer Gäste vor mir, die mit großem Holterdipolter auf ihrer Bank gelandet waren.

Noch immer greift niemand zum Besteck. Der Tischleser ruft: «Im Namen der Herrn Jesus Christus», als wenn daran Zweifel bestünde, «Amen. Aus dem Buch Judith, das dreizehnte Kapitel.» Die jüngeren Mönche kichern, weil der Mann am Pult wohl den Tonfall irgendeines anderen imitiert.

Der Abt blickt milde, was ohnehin seine einzige mimische Äußerung ist. Nach den ersten Sätzen, wir verharren immer noch still und stumm, greift er einen kleinen hölzernen Hammer und schlägt leicht auf den Tisch, das Zeichen, das wir zu den Servietten und zum Besteck greifen dürfen.

Die Brüder, die zum Tischdienst eingeteilt worden waren, schieben Servierwagen und verteilen auf jeden Tisch, jeder für vier Personen, eine Terrine mit der Suppe. Wer links sitzt, greift zuerst nach dem Dargebotenen, füllt sich auf und reicht die Brühe an seinen Nebenmann weiter. Selbst darüber hatte sich der Ordensgründer Benedikt Gedanken gemacht. «Was zum Essen und Trinken nötig», sagte er, «sollen sich die Brüder gegenseitig zureichen, so daß keiner um etwas zu bitten braucht.»

An anderen Tagen beginnt die Lesung mit Abschnitten aus den Benediktiner-Regeln. Während ich die Markklößchen auf der Zunge zergehen lasse, fällt mir auf, daß der heute vorgetragene Text für ein Mittagessen etwas unpassend ist. «Und Judith hieb zweimal in den Hals mit aller Macht», rezitiert der Mönch aus dem Bibeltext, «und schnitt Holofernes den Kopf ab.» Ich beschließe, mich künftig bei ähnlichen Stellen ganz auf meinen Teller zu konzentrieren.

Die Terrinen werden abgeräumt und Schweinshaxe mit Kraut und Kartoffeln sowie Salat aufgefahren. Wir dürfen erst dann zugreifen, wenn der Abt damit begonnen hat, das dampfende Stück Fleisch auf seinem Teller zu zerteilen. Der für die Betreuung der Gäste zuständige Pater riet mir, mich zu beeilen, denn die Benediktiner speisten «sehr schnell». Ich sollte mich aber ruhig satt essen, ohne falsche Scheu.

Auch in den nächsten Tagen werde ich nicht enttäuscht. Ich begegne Hühnerfrikassee mit Ananas, in Sahnesoße eingelegtem Thunfisch, italienischen Nudeln, mit gut gewürzten Pilzen angerichtet; abends werden die Reste vom Mittag nebst vier Sorten Brot und Aufschnitt verzehrt, das Sauerkraut vom Mittag, jetzt mit deftigen Wurstscheiben vermengt. Zum Nachtisch offerieren die Brüder von der Küche auch schon einmal Vanilleeis mit Mandelsplittern und Schokoladensoße, nicht zu vergessen die Schlagsahne.

Während des Hauptgerichts wechselt der Tischleser das Thema. Ein dicker Schmöker, weniger blutrünstig, dient zur geistigen Erbauung: «Thomas Morus. Eine Biographie» – nicht das absolut Neueste und Spannendste, aber, so man neben der Verdauung der Schweinshaxe noch etwas Energie übrig hat, nicht uninteressant.

Ist das Glas leer, eilen sofort die dienstfertigen Geister durch den Saal und bieten wahlweise Obstsaft oder Mineralwasser an. Drohen die Kartoffeln oder etwas anderes an einem Tisch auszugehen, suchen sie auf den anderen nach Nachschub, ein prompter Service, der manchem Restaurant der höheren Preisklasse gut anstehen würde.

Die älteren Mönche sind, offenbar durch jahrelanges Training, zuerst fertig. Der Weißhaarige neben dem Abt: starker Bauchansatz, etwas schläfriger Gesichtsausdruck, der aber dem fetten Mahl und dem vollen Magen geschuldet sein könnte, die Hände, wie von fast allen Mönchen, wenn sie nichts zu tun haben, in der Kutte verborgen. Er hat das Kinn auf die Brust gelegt und die Augen geschlossen.

Sein Nebenmann: in der gleichen Stellung, mit gesundem Gesichtsausdruck wie ein Bauer, der immer an der frischen Luft gearbeitet hat. Rechts neben dem Abt ein bebrillter Asket, dessen hagere Züge durch einen humorvollen Ausdruck um den Mund gemildert werden. Er scheint einen der oberen religiösen Ränge zu bekleiden, vielleicht den des Priors, denn später, während der Messen, vertritt er schon mal den Abt im Ritual.

Rechts außen der Betagteste des Klosters, wie mir zugeflüstert wird: er ist weit über achtzig, hält sich steif, fast im Hohlkreuz, als wenn er einen Besen verschluckt hätte, stapft mit seinem Stock schnurgerade zu seinem Platz, macht aber nur kleine Schritte, so daß sein Gang wie der einer aufgezogenen Spielzeugmaus wirkt.

Gegenüber, am ersten Tisch an der Längsseite des Refektoriums, zwei Pater, die Brüder sein könnten. Beide sind korpulent, beide mit nur spärlichem Haarwuchs, beide scheinen einem guten Tropfen nicht abgeneigt. Sie könnte ich mir als Keller- oder Braumeister vorstellen, wenn es hier so etwas gäbe. Die Arme auf dem Tisch und die Hände nach dem Essen gefaltet, wirken sie wie der Inbegriff der Zufriedenheit.

Daneben mehrere Pater undefinierbaren Alters. Natürlich – eines meiner Vorurteile bestätigt sich – wäre es ein fataler Irrtum zu glauben, in einem Kloster könnte man einer Ansammlung männlicher Schönheiten begegnen. Da alle die gleiche unvorteilhafte Tracht tragen, fallen die markanten Merkmale des Gesichts um so mehr auf: da fehlt ein Kinn, hier könnte die Brille etwas modischer, dort sollte die Körperhaltung etwas entspannter sein, zu den Frisuren paßten eigentlich nur Sack und Asche.

Auffallend bei vielen ein kindlich-naiver Ausdruck, keine neugierigen, sondern ausweichende Blicke. Dem Gedächtnis fällt es schwer, sich an die Gesichter zu heften. Eine fast körperlich spürbare Schüchternheit, die sich nur unter Vertrauten zu kleinen Neckereien wandelt.

Ein Bruder, fast am Ende der langen Tafel – also auch der Rangfolge –, mampft in aller Gemütsruhe seinen Nachtisch, eine Schale mit diversen eingekochten Früchten, während alle anderen schon längst fertig sind und Cellerar und Helfer die Tische leergeräumt haben. Der Abt blickt, mit gefalteten Händen, immer noch gütig, die Älteren scheinen ein Nickerchen zu halten, und der Rest der Gemeinschaft wartet auf das Zeichen mit dem Hämmerchen, sich zu erheben. Da es ausbleibt und der Tischleser immer noch monoton diverse Einzelheiten aus theologischen Debatten des Thomas Morus mit seinen Zeitgenossen dahinleiert, sammeln sich allmählich die Blicke bei dem Säumigen. Seine Tischnachbarn reichen ihm, wohl damit es schneller geht, ihre Loffel, die er dankend, aber wortlos ablehnt.

Endlich hat er es geschafft, seine Serviette eingerollt, die Schale an den vorderen Rand des Tisches gestellt zum Zeichen, daß er nichts mehr möchte, das Besteck separat daneben gelegt und sein Glas Apfelsaft geleert. Das Hämmerchen fällt, alle erheben sich und postieren sich wieder vor ihren Tischen. Das gleiche Ritual, inklusive Gesang des Abtes und Refrain des Mönchschores. Danach sind wir entlassen, der Gast darf zuerst hinausgehen. Abends verliest der Mönch hinter dem Stehpult Todesdaten verschiedener Ordensangehöriger. «Heute, am Dienstag, im Jahre 1906, verstarb Pater Ambrosius», oder auch, etwa im Jahre 1939, Äbtissin Soundso aus einem befreundeten Benediktinerinnen-Kloster. Niemand wird jemals aus dem Gedenken gestrichen – der «soziale Tod», der für Soziologen erst dann eingetreten ist, wenn sich niemand mehr an den Verstorbenen erinnert, verschiebt sich bis in alle Ewigkeit. Nur beunruhigt die Vorstellung, in hundert Jahren, wenn es dann noch Klöster gibt, würde die Reihe der zu erwähnenden Toten so lang, daß sich der Leser während des gesamten Essens der Sterbeliste widmen müßte.

Vesperale und Komplet

Schon während der Vesperale wird es dunkel. Die Basilika ist nachmittags fast immer voll: es kommen, neben den Gläubigen aus den umliegenden Dörfern, Touristen und Schulklassen, denen der authentische gregorianische Choral, lateinisch selbstverständlich, vorgeführt wird.

Der liturgische Gesang der katholischen Kirche ist, wie vieles an ihr, alt: er leitet sich von Papst Gregor I. ab, der an der Schwelle zum sechsten Jahrhundert das oberste Amt innehatte und dem das Durcheinander der Gesangsarten, byzantinische, mozarabische, keltisch-irische und einige mehr, mißfiel. Nicht zufällig vereinheitlichte man parallel zur musikalischen Ausgestaltung der Messe Verwaltung und Kirchenrecht.

Einer der Mönche, ein klarer Tenor, singt allein, es wird sich wohl um einen Psalm handeln, die anderen antworten im Chor. Ursprünglich wechselten sich Männer- und Knabenchöre miteinander ab, was man «Antiphonie» nennt. Die Melodie ist frei. Ich spüre keinen Takt und keinen bestimmten Rhythmus und könnte das, was gesungen wird, nicht wiederholen, auch nicht nach einer Woche Training. Außerdem eiert der Vorsänger beinahe chromatisch die Tonleiter auf und ab. Es kommen kaum größere Sprünge als eine Quinte vor. Das klingt exotisch und ist unseren musikalischen Hörgewohnheiten fremd.

Natürlich gibt es schriftlich niedergelegte Begründungen von Kirchenmännern, warum das alles so sein sollte. Ein Benediktinermönch: daß der Takt fehle, stehe in scharfem Gegensatz zu «aufdringlichen und aufreizenden Rhythmen heidnischer, auch kultischer Tanzmusik».[42] Und, zu der scheinbaren Chromatik: «Je größer die seelische Erregung ist, um so mehr weitern sich die Intervalle.»[43]

Was und wie gesungen werden darf, bestimmten die kirchlichen Vorschriften. Das war bis ins 17. Jahrhundert fast unumstritten. Zum Cantus firmus, der festgelegten Melodie, stehen die anderen Stimmen in einem ebenso festgelegten Verhältnis. Die Kunst, alles miteinander zu verschachteln, ohne daß das musikalische Ergebnis zu schreienden und die Seelen der Kirchenbesucher quälenden Dissonanzen führt, ist der Kontrapunkt. Vor der Jahrtausendwende sang man ausschließlich a cappella, das heißt ohne Orgelbegleitung, wie noch heute in der Sixtinischen Kapelle.

Etwas, was wir nicht verstehen, beeindruckt uns mehr als etwas, das uns vertraut ist, wie auch der Prophet im eigenen Lande nichts gilt. Je größer die Distanz, um so mehr verstärkt sich die Furcht, aber auch die Neugierde, sich dem Geheimnis zu nähern. Das Heilige lockt und fordert heraus, seine Macht auf die Probe zu stellen. Wir schwanken zwischen Hingabe und Aufsässigkeit.

Das wußten und wissen die Theoretiker der Kirche. Der Gesang des Mönchschores wirkt wie ein Verstärker dessen, was man sieht, er hat kein Eigenleben: Die Texte stammen aus der Bibel wie die Predigt auch, die Melodie bleibt über Jahrhunderte die gleiche. Niemand, der den fremdartigen Klängen lauscht, kommt auf dumme Gedanken.

Deshalb ist es kein Wunder, daß die Kurie ihre Macht über die Gefühle der Gläubigen schwinden sah, als die Protestanten den Gemeindegesang einführten. Auf dem Konzil zu Trient 1564, das sich nicht nur

mit der Verfolgung der Ketzer und Ungläubigen beschäftigte, sondern auch mit der Kirchenmusik, wurde der Komponist der päpstlichen Kapelle, Giovanni Palestrina, von einer Reformfraktion heftig angefeindet. Die Musik Palestrinas zu den Massen zollte dem Zeitgeist zwar Tribut, weil sie mit Dur und Moll hantierte, blieb aber immer noch der traditionellen Form der Polyphonie verhaftet.

Klaus Theweleit referiert in seinem «Buch der Könige» diesen Machtkampf: «Die Kardinäle wollen einen Kirchengesang einführen, bei dem die Gemeinde den Text versteht. Es ist klar, warum sie das wollen: die lutherische Kirche mit ihrem von der ganzen Gemeinde gesungenen Choralgesang beginnt der römisch-katholischen Liturgie in einem entscheidenden Punkt überlegen zu werden: in der affektiven gedanklichen Beteiligung der Gemeinde am Inhalt des Gottesdienstes. Die polyphonen Gesänge Palestrinas dagegen umweben die Zuhörenden mit reinem Sound. Der Text ist lateinisch und auch sonst nicht zu verstehen. Allein der Klang dieser Musik, sein machtvolles Rauschen im Kirchengewölbe, soll den Glauben verstärken.»[44]

Den Glauben zu verstärken heißt – für den gregorianischen Männergesang – nur, sich zu vergewissern, ob man sich noch im Einklang mit dem Transzendenten befindet. Die Besucher der Basilika staunen: die Mönche machen uns vor, wie das Ideal des Katholizismus sein sollte, nämlich die perfekte Harmonie zwischen einem Individuum und den Anforderungen einer Moral, die fordert, sich Geboten der autoritären Macht unterzuordnen. Dazu muß man seine Gefühle aufgeben, verschmelzen mit dem, was religiöse Menschen mit dem «Göttlichen» bezeichnen, sich verlieren in einer fiktiven Gemeinschaft, die jegliche Eigenverantwortung ausschließt. Man ist nur etwas wert, wenn man nichts mehr wert ist.

Gleichzeitig ist klar, daß das Klosterleben ein Sonderfall bleibt, den als Vorbild zu verallgemeinern die Gläubigen überfordern würde. Man wundert sich, wie und warum es jemandem gelingt, als Mönch zu leben, und geht auf Distanz: Die Gebote eines moralischen Systems werden erst bewußt, wenn man sie übertreten kann. Die Kirche braucht beide Seiten: die sündigen Beter, die deshalb sündig sein müssen, weil ansonsten die Gnade der Erlösung und mit ihr der gesamte Klerus überflüssig wären, und die Mönche, die so tun, als könne man, wenn man sich nur gehörig anstrengte, im Einklang mit der Religion leben.

Am Abend, gegen acht Uhr, lausche ich der «Komplet», dem Nachtgebet. Die Lichter vorn im Altarraum sind gelöscht, die Orgel schweigt, nur wenige Besucher finden ihren Weg in das kühle Kirchenschiff. Sie wollen den Segen, um ruhig schlafen zu können. Nach dem Gesang der Mönche schwenkt der Abt den Weihrauchkessel über den Chor, danach über uns. Ein feines Klingen durchdringt die aufsteigenden Rauchschwaden. Paarweise ziehen die Sänger ab, das Knirschen der Ledersandalen verliert sich im Kreuzgang der Abtei. Wir sind allein.

Während sich die letzten Beter schwerfällig erheben und in die Nacht davonmachen, muß ich an eine Blume denken, die Tulpe. Irgendwann im 17. Jahrhundert tauchte sie in vielen Gemälden auf, vor allem bei holländischen Malern, versehen mit geheimnisvoller Symbolik und Querverweisen auf die Auferstehung, den Unterschied zwischen Gut und Böse und den Kreislauf des Lebens.

Die Tulpe war zunächst nur ein exotisches Gewächs aus der fernen Türkei, die Wohlhabende für ihre Raritätenkabinette sammelten. Innerhalb von nur gut zwanzig Jahren jedoch mauserte sie sich in ganz Westeuropa zu einer Modeblume. Tulpenzwiebeln erzielten horrende Preise. Die Spekulation führte sogar dazu, daß eine «Semper Augustus», eine spezielle Sorte, mit dem Gewicht von knapp zehn Gramm, für 4600 Gulden und eine neue Kutsche mit zwei Apfelschimmeln verkauft wurde.

Ein Spottlied aus der damaligen Zeit hieß: «Man sieht diese Blumen gepriesen von vielen Leuten, die als weise erachtet. Große Krägen, lange Beffchen halten nun so viel von ihr, daß selbst der Dümmste darum lacht.»

Doch wie erringt der bloße Glaube an etwas, was es nicht gibt, Macht über die Köpfe der Menschen? Ist es das Gefühl, nicht widerstehen zu können, wenn alle anderen etwas tun? Ist es die Lust, mehr zu sein als ein vereinzeltes, begrenztes menschliches Atom, wenn man sich der Masse hingibt? Die Vermutung, mehr Macht zu haben, indem man seine eigene Stärke zugunsten des Größeren aufgibt?

Oder ist der Glaube an die Macht, die jemand oder etwas über uns hat, nur eine Illusion, vergleichbar mit der, der wir beim Betrachten einer Tulpenzwiebel erliegen? Die Vermutung, zu einem Kern zu gelangen, der sich hinter den vielen Schalen doch verbergen müsse? Die Erwartung, bei einer Geschichte über ein Kloster und den Namen einer Blume müsse es sich um eine Kriminalstory handeln?

Ein Hecht im Karpfenteich

Eine kleine Falle

Nein, behauptet der Angeklagte, er wisse nicht, wieviel ein Freier zu bezahlen hatte. Nur vom Hörensagen sei ihm bekannt, daß der Preis zwischen fünfzig und siebzig Mark gelegen habe. Der Staatsanwalt nickte beiläufig, als hätte er diese Aussage erwartet, und reckt sein rundes Kinn angriffslustig vor: habe denn der Angeklagte auch die Dienste der Thailänderinnen in Anspruch genommen? Der Angesprochene öffnet den Mund, als wenn er sich dazu äußern wollte, stockt, blickt verunsichert zur Seite, zu seinen beiden Anwälten. Die tuscheln, flüstern ihm etwas zu. Er wolle zu diesem Punkt nichts sagen, meint der Mann auf der Anklagebank.

Der Staatsanwalt sieht in die Runde. Sein Gesicht ist jungenhaft, fast weich. Auch die Brille schafft kaum Konturen, die hart oder bedrohlich wirken könnten. Dabei hat er Grund, auf seine rhetorischen Leistungen stolz zu sein: Nach drei Stunden hat er den Angeklagten zum erstenmal, und das mit einer scheinbar harmlosen Frage, ins Schleudern gebracht.

Vor dem hohen Tribunal, einer Strafkammer im Kriminalgericht Berlin-Moabit, sitzt Achim Steiner *. Ihm werden eine Unzahl von Delikten vorgeworfen, unter anderem: er habe in den Jahren 1986 bis 89 in über zehn Bordellen rund 200 thailändische Frauen für sich arbeiten lassen. Juristisch verklausuliert heißt das, so hat es die Anklagevertretung ausführlich vorgelesen, «gewerbsmäßig einen Betrieb unterhalten zu haben, in dem Personen der Prostitution nachgehen und in dem diese in persönlicher oder wirtschaftlicher Abhängigkeit gehalten werden». Auf «Förderung der Prostitution» und Zuhälterei drohen jeweils Freiheitsstrafen bis zu fünf, wenn es sich um minderjährige Prostituierte handelt, sogar bis zu zehn Jahren.

* Die Namen aller Beteiligten wurden verändert.

Mitangeklagt sind Ayhan Balkavan, gut dreißig, zweifacher Vater, der ehemalige Kraftfahrer Johannes Risse, knapp fünfzig, eine Marokkanerin, Aischa al-Husni, die früher «angeschafft» hat und der mit Hilfe der Prostituierten-Selbsthilfeorganisation «Hydra» der Ausstieg aus dem «Milieu» gelang, der Croupier Klaus-Dieter Maus und dessen thailändische Ehefrau Buajan Maus, sowie eine Thailänderin, die mit einem Deutschen verheiratet ist, wie ihr schöner Name Siriwan Kowalewski nahelegt.

Zum Vorwurf der Zuhälterei führt die Staatsanwaltschaft detailliert aus: «andere» wurden wegen eines Vermögensvorteils «bei Ausübung der Prostitution überwacht», und – neben der Beschäftigung Heranwachsender – es seien Maßnahmen getroffen worden, «die den anderen davon abhalten sollten, die Prostitution aufzugeben».

Die Presse schreibt, der Angeklagte Achim Steiner sei «eine Zentralfigur der Prostitution in Berlin gewesen», und die Aussagen, die sich die Anklage erhofft, brächte «viele Mitwisser in Lebensgefahr». In Berichten fällt auch der Begriff «Frauenhandel», eine Bezeichnung, angesichts derer einer der Rechtsanwälte Steiners vor Gericht die Erklärung abgibt, daß dem nicht so sei und sein Mandant deswegen nicht angeklagt wäre.

Eines der Ehepaare – das nährt Spekulationen – war kurz vor seiner Verhaftung auf dem besten Wege, sich nach Thailand abzusetzen: die Konten, von denen sechsstellige Summen in das Heimatland der Frau geflossen waren, hatte man bereits aufgelöst.

Außerdem, und das macht die politische Seite des Prozesses aus, soll der Angeklagte Steiner, das berichtet die Presse, «mindestens zwei Bedienstete eines Wohnungsamtes durch Gangster so stark unter Druck gesetzt haben, daß sich einer von ihnen aus Sicherheitsgründen in eine andere Abteilung versetzen ließ». Man spricht von telefonischen und anderen, handfesteren Drohungen: der Rasen des Betroffenen war mit einem Unkrautvernichtungsmittel besprüht und die Hecke des Hauses in der Nacht ungewöhnlich kurz geschnitten worden.

Draußen, während der Mittagspause, sagte einer der beiden Anwälte des Achim Steiner mit leicht herablassendem Unterton in der Stimme, die Vertreter der Staatsanwaltschaft wollten aus seinem Mandanten, einem «biederen Handwerker», so «eine Art Mafia-Boss» machen.

Rechtsanwalt Gernot Madel wurde als Verteidiger in politischen Prozessen gegen Linke bekannt. Einen Namen machte er sich unter anderem als Rechtsbeistand eines stadtbekannten Steuerberaters, dessen Tätigkeit die Polizei unter anderem in die Rubrik «betrügerische

Warentermingeschäfte» eingeordnet hatte und der im Zusammenhang mit der Bestechungsaffäre um einen ebenfalls stadtbekannten ehemaligen Baustadtrat verhaftet wurde. Breiteres Aufsehen erreichte er durch sein Auftreten im Prozeß gegen zwei Berliner Gynäkologen, die der Vergewaltigung angeklagt waren. Der Mann ist vielseitig und gut und, was daraus folgt, teuer.

Außerdem verstünde er, sagt er, die ganze Aufregung nicht, hier würde doch mit Kanonen auf Spatzen geschossen. Die Anklage gäbe höchstens fünf oder sechs Jahre her, und dafür der Aufwand? Und warum – frage ich ihn – hat der Staatsanwalt nicht nur die eigentliche Anklage, sondern die gesamte Anklageschrift, 200 Seiten stark, mit allen Details vorgelesen und damit beinahe schon einen Revisionsgrund geschaffen? Normalerweise wird nämlich nur der sogenannte «Anklagetenor» verlesen, damit die Schöffen nicht durch die Einzelheiten der staatsanwaltlichen Ermittlungen in ihrer Urteilsbildung beeinflußt werden. «Nun», antwortet Herr Madel, «der glaubt wohl, daß er damit durchkommt.»

Der «biedere Handwerker» feilt, nachdem der Staatsanwalt sich durch Dutzende von thailändischen Namen gequält hatte, während der Vernehmung zur Person an dem Eindruck, er sei nur ein normaler Hauseigentümer, der es mit erheblichem Fleiß zu etwas Wohlstand bringen konnte und anderen, auch den Mitangeklagten, Wohnungen überlassen hat zu Zwecken, die zwar in der Öffentlichkeit nicht unbedingt salonfähig, aber doch nicht verwerflich seien.

«Klar, ich wußte, daß da Bordelle drin waren», gibt er zu, und ferner, daß die Mietverträge «getürkt» gewesen wären, ein Wort, das ihm der Staatsanwalt in den Mund gelegt hatte. Achim Steiner besitzt zehn Häuser mit ungefähr 300 Wohnungen, dazu 23 Wohnungen im sozialen Wohnungsbau, nicht eingeschlossen sein Privathaus. Die Gesamteinnahme an Mieten beläuft sich, so beziffert es unwidersprochen die Anklage, auf gut eineinhalb Millionen DM pro Jahr.

Es gab damals eine «Zweckentfremdungsverordnung», die verhindern sollte, daß preiswerter Wohnraum in Altbauten zu überhöhten Preisen vermietet werden konnte. Diese Vorschrift wurde umgangen, indem Steiner zwei Mietverträge abschloß, einen, der den offiziellen Institutionen bei Bedarf vorgelegt wurde, und einen anderen mit einer völlig überhöhten Miete, welche die Mieter tatsächlich zahlen mußten. «Wenn die kein Geld hatten, war das Pech für mich», sagt er auf die Frage, ob die horrenden Preise freiwillig gezahlt worden wären.

Achim Steiner kaufte schon 1979, das erzählt er bereitwillig, seine ersten beiden Häuser. Damals war er Anfang Dreißig, hatte Maschinenschlosser gelernt und sich als Handwerker durchgeschlagen. Er reparierte schon als Junge in der Laubenkolonie die Dächer, verkaufte Dachpappe, die sein Vater organisiert hatte, «mit einer Mark Aufschlag», brachte sich selbst bei, wie man Bäder einbaut und kam so nach und nach an größere Aufträge und einen Bekanntenkreis, der ihn weiterreichte.

Als er eine Annonce las, in der die Häuser in der Schulstraße angeboten wurden, erinnerte er sich an seine Bausparverträge. Verwandte halfen mit Darlehen aus, und so wurde er mit dem Verkäufer schnell handelseinig. «Ich habe alles selbst renoviert», erzählt er den Richtern, «ich war morgens um sieben der erste auf der Baustelle, in zwanzig Jahren dreimal im Urlaub.» Die Bank honorierte die Instandsetzung, er konnte Hypotheken aufnehmen und schließlich ein, zwei Leute einstellen.

Die Wohnungen waren schlecht zu vermieten, wegen des ursprünglich heruntergekommenen Zustands. Drei Bordelle hätte er beim Kauf übernommen. «Die Mädels», sagt er, suchten billigen Wohnraum, den sie in seinen Häusern fanden; «sie hatten Freunde und Kollegen, und so hat sich das praktisch ausgeweitet.»

Nun macht der Angeklagte, dem Augenschein nach, nicht den Eindruck eines typischen Loddels, der seine Rolex und die dazu passende Frisur herzeigen muß, oder gar eines Paten, auf Berliner Provinzgröße zurechtgestutzt. Sein Gang ist nicht fest, eher vorsichtig, seine Blicke huschen durch den Verhandlungsraum, als ob er sich vergewissern müßte, mit wem er es zu tun hat. Der dunkelgraue Anzug ist unauffällig, die Hosen etwas zu lang. Im Gerichtssaal trägt er einen grünen Pullover, immer denselben, so daß man sich fragt, ob er sich keinen zweiten leisten kann oder ob er nur die vom Anwalt geforderte Biederkeit unterstreichen will.

Auf die merkwürdig bescheidene Kleidung des angeklagten Millionärs angesprochen, meint der Staatsanwalt, das sei keine Prozeßtaktik, um sich als armer Mann hinzustellen. «Das ist das feinste Kleidungsstück, das er hat.»

Achim Steiner hat angegraute Schläfen, nicht zu vornehm, einen sehr dünnen und kurzen Kinnbart und eine eher altmodische Kurzhaarfrisur. Er blickt ihm unbekannte Personen an, als ob er nach Zustimmung heischen würde, die Zunge flitzt, wie bei einem bekannten Politiker, manchmal über die Lippen, eine Mischung aus Aufregung und sich selbst nicht eingestandener Verlegenheit. Ab und zu huscht ein bauernschlaues Lächeln über sein Gesicht, das sich, je nach seiner Position während der Vernehmung, in ein leicht spöttisch-überlegenes Grinsen verwandelt.

Häufig, fast in jedem Satz, hat sich etwas in seinem Leben «praktisch» ergeben. So bestreitet er nicht, daß er, was die Mietverträge angeht, gesetzeswidrig gehandelt habe. Die Differenz zwischen dem offiziellen und dem wirklichen Mietvertrag will er «praktisch als Gewerbezuschlag» verstanden wissen. Der Staatsanwalt gibt zu bedenken, daß es sich um eine Vortäuschung von Mietverträgen handelt, was der Richter, scharf gescheitelt, aber überaus jovial, mit der Bemerkung abbügelt, niemand wolle hier eine «Nachtragsklage».

Der Richter bemüht sich, angesichts des unternehmerisch offenbar sehr agilen Achim Steiner, die Übersicht zu behalten. Er zitiert aus der Anklageschrift die Bemerkung der Staatsanwaltschaft, ein vollständiger Überblick über die geschäftlichen Aktivitäten des Angeklagten sei nicht möglich. Es kann durch die Vernehmung zur Person nicht geklärt werden, ob Herr Steiner selbst nicht weiß, mit wem er wie auf geschäftlicher Basis verflochten ist. Oder weiß er das sehr wohl – wie eine Spinne, die auch die Zuckungen in den äußersten Fadenenden spürt? Oder beschränken sich Macht und Einfluß des Herrn Steiner, die die Anklagevertretung gern im Detail beschrieben und nachgewiesen hätten, nur auf die informelle Ebene?

Der Richter fragt, um die Einkommensverhältnisse zu beleuchten, nach einer GmbH, von der ihm bekannt ist, daß sie Herr Steiner und ein Grieche namens B. gemeinsam betrieben haben. «Ja», sagt der Angeklagte, «das war ein Arbeitskollege. Wir haben einen Lebensmittelladen aufgemacht, bei dem ich aber nur der stille Teilhaber war.» Er hätte seinen Anteil aber schon bald wieder an seine Schwester verkauft, weil der Geschäftsführer Geld unterschlagen und ihm das nicht gepaßt habe.

Hier läßt es sich der Staatsanwalt nicht entgehen, nachzuhaken. Am Tage der Verhaftung habe Achim Steiner einen Pkw gefahren, der auf den Namen des Griechen zugelassen war. Ob das zu der Behauptung passe, der Angeklagte hätte keine geschäftlichen Beziehungen mehr zu seinem ehemaligen Teilhaber?

Herr Steiner antwortet, ohne zu überlegen und in treuherzigem Ton, er stehe immer noch in einem freundschaftlichen Verhältnis zu dem besagten Herrn. In der Antwort schwingt die Frage mit, ob es denn verboten sei, im Auto eines Freundes umherzufahren?

Der Richter will natürlich wissen, wovon Herr Steiner lebe und wie hoch sein Einkommen sei. Dieser gibt 3000 DM als persönlichen Bedarf an. Sein Anwalt korrigiert nur wenig später diese Angabe: Damit habe der Angeklagte nur das gemeint, was er selbst benötigt habe. Das Geld für seine Frau, mit der er seit zwanzig Jahren verheiratet ist, und seine zwei Kinder sei noch dazuzurechnen.

Der Richter befragt nun den Angeklagten zu den Bordellen. Achim Steiner kann sich erinnern, daß manchmal «praktisch neun Mann in einer Einzimmerwohnung» waren – womit die thailändischen Frauen gemeint sind. Er habe damit nichts zu tun gehabt. Nachschub sei von den Schleppern oder auch von den verheirateten «Mädels» organisiert worden. Auch sei ihm nichts von Vermittlungsgebühren oder Schlepperschulden bekannt. «Eine hat der anderen wohl erzählt, daß da Geld zu verdienen sei.» Auf die Frage des Richters antwortet er, er glaube, daß das «praktisch ein Selbstläufer» gewesen wäre.

Und, das fügt Herr Steiner freiwillig hinzu, er habe noch nie so nette und hilfsbereite Ausländer getroffen. «Kein Wunder, daß die deutschen Männer die geheiratet haben.» Das wäre wie «eine große Familie» dort gewesen. Die Mädchen hätten sich gegenseitig besucht, Karten gespielt und gekocht.

Hier greift zum erstenmal der zweite Staatsanwalt ein. Er verkörpert den humor- und farblosen Typus, der gegen die penetrante Leutseligkeit und verbale Hilfsbereitschaft des Achim Steiner völlig gefeit ist. Er sitzt neben, ja beinahe hinter seinem Kollegen, und seine Fragen hatten bisher Nebensächlichkeiten gegolten, so als ob er nur für die Nachfragen wegen kleinerer Ungenauigkeiten zuständig wäre. Ob der Angeklagte sich erinnern könne, was da gekocht wurde? «Natürlich», meint Herr Steiner, vorwiegend Reis, daran könne man auch sehen, daß die Frauen aus ärmlichen Verhältnissen stammten.

Der Angriff kommt unerwartet. Die beiden Anklagevertreter spielen sich den Ball jetzt per Kurzpaß zu. Staatsanwalt zwei: Wie wir aus der Anklageschrift gehört hatten, befand sich in der Küche eines jeden Bordells eine Strichliste, auf der die Anzahl der Kunden vermerkt wurde, und eine Kasse. Der Angeklagte habe sogar die Kochgewohnheiten der Damen genau beobachtet. Daher sei es doch sehr unglaubwürdig, daß er ausgerechnet die Kasse und die Strichliste nicht gesehen habe? Somit müsse er auch über die Einkünfte informiert gewesen sein!

Herr Steiner beteuert, das habe ihn nicht interessiert. Staatsanwalt eins: Ob er die Wohnung denn fluchtartig verlassen habe, wenn ein Freier auftauchte? «Nein», sagt der Befragte, «nicht immer.» Er will aber weder Ratschläge für die Organisation des Bordells gegeben noch in die Betriebsorganisation eingegriffen haben.

Staatsanwalt zwei vergewissert sich, bevor er die Schlinge ein wenig mehr zuzieht, ob der Angeklagte wirklich nicht am Umsatz interessiert gewesen sei? Das entspräche den Tatsachen, beteuerte dieser. «So», mahnt der Angeklagevertreter, jetzt ganz väterlich, «Sie wußten also als einziger überhaupt nicht Bescheid?» Und, da die Bemerkung rhetorisch gemeint ist und mehr in Richtung des Vorsitzenden geht, schiebt er die Frage nach dem Preis der Dienstleistungen nach, was Herrn Steiner zum erstenmal die Aussage verweigern läßt.

Wenn der Angeklagte zugäbe, daß er Freier war, müßte er die Preise kennen, somit auch über die Umsätze informiert sein, da er unbestritten in den Etablissements ein und aus ging. Hat er jedoch die Dienste der Damen in Anspruch nehmen können, ohne etwas zu zahlen, wäre das ein Indiz dafür, daß seine Stellung über die des bloßen Vermieters der Räumlichkeiten hinausging. Das würde den Staatsanwälten sehr gefallen.

Bestreitet er aber, Freier gewesen zu sein, wird die Anklage – das kann Herr Steiner jetzt noch nicht wissen – vielleicht eine der thailändischen Frauen als Zeugin benennen. Viel schlimmer noch: die Mitangeklagten, vor allem Ayhan Balkavan, werden, das vermutet Achim Steiner, alles daransetzen, nachzuweisen, daß er der große Boss gewesen ist und sich gratis bei den Damen bediente. Auch einen Beweis dafür würde die Anklagevertretung auf das herzlichste begrüßen.

Eine Schlammschlacht

Der zweite Angeklagte, Ayhan Balkavan, gut dreißig, normaler Schnauzbart, gepflegte Haare, hat es schwer, Mitleid zu erwecken. Ist er nun der eiskalte und menschenverachtende Zuhälter, als den ihn der Staatsanwalt detailgenau beschrieben hatte, oder ein harmloser Automechaniker, der sich hier und dort auf krumme Touren eingelassen hat und dabei von dem mit allen Wassern gewaschenen Achim Steiner über den Tisch gezogen wurde?

Da ist die Angelegenheit eines Grundstückes in Moabit. Balkavan ist zwar verheiratet, seine Frau und die zwei Kinder leben aber in einer westdeutschen Großstadt. Der Ehegatte und Angeklagte ist «auf Montage» in Berlin und lebt in einer heruntergekommenen Wohnung. Irgend etwas, sei es die räumliche Trennung von seiner Frau oder eine Entfremdung der Beziehung – die Vernehmung zur Sache schafft hier keine Klarheit –, veranlaßt ihn, ein türkisch-arabisches Bordell in Kreuzberg zu besuchen. Dort lernt er die Marokkanerin Aischa al-Husni kennen, mit der er einige Nächte in einem Hotel verbringt. Ayhan Balkavan spricht vor Gericht nie von «Liebe» oder davon, daß man ineinander verliebt gewesen sei. Immerhin war er der Meinung, daß «die Yasemin», so nennt er seine spätere Freundin, nicht in ein Bordell gepaßt hätte.

Durch Aischa lernte er Achim Steiner kennen, der eine Wohnung anbot, die das Paar beziehen konnte. Da es der Traum Herrn Balkavans war, sich in seinem ursprünglich erlernten Beruf endlich zu verwirklichen, fragte er den Hausbesitzer, ob dieser nicht ein Grundstück für eine Werkstatt wüßte. Steiner bot ihm eines an. «Man hätte zehn Zeugen gebraucht, um das als Platz für eine Werkstatt zu erkennen», sagt der Angeklagte vor Gericht. Da Ayhan Balkavan den von Achim Steiner verlangten Preis – es handelt sich um 30000 DM – nicht bezahlen konnte, sei ihm, so behauptet er, von Steiner das Angebot gemacht worden, die Summe als Geschäftsführer eines Bordells abzuarbeiten.

Ayhan Balkavan nahm das Angebot an und sagte zu, aus den Einnahmen für das «Bodrum», so der Name, 3000 DM monatlich an den eigentlichen Besitzer, nämlich Achim Steiner, abzuführen. Um diese Summe dreht sich die Diskussion vor Gericht. Der vernommene Balkavan kann sich minutiös an die Einnahmen erinnern. Durchschnittlich wären zwischen acht und zehn Kunden am Tag gekommen. Jeder Kunde habe 50 DM zahlen müssen, davon seien 30 DM an die Prostituierte gegangen, die restlichen 20 DM an den Bordellwirt. Dieser Anteil sei dann zu gleichen Teilen zwischen Steiner einerseits und Balkavan und al-Husni andererseits aufgeteilt worden. Rechnet man diese Angaben durch und nimmt man an, daß zwischen zwei und zehn Frauen im «Bodrum» arbeiteten, dann ergibt sich in der Tat für den Angeklagten ein Gewinn von ungefähr 3000 DM, ein Betrag, den er laut seiner Aussage an Steiner für die Miete der «Werkstatt» in Moabit abführen mußte. Darüber hinaus habe Steiner, der sich bereit erklärt hatte, die Renovierung vorzunehmen, häufig zusätzliches Geld verlangt, für eine Betonmischmaschine zum Beispiel und Baumaterialien.

Der Richter, der sich Notizen gemacht hat, muß daher ungläubig nachfragen: «Aber Herr Balkavan, davon kann man doch als Bordellwirt nicht leben?»

Das wollte dieser auch damit aussagen. Es scheint, als handelte es sich beim «Bodrum» um ein Unternehmen, das wegen der Habgierigkeit des Eigentümers und der mangelnden betrieblichen Auslastung von Beginn an keine nennenswerten Gewinne abwarf, ja sogar, vom Standpunkt des Herrn Balkavan, ein Zuschußgeschäft gewesen sein muß.

Der Angeklagte hat, wie er ausführt, mehrere Belege, daß es so war, wie er behauptet. Erstens habe er just an dem Tag, als seine Verhaftung erfolgte, ein Gewerbe auf dem Grundstück angemeldet, was zeige, daß er beabsichtigte, nicht als Bordellwirt, sondern als Automechaniker zu arbeiten. Zweitens hätte Steiner zu ihm gesagt: «Du wirst nie ein richtiger Zuhälter!»

Drittens, und jetzt wird es spannend, seien seine Aufzeichnungen über die Einnahmen verschwunden. Auf die Frage der Staatsanwaltschaft, wieso diese Unterlagen bei der Durchsuchung der Wohnung nicht gefunden worden wären, meint Balkavan: Steiner hätte den Wohnungsschlüssel gehabt und auch von der Existenz einer braunen Tasche gewußt, in der sich ein Teil der Notizen befanden.

Die Staatsanwälte sind jedoch in der glücklichen Lage, die Einlassungen des Angeklagten im Detail widerlegen zu können. Sie haben in zwei Bordellen Aufzeichnungen gefunden, die für einen genau umrissenen Zeitraum einen Einblick in die «Buchhaltung» derartiger Etablissements erlauben.

Der Mitangeklagte Hans Risse hat für einen Monat, als er während eines Auslandsaufenthalts Balkavans die Geschäftsführung im «Bodrum» in Vertretung übernahm, durchschnittlich mehr als 19 Kunden pro Tag notiert. Bei zwei Freiern am Tag verdienten die Frauen 1800 DM brutto. Dazu hatten sie 20 DM pro Woche für Toilettenartikel auszulegen, 200 DM im Monat Miete zu bezahlen und einmalig 200 DM für die polizeiliche Anmeldung, die sich, so der vernommene Risse, bis auf klägliche 10 DM, die für ihn, den Aufpasser und «Mädchen für alles» im Bordell, gewesen seien, der Angeklagte Balkavan eingesteckt habe.

Diese Rechnung ergibt 1420 DM Nettoverdienst für die Thailänderinnen, von dem sie aber noch ihren Lebensunterhalt bestritten. Das Perfide an dem Ausbeutungssystem, in das die Frauen, zumindest in den Bordellen Steiner/Balkavan, gezwungen wurden, ist, daß die Prostituierten ihr Hin- und Rückflugticket nach Thailand selbst bezahlen mußten, also drei- bis viertausend DM, und daß die meisten, schon in Bangkok, zusätzlich noch bis zu 1500 DM «Vermittlungsgebühr» zu entrichten hatten, also Schlepperschulden. Die Mehrzahl der Frauen kam daher schon verschuldet in Deutschland an und hatte kaum eine Chance, in drei Monaten einen Gewinn zu erzielen.

Die Anklagevertretung hat ausgerechnet, daß erst bei mindestens vier Freiern pro Tag eine relevante Summe für die Thailänderinnen übrigblieb.

Im November 1988 meldete sich eine Frau, Thongthaen Phancharoen, bei der Polizei und gab bei ihrer Vernehmung an, sie sei aus dem Bordell «Bodrum» geflüchtet. In Thailand habe man sie als «Kellnerin» angeworben, in Berlin jedoch, sogleich nach ihrer Ankunft, in eine Sauna gesteckt. Sie hätte sich zunächst geweigert, dort als Prostituierte zu arbeiten. Sie landete dann im Betrieb Balkavans, um ihre Schlepperschulden abzuarbeiten. Da die Zeugin mittlerweile wieder in ihrem Heimatland ist, kann während des Prozesses nicht geklärt werden, mit welchen Mitteln sie ins «Bodrum» gebracht wurde und welche Zwangsmaßnahmen sie veranlaßt haben, sich trotz ihres gegenteiligen Vorsatzes zu prostituieren. Sie hat zu Protokoll gegeben, daß sie 112 Kunden in 24 Tagen «bedient» hat und daß sie geflohen sei, weil die Betreiber des Etablissements ihr überhaupt kein Geld ausbezahlt, sondern den auf sie entfallenden Anteil von 5000 DM vollständig unter sich aufgeteilt hätten.

Der Staatsanwalt läßt es sich nicht nehmen, den Angeklagten Balkavan auf die Existenz der Aufzeichnungen und die Aussagen einiger Zeuginnen, aber auch seiner Mitangeklagten aufmerksam zu machen.

«Ist es nicht so, Herr Balkavan», hält er ihm vor, «daß es im ‹Bodrum› eine straffe Organisation gab, die Sie selbst eingeführt haben? Haben Sie nicht den Frauen verboten, die Wohnung aufgrund ihres eigenen Entschlusses zu verlassen? Haben Sie, Herr Balkavan, den Frauen nicht sogar untersagt, thailändisches Essen zu kochen? Gab es nicht eine zentrale Kasse, in die die gesamten Einnahmen eingezahlt wurden? Haben Sie nicht erst am übernächsten Tag mit den Frauen abgerechnet, um den Verlust im Fluchtfall zu erhöhen? Setzten Sie nicht willkürlich Geldstrafen bei zu langer Abwesenheit, etwa Arztbesuchen, fest?»

Die lange Rede macht Eindruck, und die Anwälte verzichten dieses Mal sogar darauf, Einwände wegen der suggestiven Befragung zu Protokoll zu geben.

Die Waagschale hat sich ein wenig zuungunsten des Angeklagten Balkavan geneigt. Die Strategie der Verteidiger, auch Balkavan hat deren zwei, zielt deshalb nicht darauf ab, widerlegen zu wollen, wofür die Anklage eindeutige Belege hat. Unwidersprochen war Herr Balkavan ein Zuhälter und der Geschäftsführer eines Bordells, auch wenn er diesen Beruf zum erstenmal ausgeübt hat. Er könnte jedoch Punkte sam-

meln, wenn er die anderen Angeklagten belastet, und so die Mauer des Schweigens, mit der sich das «Milieu» umgibt, durchbricht.

Neben der ominösen braunen Tasche, die er vermißt, mitsamt der ebenso nebulösen Unterlagen, wartet Herr Balkavan mit Behauptungen auf, die, wenn sie wahr wären, Stoff für mehrere Kriminalromane mit den dementsprechenden Klischees abgäben. Um von den Vorwürfen abzulenken, insbesondere dem der schlechten Behandlung der Frauen, schildert er das Verhalten des Angeklagten Steiner. Dieser habe sich, nachdem finanzielle Unregelmäßigkeiten vorgekommen waren, als Hans Risse das «Bodrum» in Balkavans Auftrag kontrolliert hatte, schriftlich die Tageseinnahmen vorlegen lassen. «Ich habe auch gesehen», sagt er, «wie Achim aus den Räumen kam und die Mädchen gerade die Hosen zumachten. Er gab sich als der große Chef aus, sagte auf thai ‹Ich habe gerade gebumst›, und zahlte nie.» Er, Balkavan, habe die Frauen für ihre Dienste an Herrn Steiner entlöhnt.

Der vorsitzende Richter scheint uninteressiert, ebenso die Staatsanwälte. Müßten sie nicht ganz Ohr sein, wenn Achim Steiner belastet wird, wenn seine ehemaligen «Kollegen» ihre Furcht vor Racheakten verlieren und auspacken? Oder ist das Taktik? Natürlich klänge es unglaubwürdig, wenn Zuhälter behaupteten, sie hätten «ihre» Frauen nicht sexuell ausgenutzt. Der Schlamm, mit dem Balkavan seinen Mitangeklagten bewirft, trifft ins Leere, weil jeder im Gerichtssaal das Vorgeworfene als «normales» Verhalten geradezu erwartet.

Das Gericht schätzt die psychologische Situation richtig ein. Zu Recht befürchtet Balkavan, daß ihm niemand glaubt, da Gericht und Beobachter in seiner Lage ebenfalls alles daransetzen würden – was Angeklagte verständlicherweise immer tun –, sich selbst in ein gutes und die anderen in ein möglichst schlechtes Licht zu rücken. Wenn scheinbar niemand darauf hört, was er über seine Mitangeklagten verbreitet, muß er nachlegen. Dagegen haben Gericht und Staatsanwälte nichts einzuwenden, auch wenn alle Herren gelangweilt in ihren Akten blättern oder psychologische Studien im Gerichtssaal betreiben.

Als er das «Bodrum» übernommen hätte, fährt Balkavan fort, seien Kunden gekommen, die er als «Perverse» bezeichnet. Diese wünschten Analverkehr, «sie wollten sich anpissen lassen und so etwas», und die Frauen weigerten sich, darauf einzugehen. Steiner hingegen habe gesagt, wenn ein Freier 500 DM bezahle, dürfe er mit der Frau alles machen, «außer daß er sie umbringt».

Auch diese Einlassung provoziert keine die Gefühle des Angeklagten entlastende Reaktion. Ohnehin ist Balkavan gehandikapt. Er hat auf die Dienste des Dolmetschers verzichtet, da er gut Deutsch spricht. Zu sprachlichen Nuancen, die die Meinung des Gerichts beeinflussen könnten – gelassene Untertöne, ironische Selbstsicherheit oder befreiender Witz –, ist er aber kaum in der Lage. Er kann dem, was er vorbringt, nur Nachdruck verleihen, indem er aufbraust oder, wenn die anderen reden, seine Gefühle mimisch unterstützt, indem er den Kopf schuttelt, vor sich hin brummelt oder dem Dolmetscher, der ihm als einziger immer zuhört, seine Meinung ins Ohr flüstert.

«Wenn ich alles getan hätte, was Achim Steiner mir vorgeschlagen hat», ruft er sichtlich erregt in den Saal, «wäre ich heute ein Räuber und Mörder!» Der Richter fragt zweifelnd nach, ob er richtig «Räuber und Mörder» verstanden hat, und bittet um Details.

Aus Ayhan Balkavan sprudelt es hervor: Steiner habe gefordert, daß er seine alten Häuser anzünden sollte, um die Versicherungssumme kassieren zu können.

Da es aber nicht gebrannt hat und Steiner bei seinen Verbindungen sicher jemand anderen gefunden hätte, klingt die Aussage nicht sehr wahrscheinlich.

«Und der Typ vom Wohnungsamt», fährt der Angeklagte ungefragt fort, und spielt auf einen Vorwurf an, der gegen Steiner erhoben wird.

Der soll, anhand der Unterschriften der ihm vom Wohnungsamt zugestellten Bußgeldbescheide wegen Zweckentfremdung, die zuständigen Beamten ermittelt und sie entweder selbst oder durch andere «Gangster» eingeschüchtert und bedroht haben. Steiner habe ihm die Wohnung des einen gezeigt und ihm 20000 DM angeboten, wenn er auf den schieße. «Und», als würde das nicht reichen, «Herr Steiner hat auch die Bäume in dessen Garten geschnitten ...»

Der Staatsanwalt versteht, nickt und hilft aus: «Gefällt, meinen Sie.» Seine Miene bleibt unbewegt, und niemand kann erkennen, ob das Gesagte für ihn einen neuen, interessanten Aspekt darstellt oder ob er der Meinung ist, Balkavan lüge, um sich reinzuwaschen, indem er die anderen als noch schmutziger als sich selbst darstellt.

Der Angeklagte ist nicht das kleinste und schwächste Glied in der Kette, die sich zwischen den thailändischen Frauen und jenen Personen spannt, die den Menschenhandel organisieren und die «Arbeitsstätten» bereitstellen. Er hat seinerseits Untergebene, Handlanger, Angestellte – eine genaue Definition ist kaum möglich, da sich die Beziehungen zwischen Balkavan und diesen Personen nicht auf arbeitsrechtlicher, sondern informeller Ebene regeln.

Die Staatsanwaltschaft weiß, daß sie auf die Aussagen gegen Steiner gegebenenfalls zurückkommen kann, spürt aber auch das Dilemma, in dem sie sich befindet: Nimmt sie den Angeklagten Balkavan auseinander, indem sie dessen Behauptungen Punkt für Punkt widerlegt, wird er als Person unglaubwürdig. Darauf lauern die Anwälte Steiners, die Balkavans Beschuldigungen gegen ihren Mandanten mit Vergnügen in der Luft zerreißen würden. Die Taktik muß demnach sein: Balkavan zu bewegen, die gegen ihn erhobenen Vorwürfe wegen Zuhälterei und Förderung der Prostitution schnell zuzugeben, damit er dann als glaubwürdiger Zeuge gegen Steiner zur Verfügung steht, dem nachgewiesen werden soll, daß er der Drahtzieher und Hintermann gewesen ist.

«Haben Sie jemandem erlaubt», wird Balkavan gefragt, «im Bordell zu wohnen?» Der verneint das, muß aber erläutern, warum die Polizei ebendort einen Jugoslawen verhaftet hat, der sowohl über den Schlüssel des Etablissements verfügte, als auch die Kasse verwaltete. Der sei ein «armer Typ» und nur für die Sauberkeit zuständig gewesen. Der Staatsanwalt kündigt an, ohne die Einlassung zu kommentieren, er werde eine Zeugin präsentieren, die aussagen werde, daß Balkavan das Bordell an eben diesen Jugoslawen verkauft hätte. Außerdem sei in dem Laden ein Mietvertrag gefunden worden, unterzeichnet vom

Angeklagten. Zweifelsfrei hätte dieser die Aufsicht geführt und die Gelder kassiert.

Die Anwälte Steiners sehen verständlicherweise keinen Grund, hier einzugreifen. Es läuft alles nach Plan. Balkavan tut ein übriges: Auf die Frage, warum die Prostituierten wechselweise in zwei verschiedenen Bordellen gearbeitet haben, antwortet er: «Ich kann nur sagen, daß ich keine Frauen getauscht habe.» Übersetzt: Ich bin nur ein kleiner Zuhälter, der aber weder mit Menschenhandel etwas zu tun noch in größerem Rahmen Prostitution organisiert hat. Aber wer dann, wenn nicht Steiner? Oder läuft das Geschäft mit den Asiatinnen von allein, ohne die leitende Hand eines großen Bosses?

Uneinheitliches Verhalten

Die Aussagen der beiden Angeklagten Steiner und Balkavan sind wie ein Pudding, den die Staatsanwaltschaft versucht an die Wand der objektiven Realität zu nageln. Unbestritten bleibt die Tatsache, daß sich in der Schulstraße ein Bordell befand. Um jedoch den Vorwurf «Förderung der Prostitution» zu erhärten, bedarf es der Aufklärung, wer hier was bestimmte.

Drei Versionen werden dem Gericht angeboten. Balkavan: Er habe den Mietvertrag für das Etablissement, eine normale Altbauwohnung mit zwei Zimmern, nur unterschrieben, weil seine damalige Geliebte, die Angeklagte Aischa al-Husni, ihn darum gebeten hatte. Sie arbeitete selbständig als Prostituierte und war gleichzeitig, das habe er später festgestellt, «Geschäftsführerin» eines anderen Bordells, das Steiner eingerichtet habe. Dieser hätte sie ununterbrochen genötigt, doch «bei ihm» tätig zu werden.

Er wollte seine Freundin aus dem Milieu «befreien». Er habe sogar mit Steiner abgesprochen, daß einer seiner Bekannten, der in der Tat von Beruf «Zuhälter» sei, die Schulstraße übernehmen solle. Durch die vielen Razzien Anfang 1988 seien einige der Bordelle, mit denen er zu tun gehabt habe, ohne Frauen gewesen. Eine Thailänderin, die nur unter dem Spitznamen «Mama Sun» bekannt ist, bedeutete ihm, er könne Frauen in einem Laden im Wedding «organisieren». Dort habe er Steiner getroffen, der wohl ähnliche Absichten verfolgte. Der hätte gemeint, er, Balkavan, solle sich wegen der Polizeiaktionen keine Sorgen machen, Zimmervermietung gelte nicht als Zuhälterei, und man bekäme höchstens die Kosten einer eventuellen Abschiebung «aufgebrummt».

Die Frauen habe der Mitangeklagte Johannes Risse vom Flughafen Berlin-Schönefeld abgeholt. Er behauptete, er spräche sie dort an, wenn diese nicht wüßten, wohin, und vermittelte ihnen Wohnungen. Er, Balkavan, glaubte ihm nicht, denn Risse hätte gar keinen Paß besessen, den er für das Betreten des Flughafens damals benötigte.

Die Version der Angeklagten Aischa al-Husni: Ja, sie habe das Bordell in der Schulstraße betrieben, allerdings auf Veranlassung Steiners. Der sei nämlich über lange Zeit ihr Geliebter, neben Balkavan, gewesen. Ihm hätte sie ihren Wohnungsschlüssel überlassen. Steiner habe ihr – die Angeklagte nennt Ort und Datum – schwarze Unterwäsche gekauft. Sie sei ihm hörig gewesen, hätte nichts ohne seine Erlaubnis tun können.

Jetzt fühlte sie sich bedroht. Sie sei überfallen worden, man hätte ihr geraten, keine Aussagen gegen Steiner zu machen.

Die Version des Angeklagten Steiner: die Beschuldigungen der Aischa al-Husni seien eine unverschämte Lüge. Er habe niemals etwas mit ihr gehabt. Es sei nur Gefälligkeit gewesen, daß er die Wohnungen vermietet hätte. Natürlich habe er etwas von den Polizeirazzien mitbekommen. Er sei davon ausgegangen, daß er sich keiner strafbaren Handlungen schuldig mache, da die zuständigen Bezirksämter sich «nicht gerührt» hätten.

An dieser Stelle der Vernehmung ahnt Anwalt Valmy, der in Justizkreisen respektvoll als «heller Kopf» gehandelt wird – «der hat Terroristen verteidigt» –, eine Schwäche der Anklage. «Ich bin ein aufmerksamer Anklageschrift-Leser», sagt er. Die Polizei habe, nach seiner Kenntnis, sogar Aktenvermerke angelegt, daß es sich bei den durchsuchten Objekten um «bordellartige Betriebe» handelte, und trotzdem nicht eingegriffen. Woher hätte sein Mandant, Steiner, wissen sollen, daß die Vermietung von Wohnungen an thailändische Prostituierte eine Straftat sei? Steiner habe vermutet, die Frauen dürften im Gewerbe tätig werden, aber eben nur nicht regelmäßig und auf Dauer.

Staatsanwalt eins verzieht das Gesicht. Seit fünfzig Jahren wäre bekannt, daß das Gegenteil der Fall sei,„meint er. Das ist keine überzeugende Entgegnung, denn es erklärt nicht, warum die Polizei anders handelte, als es die Interessen der Justiz vorsehen. Staatsanwalt zwei springt ein: Man könne, da habe der Anwalt recht, von einem «uneinheitlichen Verhalten» sprechen. Aber, gibt er zu bedenken, man müsse «auch nicht immer zum schärfsten Mittel», der sofortigen Abschiebung, greifen. Nach einer erfolgten Razzia wären die festgenommenen Frauen dem Abschieberichter vorgeführt worden, aber nicht einem Ermittlungsrichter. Die Staatsanwaltschaft habe davon Kenntnis erhalten, «aber nicht immer».

Das ist keine Antwort auf die Frage, warum lange Zeit nichts gegen eindeutige Straftaten unternommen wurde. Der Staatsanwalt erklärt mir später, was es damit auf sich hatte.

In Berlin gab es «ein erhebliches Chaos». Die Bemühungen der zuständigen Behörden beschränkten sich darauf, die thailändischen Frauen, die bei der «Ausübung der Prostitution» angetroffen wurden, in Haft zu nehmen und dann abzuschieben. Die Strafen, die ihnen blühten, waren aber so gering, daß die Verfahren ausnahmslos eingestellt werden mußten. «Das Ergebnis stand von vornherein fest», referiert der Staatsanwalt die frühere Praxis: «Es wurde nichts bewirkt. Das ist natürlich ein Umgang mit Zeugen, den ich als Staatsanwalt nicht für glücklich erachte. Die Frauen werden erst festgenommen, mit dem Dampfhammer bearbeitet, dann muß man ihnen mühsam erklären, daß das gar nicht so gemeint ist und keine Auswirkungen haben soll, und sie dann höflich bitten, nunmehr als Zeuge gegen die richtigen Leute auszusagen.»

Das Problem, daß sich Polizei und Justiz gegenseitig behinderten, lag eher an der unterschiedlichen personellen Ausstattung: «präventive Maßnahmen» sind Aufgabe der Schutzpolizei, die mehr als 80 Beamte einsetzte. Die Kriminalpolizei, die gegen die Hintermänner und Schlepper ermitteln sollte, hatte nur ein knappes Dutzend Beamte, die von der Schutzpolizei mit Akten «förmlich zugeschüttet» wurden.

Das Ausländergesetz, sagt der Anklagevertreter, wolle aus guten Gründen die Einwanderungswelle, die man auch mit dem Ausländerrecht nur mühsam bremsen kann, steuern. «Das kollidiert natürlich manchmal mit meinen speziellen Interessen der Strafverfolgung. Die ausländerrechtlichen Maßnahmen gegen die Frauen sind Opportunitätsentscheidungen mit Ermessensspielraum der Verwaltungsbehörde, in diesem Fall dem Landeseinwohneramt. Die müssen nur meine Interessen berücksichtigen. Ich muß da aktiv werden. Wenn wir aber 800 Abschiebeverfahren laufen haben, fängt die Schematisierung durch die Zahl an.»

In der Anklageschrift hatte es geheißen, daß es sich im Zuge der Ermittlungen als schwierig erwies, alle polizeilichen Kontrollen im nachhinein zu erfassen, da diese Kontrollen «durch unterschiedliche Teile der Polizei» erfolgten und eine zentrale Erfassung nicht wirksam funktionierte. Es konnten daher nicht alle Einflüsse und Razzien vollständig erfaßt werden.

Die merkwürdige Praxis der Polizei war auch der Anlaß für die Kritik verschiedener Frauengruppen. Die Senatsverwaltung veranlaßte eine Übergangsregelung für zunächst ein Jahr. Prostituierte, die bei einer Razzia festgenommen wurden, sollten nicht mehr automatisch abgeschoben werden. «Das sind doch keine Verbrecherinnen», sagt eine Staatssekretärin, «die Thailänderinnen haben in einer Frauenhaftanstalt nichts verloren.» Eher sollte die Polizei sich um die Menschenhändler und Bordellbesitzer kümmern.

Im Gerichtssaal heimst Rechtsanwalt Valmy psychologische Punkte ein. Er zitiert das Fazit der Anklageschrift: «Aus nicht näher nachvollziehbaren Gründen hat die Polizei darauf verzichtet, Strafverfahren einzuleiten.» Das will sagen: Wenn noch nicht einmal die Polizei weiß, ob sich hier jemand strafbar gemacht hat – sonst hätte sie ermitteln müssen –, woher nehmen die Staatsanwälte ihre Sicherheit, meinem Mandanten die «Förderung der Prostitution» und ein «Vergehen gegen das Ausländergesetz» nachweisen zu können?

Der vorsitzende Richter weiß, daß diese Diskussion unendlich lange fortgeführt werden könnte, und schlägt den einzig richtigen Weg ein, indem er auf die Zuständigkeit der Justiz verweist: «Wir wollen uns jetzt nicht mit den Gehirnwindungen der Polizei befassen.»

Betreiberverhältnisse

Der Angeklagte Hans-Dieter Maus sieht unauffällig aus: kleiner Schnurrbart, aschblonder Messerschnitt, hellgrauer Anzug, zu kurze Socken, abgelaufene, halbhohe braune Schuhe mit seitlichen Reißverschlüssen. Der Gesichtsausdruck teigig, von einer inneren Unruhe getrieben. Hans-Dieter Maus war Polizeiobermeister, dann Kellner in einem noblen Berliner Hotel, dann Croupier. Die innere Logik in dieser Kette scheint eine Art Faible für den Dienstleistungssektor zu sein.

Maus ist Spieler und hoch verschuldet, obwohl noch in ungekündigter Stellung. Ihm wird vorgeworfen, ein Bordell – unter Steiners Regie – in Neukölln betrieben zu haben. Desselben Delikts angeklagt ist seine aus Thailand stammende Ehefrau Buajan Maus.

Frau Maus ist sich bewußt, daß man sie für hübsch hält. Sie trägt ihre Haare sehr lang und untermalt ihre Aussagen, indem sie mit den Händen durch die Frisur fährt. Häufig läuft sie mit Stöckelschuhen, deren klapperndes Echo die Flure des Gerichtsgebäudes entlanghallt, mit Stahlabsätzen, die so hoch sind, daß sie kaum geradeaus gehen kann. Sie spricht leise, sehr leise, so daß selbst der direkt neben ihr sitzende Dolmetscher sich zu ihr neigen muß. Sie weiß aus Erfahrung, welche Attitüde bei bestimmten deutschen Männern gefragt ist: eine Mischung aus gespielter Naivität, mädchenhafter Unschuld und Raffinesse.

Sie hat schon in Japan als Prostituierte gearbeitet und wird sich nicht als Opfer undurchsichtiger Machenschaften darstellen können, sondern muß entweder Steiner belasten, als den eigentlichen Drahtzieher, oder ihren Ehemann. Letzteres erscheint, wenn man die beiden zusammen beobachtet, unwahrscheinlich. Die Staatsanwaltschaft darf den Aussagen des Ehepaars mit Interesse entgegensehen.

Natürlich, das sagt Frau Maus während ihrer Vernehmung, habe ihr Ehemann alles mit Steiner besprochen, sie verstehe ja kaum Deutsch, flüstert sie. Sie habe sich anfangs nur in dem Bordell aufgehalten, weil ihr die Dame, die damals die Betreiberin war, 4000 DM geschuldet hätte. Sie habe nur gewartet, daß ihr die Summe in Raten ausbezahlt worden wäre.

Ihr Ehemann ist auch unschuldig. Der Laden der Dame sei so schlecht gelaufen, daß seine Gattin auf die 4000 DM ewig hätte warten müssen. Deshalb habe er ein wenig Geld investiert, um dem Geschäft auf die Beine zu helfen. Im übrigen wisse er gar nicht, wie ein Bordell von innen aussehe, geschweige denn, welche Betriebsregeln da herrschten.

Dem vorsitzenden Richter verschlägt es zunächst die Sprache. Dann entfährt ihm: «Wollen Sie mich hier für dumm verkaufen?» Die Sitzung wird für ein paar Minuten unterbrochen, wohl weil das hohe Gericht den Ärger erst verdauen muß.

Nach der Pause wird den Vernommenen vorgehalten, was aus Sicht der Anklage tatsächlich geschehen war: Die Vorbesitzerin des Bordells war, wie Herr und Frau Maus, Spielerin und ständig in finanziellen Schwierigkeiten. Da sie nicht mehr in der Lage war, die von Steiner verlangte Miete zu zahlen, veranlaßte dieser, daß das Ehepaar den «Club Nancy» übernahm. Den Einfluß des Achim Steiner müsse man sich «informell» vorstellen: es gab keine Verträge, keine einklagbaren Rechte und Pflichten, keine unmittelbare Gewaltandrohung oder -ausübung.

Der Angeklagte Steiner soll sich, das ist die Ansicht der Staatsanwaltschaft, so verhalten haben, als hätte er den Soziologen Max Weber gelesen. Weber definierte «Macht» als die Chance, innerhalb einer sozialen Beziehung den eigenen Willen auch gegen den Widerstand anderer durchzusetzen, unabhängig davon, worauf diese Chance beruht.

Steiners «Chance» ist seine Position als Hauseigentümer und Vermieter. Unstreitig hatte er die Möglichkeit, aufgrund der Scheinmietverträge, deren Existenz er selbst zugibt, Leute von heute auf morgen an die Luft zu setzen, unabhängig davon, ob nun die Höhe der Miete an eine bestimmte Einnahme gebunden war oder nicht. Wenn eine der Prostituierten längere Zeit nicht anzutreffen, vielleicht auch mit der Miete im Rückstand war, ist es vorgekommen, daß Steiner ihr Mobiliar in den Hof stellte. Dann vermietete er die Wohnung neu, was, wenn die vorherige Mieterin wieder auftauchte, zu diversen Zwistigkeiten führte.

Steiner legt auch Wert darauf, und dabei begibt er sich juristisch auf Glatteis, festzustellen, daß er sich aus Gutmütigkeit habe herunterhandeln lassen, etwa wenn die Geschäftslage schlecht war oder Polizeirazzien die Kunden verscheuchten – eine Art ertragsabhängige Einnahme, die er eigentlich abstreiten müßte.

Er sagt später aus, diejenigen, die die Bordelle geführt hätten, wären manchmal nach einigen Wochen auf Nimmerwiedersehen verschwunden, weshalb er die Miete möglichst oft kassiert hätte. Dieses – aus geschäftlichen Gründen – verständliche Gebaren interessiert Richter und Staatsanwälte natürlich aus juristischer Sicht überhaupt nicht. Da die Anwälte Steiners das wissen müssen, darf das Publikum diese Einlassungen als eine Art verbale Nebelwand verstehen, die sich über alle Details ausbreitet und nach deren Verschwinden niemand mehr so recht weiß, worum es gerade eigentlich ging.

Steiner habe seinen Einfluß ausgenützt, die verschuldete Bordellwirtin auszubooten und statt dessen das Ehepaar Maus bewogen, den «Club Nancy» zu betreiben. Frau Maus war für die «Betreuung» der Thailänderinnen zuständig, der Ehemann für die Logistik, die Bankverbindungen und, wie es der Staatsanwalt formuliert, die «Außenvertretung».

Es wurden auch vietnamesische Aufpasser eingesetzt, die sich in einer gesonderten Verhandlung verantworten müssen. Alle Angeklagten wissen davon, behaupten aber, die jungen Männer wären Hausfreunde gewesen, denen die Prostituierten zu ihrem eigenen Schutz unregelmäßig Geld zugesteckt hätten.

Dieser Schilderung steht entgegen, daß sich, so die Polizei, im Oktober 1988 ein Fall «schwerer räuberischer Erpressung» seitens der Vietnamesen im Club Nancy ereignete – «zum Nachteil eines Kunden». Man kann sich vorstellen, daß die Prostituierten, die ständig von Razzien, also von Abschiebung bedroht waren und von allen Seiten Anweisungen zu befolgen hatten, ihre Aufpasser nicht als nette Jungs von nebenan kennenlernten. Allein deren körperliche Überlegenheit wird sie, mit der Billigung der Betreiber im Hintergrund, so eingeschüchtert haben, daß sie keinerlei Widerstand wagten.

Hier unterscheiden sich die Bordelle, um die es im Prozeß geht, von ähnlichen Etablissements: Steiner – so stellt sich das die Anklagevertretung vor – hat bewußt keine Luden aus dem Milieu engagiert, um Ordnung zu schaffen und seine Interessen zu wahren. Die wäre er nicht wieder losgeworden, vermutet der Staatsanwalt. Als Betreiber oder als vorgeschobene Marionetten fungieren Personen, die selbst abhängig sind, die Probleme hatten, einer geregelten Arbeit nachzugehen, die vor dem finanziellen Ruin standen, Spieler, Alkoholiker wie der Angeklagte Johannes Risse, oder Ausländer, die um ihre Aufenthaltserlaubnis fürchten mußten oder die Steiner wegen seiner intellektuellen Überlegenheit jederzeit im Griff hatte.

Da sich niemand der drei Beteiligten, weder Steiner noch Frau und Herr Maus, eindeutig als Bordellwirt bzw. -wirtin zu erkennen geben, muß der Staatsanwalt nachhaken. Er hält Buajan Maus vor, sie habe damals, anläßlich ihrer ersten Vernehmung ausgesagt, sie hätte sich mit Steiner «unterhalten». Es sei angeboten worden, «daß der Laden mit neuen Betreiberverhältnissen laufen sollte».

Die Angeklagte will weder den juristischen Begriff «Vorhalt» verstehen noch die an sich korrekte grammatikalische Formulierung «sie sagten, es sei»; niemand im Gerichtssaal weiß, ob die Formulierung «es sei» korrekt ins Thailändische übersetzt werden kann. Hier wäre es die Aufgabe der Verteidigung, korrigierend einzugreifen. Diese verhält sich jedoch still. Rechtsanwalt Valmy, der für Steiner zuständig ist, kann sich das naheliegende Bonmot nicht verkneifen: «Gibt es das Wort ‹Betreiberverhältnisse› auf thailändisch?»

Dieser Seitenhieb erschüttert nicht die Glaubwürdigkeit der Angeklagten Maus. Das wäre auch keineswegs im Interesse Steiners, da sie ihn bisher nicht belastet hat. Er soll suggerieren, daß sich die ermittelnde Staatsanwaltschaft alle Vorwürfe aus den Fingern gesogen und dann den Angeklagten in den Mund geschoben habe. Man einigt sich wegen der schwierigen sprachlichen Sachlage schließlich darauf, daß Frau Maus sich an den «Vorhalt» nicht erinnern könne.

Der Vorsitzende läßt nicht locker. Wer habe denn bestimmt, wer welchen Anteil bekam? Es sei alles so geblieben, wie es schon vorher geregelt worden war, sagt Frau Maus. Und was war mit der Strichliste? Auch darüber brauchte niemand zu bestimmen. Und warum brauchte das niemand zu bestimmen? fragt der Richter mit leichten Ermüdungserscheinungen in der Stimme nach. Sie habe das so beobachtet, flüstert die Angeklagte. Jetzt muß der Befragende doch, gegen seine sonstige joviale Art, ein wenig massiver werden: «Wurde gesagt, Frau Maus, ‹Nun macht mal weiter so wie vorher›?» «Ja», übersetzt der Dolmetscher.

Hier bricht der Verteidiger der Frau Maus sein bisheriges Schweigen und zweifelt an, ob seine Mandantin alles richtig verstanden hätte. Wenn diese Aussage so stehenbleibt, ist klar, daß das «Macht mal weiter so» eine klare Anweisung für die Betriebsregeln war, was die Vorwürfe der Anklage erhärten würde. Der Richter bügelt die recht schüchternen Bemerkungen des Anwalts auf seine Weise ab: «Wir wollen mal nicht so tun, Herr Rechtsanwalt, als wenn die Frauen an der untersten Intelligenzstufe stünden.» Eine Bemerkung, der keiner im Saal widerspricht.

Die Ermittlungen haben ergeben, daß das Paar in einem Zeitraum von gut sechs Monaten rund 150000 DM Gewinn erzielte, die Anklage spricht von netto 5000 DM pro Monat. Auf die Frage, wo das Geld geblieben sei, weiß Frau Buajan Maus nur zu antworten, sie hätte alles verspielt oder beim «shopping» ausgegeben. Für sie ist «ausgegeben» gleichbedeutend mit «nicht bekommen». Im Gegensatz zu ihrer Mitangeklagten Siriwan Kowalewski, die laut der vorgelegten Beweismittel – Bankauszüge zum Beispiel – sechsstellige Summen nach Thailand transferiert hat, will Frau Maus völlig mittellos sein.

Wenn sie und ihr Mann nicht die Betreiber des Bordells gewesen sein wollen, liegt es nahe, nach der Rolle Steiners zu fragen. Er habe repariert, was angelegen hätte, sagt die Angeklagte. Als da wäre? Er habe den Ausguß der Badewanne gesäubert. Der Richter entschuldigt sich für die detaillierte und langweilige Befragung. Er wolle nur Gewißheit haben für einen Eindruck, den er nicht benennt. Rechtsanwalt Valmy, der die Absicht bemerkt hat, fährt förmlich aus der Haut: Die Unbefangenheit der Frau Maus sei doch nicht zu übersehen! Er protestiere gegen die suggestive Befragung!

Der Richter, kühl lächelnd: «Sie werden mich nicht daran hindern, meine Fragen zu stellen!» Und: Es sei doch recht merkwürdig, daß der Hauseigentümer 2500 DM Miete verlange und sich dann herablasse, die Haare der Damen aus der Dusche zu entfernen.

Schuld und Wahrheit

«Das ist eine Verschwörung», sagt Achim Steiner. Ich besuche ihn in der Untersuchungshaft, nachdem während des Prozesses das Gewirr immer größer geworden war. Seine Rechtsanwälte hatten einen Antrag auf Haftverschonung gestellt, den das Gericht abschmetterte. Er hofft nun, daß die Beschwerde vor dem Kammergericht Erfolg haben wird.

Die Staatsanwaltschaft befürchtet, daß Steiner die noch nicht vernommenen Zeugen beeinflussen könnte, wenn er erst draußen, in Freiheit wäre. Aber will er das, kann er das?

Ich erwarte nicht, daß Achim Steiner mir eine Geschichte auftischt, die seiner Version im Gerichtssaal in irgendeiner Form widerspräche. Noch ist das Verfahren nicht zu Ende. Es ist sogar fraglich, ob es in absehbarer Zeit, nach einer eventuellen Revision zum Beispiel, zu einem rechtsgültigen Urteil kommt, ohne daß die Zeugen vorher einen Gedächtnisschwund erleiden.

Die Staatsanwaltschaft, meint er, wolle ihm «eins auswischen». Er habe sich nicht kooperativ genug gezeigt, als die Justiz gegen verschiedene Bordelliers ermittelte, die in seinen Häusern ihren Geschäften nachgingen. Für ihn sei es klar, daß Balkavan zu unwahren Aussagen gegen ihn angestiftet worden sei, mit dem Versprechen, dann mit einer geringeren Strafe davonzukommen. Außerdem habe er gehört, es gäbe im Gefängnis viele Gerüchte, daß Balkavan auch bei einigen anderen Verfahren eine Rolle spielen werde. Und Aischa al-Husni sei immer noch dessen Geliebte. Die versuchten, sich gemeinsam reinzuwaschen und ihn, Steiner, zu belasten.

Es ist möglich, daß sich die juristische Schuld des Angeklagten später als marginal erweisen wird. Eine Variante wäre: Steiner hat niemanden beauftragt, Frauen aus Thailand nach Berlin zu holen, um dort der Prostitution nachzugehen. Steiner weiß, daß es Schlepper gibt, ja organisierte Banden, die den Nachschub der «Ware Liebe» organisieren. Er selbst hat aber keinen Kontakt mit ihnen. Steiner hat auch nicht den Betrieb der Bordelle organisiert, hat nicht bestimmt, wie die Frauen arbeiteten und welche Summen sie abzuliefern hatten.

Eins ist klar: er möchte nicht als Bordellwirt gelten. Er ist besorgt, daß ein falsches Bild entsteht. Mittlerweile hatte er vor Gericht sogar zugegeben, mit den Thailänderinnen häufig geschlafen zu haben. «Ich will nicht, daß Sie darüber schreiben», sagt er. Ist das ihm, dem Familienvater und Ehemann, peinlich, mit «normalen» Bordellkunden auf eine Stufe gestellt zu werden? Hat er eine Moral, und wenn ja, welche?

Immerhin nehmen nach Schätzungen der Senatsverwaltung monatlich etwa 60000 Männer die «Dienste» der knapp 2000 thailändischen Frauen in Berlin in Anspruch.

Nein, Achim Steiner kann sich nicht vorstellen, daß es etwas jenseits der juristischen Schuld geben könnte. Vielleicht schleicht sich deshalb permanent das Füllwort «praktisch» in seine Äußerungen ein. Die Umstände, mit denen er zu tun hat, sind ihm «praktisch» in den Schoß gefallen, die Bordelle, die er übernommen hat, die Personen, die ihn darum gebeten haben, ihnen zu demselben Zweck Wohnungen zu vermieten, die thailändischen Frauen, denen er aus Gefälligkeit die Anmeldebestätigungen ausfüllte. Er hat das alles nicht gewollt. Er ist für nichts verantwortlich, nur Opfer, nicht Täter.

Warum sollte er sich anders verhalten als die ehrenwerten Mitglieder der ehrenwerten feinen Gesellschaft? Anders als die Politiker, die nur absahnen, wo es auch immer etwas abzusahnen gibt? Warum sollte ausgerechnet er, der sich mit Mühe nach oben geboxt hat, Regeln einhalten, die andere nur als unnützen Ballast ansehen? Gehört es nicht zum guten Ton, alles zu versuchen, wenn man nur nicht erwischt wird?

Steiner entgeht, daß er sich von den Kunden der Bordelle nur geringfügig unterscheidet, ebensowenig von den Sextouristen, die in Bangkok einfallenn, um sich dort eine Frau zu kaufen. Eine sozialwissenschaftliche Untersuchung [1] hat sich mit der Motivation der Männer beschäftigt, die in Asien oder in deutschen Bordellen, in denen Thailänderinnen arbeiten, nach der käuflichen «Liebe» suchen.

Ein «Typ Mann» träumt davon, eine Frau zu finden, die ihn in allen Lebensbereichen mit der erwünschten Demut behandelt. Er träumt vom Klischee der unterwürfigen Asiatin, das die Regenbogenpresse, Heiratsvermittler und Touristikunternehmen, mehr oder minder offen, seit Jahren ausführlich verbreiten.

Ein anderer, den die Verfasserinnen der Studie als den «emotional Bindungslosen» bezeichnen, hofft auf die angebliche Unkompliziertheit «der Asiatin». Er fürchtet Gefühlsbeziehungen und die Abhängigkeit davon. Er mag «natürliche» Frauen. Er glaubt, eine Thailänderin verschonte ihn mit überflüssigen Forderungen und Ansprüchen. Michael Gebing, ein Heidelberger Heiratsvermittler, der auf Ehen zwischen deutschen Männern und philippinischen Frauen spezialisiert ist und mittlerweile aus der Partei der «Grünen» verbannt wurde, meint, daß die Sprache nicht das «hauptsächliche Kommunikationsmittel der Filipinos» sei. «Für Westeuropäer entstehen dadurch in der Beziehung zu einer Filipina längst vergessene Arten der Auseinandersetzung neu.»

Thailändische Frauen kennen eine andere Sorte Mann. Sie nennen ihn «Baby». Dieser will umsorgt werden. Er überläßt der Frau die Organisation des Urlaubs und hofft, daß ihm alle Wünsche von den Augen abgelesen werden. Er fällt «auf die Entwicklungsstufe des Kleinkinds» zurück, will «gefüttert, eingeseift, massiert, gebadet, eingecremt» werden. Wichtig ist, daß er – außer Geld – keine Gegenleistung erbringen muß.

Ein großer Teil der untersuchten Männer ist «defizitär». Dieser Typ von Mann sucht bei einer Frau Eigenschaften, die er selbst nicht besitzt – Jugend und Schönheit, «eine Lösung, die ihnen im Heimatland verwehrt ist, da es bei uns ungeschriebene Partnerwahlgesetze gibt: Die Frau ist im allgemeinen wenige Jahre jünger als der Mann, beide haben in etwa den gleichen Grad an physischer Attraktivität, beide kommen meist aus der gleichen sozialen Schicht, und der Mann hat in der Regel nur wenig mehr an Schul- und Ausbildung genossen als die Frau.»

Der «Vater-Typ» strebt nach der Macht, «ein unfertiges Kind nach seinen eigenen Vorstellungen formen zu können». Die Frau muß nicht hübsch aussehen, nur unschuldig-kindlich. Er hat Angst, kritisiert zu werden. Er verlangt uneingeschränkte Bewunderung. «Manche dieser Männer leben hier [in Thailand] ihre (un-)bewußten Inzestphantasien aus, die sie gegenüber ihren eigenen Töchtern hegen.»

Weit verbreitet ist der gehemmte Mann, der es nicht gelernt hat, mit Frauen in Kontakt zu kommen. Er braucht ein Bordell oder eine Prostituierte, die von sich aus, aus naheliegenden Gründen, zu ihm in Beziehung tritt. Gebing spricht das auf einem anderen Niveau an: er habe deutlich die «desintegrative Kraft des Feminismus» beobachtet, von der ihm Interessierte in Gesprächen berichtet hätten.

Für alle diese Männer schafft jemand wie Achim Steiner die Voraussetzungen, «die Sau rauszulassen», wie es in Stammtischgesprächen heißt. Das ganz große Geld ist, vor allem auch wegen Aids, mit der käuflichen «Liebe» nicht mehr zu machen. Die Frauen von «Hydra», einer Selbsthilfegruppe von Prostituierten, meinen über die Herren vom Kiez abschätzig: «Das sind heute alles nur noch Eier-Luden.»

Für eine graue Eminenz im Hintergrund, die nur die Profite kassiert und sich ansonsten ein anderes Standbein verschafft hat, etwa Immobilien, ist Steiner eine Nummer zu klein. Diese Herren hätten es nicht nötig, die Dusche im Edelpuff zu reparieren oder die Damen in einem popeligen Lieferwagen von einem Etablissement ins andere zu fahren.

Hier paßt er nicht hinein, hier findet er keine «gesellschaftliche» Anerkennung. Er hat Geld, aber keinen Stil. Er ist der Aufsteiger geblieben.

Ein Zuhälter ist er aber auch nicht. Er protzt nicht vor den «Kollegen» mit den Accessoires, die man im Kiez erwartet, fährt nicht mit einem extravaganten Wagen vor Rotlicht-Bars vor, zeigt nicht die Rolex her, hält sich keinen Kampfhund. Steiners Hund heißt, wie auch sonst, «Lady» und ist harmlos. Er kennt zwar die halbseidenen Kreise, wie intensiv auch immer, rechnet sich aber nicht dazu.

Doch warum umgibt er sich mit Schwächeren? Was können Bonsai-Luden wie Balkavan, haltlose Spieler wie Klaus-Dieter Maus, Alkoholiker wie Hans Risse gegen ihn ausrichten? Ist das der Tribut an das Milieu, aus dem er stammt? Oder ist er sich seiner Macht nur sicher, wenn sie ihm niemand ernsthaft streitig machen kann? Traut er sich nicht, gegen gleichwertige Gegner anzutreten, weil er sich seines mühsam erkämpften Status nicht sicher ist?

Der Staatsanwalt, den ich später zum Beziehungsgeflecht zwischen Hausbesitzer, Bordellwirt, Schlepper und Zuhälter befrage, vergleicht die Strukturen der Szene mit denen eines Rudels von Wildschweinen. «Ich bin selbst begeisterter Wildschweinjäger», sagt er, «ich weiß, wovon ich rede.» Es gebe große und kleine Schweine. Die großen Schweine befehlen den kleinen nichts. Es gibt keine Autorität und keine eindeutige Hierarchie. «Wenn es aber Kuchen gibt, fressen die großen Schweine eben das dickste Stück, und die anderen dementsprechend weniger.»

Der Staatsanwalt glaubt auch nicht, daß es einen «Boss» gibt. Man könne höchstens, um beim Tierreich zu bleiben, von «dicken Fischen» reden, von denen seiner Meinung nach Steiner einer der Dicksten wäre. Es gebe Bordellbetreiber, die untereinander abhängig sind, Schlepper, die mit den Bordellwirten zusammenarbeiten, und Gruppen in Bangkok, die zulieferten. «Die typische Grundstruktur ist allerdings ein deutsch-thailändisches Ehepaar: eine Thailänderin mit Milieukenntnissen und ein Deutscher mit Milieubeziehungen. Die Thailänderin, die in ihrer Heimat Verwandte und Bekannte hat, die wegen ihrer Sprachkenntnisse die Beziehungen mit den Frauen abwickelt, und der Mann, der die Beziehungen für den Absatz eröffnet, weil er Bordellbetreiber kennt. Er übernimmt auch den Schutz. Man kommt dann schon zu Geflechten, die zwanzig Personen umfassen.»

Ein Geständnis

Nach zwei Monaten Verhandlungsdauer kündigt der Verteidiger Ayhan Balkavans eine «ergänzende Äußerung» seines Mandanten an. «Ja», sagt dieser nach den juristischen Präliminarien. Er bekenne sich schuldig im Sinne der Anklage. Alles, was man ihm vorwerfe, sei wahr. Er habe die Bordelle in der Schulstraße betrieben, zusammen mit der Angeklagten al-Husni, seiner damaligen Freundin. Der Mietvertrag für das Bordell sei auf seinen Namen ausgestellt, weil ihn Frau al-Husni darum gebeten hätte. Ab Mai 1988 hätte ein anderes Paar den Laden übernommen.

Sein Rechtsanwalt schiebt die Bitte nach, die Anklage wegen illegalen Schußwaffenbesitzes einzustellen. Eine weitere Beweisaufnahme sei nun, nach dem Geständnis, nicht mehr nötig. Er beantrage daher, das Verfahren gegen Ayhan Balkavan abzutrennen.

Der Angeklagte läßt sich ein Glas Wasser geben und schluckt eine Pille. Er ist sichtlich nervös und abgespannt. Das Verfahren scheint eine überraschende Wendung zu nehmen. Hofft Balkavan nur auf mildernde Umstände? Oder befolgt er einen Rat seines Verteidigers, der Einblicke in die – für die Zuhörer verborgenen – Absichten von Richter und Staatsanwalt gewonnen hat?

Die Rechtsbeistände Steiners wittern Ungemach für ihren Klienten. Gernot Madel erhebt sich, zieht seine Robe vor der Brust zusammen, als wollte er die nicht vorhandenen Knöpfe schließen, widerspricht der Abtrennung und formuliert aus dem Stand eine längere Begründung: Es sei doch jedem klar, daß sein Mandant ein Interesse daran habe, die Glaubwürdigkeit des Herrn Balkavan, die angezweifelt werden müsse, in der direkten Gegenüberstellung zu erproben. Er sehe hier ein «rechtliches Monstrum», wenn durch das Strafmaß, das Balkavan in einem gesonderten Verfahren zu erwarten hätte, das für den Angeklagten Steiner sozusagen präjudiziert würde! «Ich möchte Sie aufs entschiedenste auf die Probleme bei der Urteilsfindung aufmerksam machen!» sagt Herr Madel in einem Ton, der die restlichen Verteidiger unwillkürlich zusammenzucken läßt, wie ein Rudel beim Heulen des Leitwolfs. Und, insbesondere zu den Schöffen gewendet: «Sie können dabei kein gutes Gewissen haben!»

Rechtsanwalt Valmy übernimmt die nähere Begründung: was Balkavan behaupte, sei allein schon durch die Aussage seiner früheren Geliebten widerlegt. Die habe «uns weismachen wollen», ihr Freund hätte mit dem Bordell in der Schulstraße nichts zu tun gehabt. Sie, als

Verteidiger Steiners, gingen davon aus, daß Balkavan, al-Husni und das besagte Ehepaar das Bordell ab einem bestimmten Zeitraum gemeinsam betrieben hätten.

Jetzt meldet sich Balkavans Verteidiger Anders zu Wort. Er wendet sich in kollegialem Ton an seinen Nachbarn, Herrn Madel. Er verstehe die Aufregung nicht. Die Lage Steiners, «ihres Mandanten, Herr Kollege», würde sich doch verbessern, wenn Ayhan Balkavan als Zeuge – nach Abtrennung seines Verfahrens – zur Verfügung stünde! Herr Anders macht eine Bewegung mit den Händen, die entfernt an das biblische Vorbild Pontius Pilatus erinnert.

Natürlich ist das ein geschickter Schachzug. Da er weiß, daß der «Herr Kollege» nicht auf den Kopf gefallen ist und seine Absicht durchschaut, wird das kleine rhetorische Gefecht mehr in Richtung Schöffen und Richter ausgetragen. Da Steiner nach Auffassung seiner Rechtsbeistände unschuldig im Sinne der Anklage ist, wäre es recht merkwürdig, wenn man auf einen Zeugen, in diesem Fall Balkavan, verzichten würde. Warum sollte Balkavan, der seine Strafe bekommen hätte, in bezug auf Steiner noch lügen? Wenden sich die Anwälte Steiners gegen die Absicht, Balkavan als Zeugen zu hören, geben sie insgeheim zu, daß sie für ihren Mandanten nur belastende Aussagen befürchten. Herr Anders hat die Kollegen in eine scheußliche Zwickmühle gebracht: sind sie für die Abtrennung des Verfahrens, müssen sie befürchten, daß ihre mühsam aufgebaute Verteidigungslinie ins Wanken gerät, sind sie gegen die Abtrennung, ist das ein Indiz dafür, daß sie gerade diese Befürchtung hegen.

Der Richter hat sein obligatorisches Pokergesicht aufgesetzt, während der Staatsanwalt in seinen Akten blättert. Hier scheint etwas im Busch zu sein. Herr Madel bläst zum geordneten Rückzug: ob Balkavan denn als Zeuge zur Verfügung stehen werde? «Zeugen im Wartestand gibt es nicht!» schiebt er nach. Die Ruhe, mit der Rechtsanwalt Anders seinen Mandanten zum Zerpflücken freigibt, ist verdächtig. Es wird noch etwas folgen, das Steiners Anwälte bereits ahnen, aber den unbeteiligten Zuschauern vorerst verborgen bleibt.

«Selbstverständlich», antwortet Balkavans Beistand und wäscht seine Hände imaginär in Unschuld. Der künftige Zeuge habe einwandfreie soziale Bindungen und sogar einen festen Wohnsitz.

Das Gericht zieht sich zur Beratung zurück und verkündet dann folgenden Beschluß: Die Untersuchungshaft des Angeklagten Steiner dauere an. Man hätte nur seine Einlassungen zur Kenntnis nehmen können, die weitere Beweisaufnahme werde folgen. Allein die hohe

Straferwartung spreche für eine Fluchtgefahr. Eine Verdunklungsgefahr, die wegen der Einwirkungsmöglichkeit Steiners auf die Mitangeklagten al-Husni und Balkavan hätte vermutet werden müssen, nehme das Gericht jedoch nicht mehr an. Zweitens werde das Verfahren gegen Balkavan abgetrennt.

Damit ist die Angelegenheit aber noch nicht vom Tisch. Gernot Madel ist kein Anwalt, der sich mit dem Erreichbaren zufriedengibt. Während man bei den Kollegen an den seitlichen Tischen den Eindruck hat, sie bemühten sich, den größten Schaden von ihren Mandanten und Mandantinnen abzuwenden, sich ansonsten aber so wenig wie möglich in die Schußlinie zu begeben, um nicht durch einen Fauxpas unangenehm aufzufallen, geht der Leitwolf immer aufs Ganze. So verschafft man sich einen Ruf, den zukünftige Klienten zu schätzen wissen. Er kümmert sich auch um die Belange seines Mandanten außerhalb des Gerichtssaales, ist präsent, wenn die Presse etwas schreibt, was dem Image des «kleinen Handwerkers» widersprechen könnte. Es geht ihm nicht nur darum, die Unschuld im juristischen Sinne zu untermauern, sondern auch den kleinsten Hauch des Verdachts zu zerstreuen, Steiner würde, wenn überhaupt, nur wegen schlampiger Beweisaufnahme nicht verurteilt werden.

Zu Steiner müsse er noch etwas sagen: Der Angeklagte sei seit zwanzig Jahren verheiratet, habe schulpflichtige Kinder, verfüge über einen beträchtlichen Immobilienbesitz, alles unzweifelhafte Tatbestände, so daß man mit Fug und Recht von «geordneten Verhältnissen» sprechen könne. Der Vorwurf der Zuhälterei sei in Bedrängung geraten. Steiner wolle jetzt den Kampf um sein Recht führen und sich nicht unterwerfen. Man denkt sich hinzu: Er läßt sich nicht auf irgendwelche Teilgeständnisse ein, um eine milde Strafe herauszuschinden.

«Sie wollen ihn doch nicht dafür bestrafen, daß er um sein Recht kämpft!» ruft er mit Verve in den Saal. Eine «innere Stimme wird Ihnen sagen», schleudert er gegen den Wall, hinter dem sich das Gericht verschanzt hat, «daß er nicht fliehen wird!» Beim letzten Wort hebt er die Stimme, verharrt aber plötzlich, so daß jeder darauf wartet, was jetzt kommen wird. «Sind Sie fertig, Herr Vorsitzender?», so der plötzliche Angriff auf das hohe Gericht. Der Richter nämlich tuschelte mit seinem Kollegen, was als schmähliche Mißachtung hochbezahlter rhetorischer Glanzleistungen verstanden werden könnte. «Bitte unterlassen Sie das, Herr Vorsitzender!»

Die Kollegen sind ganz Ohr. Der Anwalt des Angeklagten Risse hat seine Boulevardzeitung zur Seite gelegt. Sein Nebenmann beugt sich vor und faltet ergeben die Hände. Ein weiterer, der seinen wohl uneingestandenen Neid ob der Kühnheit des Kollegen nicht anders verarbeiten kann, als eine verächtliche Miene zu zeigen, lehnt sich zurück und stützt den kantigen Kopf in die Hand. Sein Kinn, das er nach vorn gereckt trägt, als wollte er einen jüngeren Bruder von Edward Kennedy mimen, zielt auf Gernot Madel, der den Richter offen anfeindet.

Der Vorsitzende scheint nicht amüsiert wie sonst, wenn ihn jemand von seiner Taktik abbringen will. «Ich führe die Verhandlung», sagt er, «wie ich das will.» Eine defensive und nicht sehr originelle Bemerkung, denn jeder weiß, daß seine Stellung im Prozeß nichts anderes zulassen würde.

Deshalb legt Madel nach: «Auf welches Niveau kommen wir hier, wenn Sie während meiner Ausführungen reden!» Und, während sich alle erschrocken ein solches Niveau vorzustellen versuchen: «Sie haben sich darauf zu konzentrieren, was hier vorgetragen wird!» Er beantragt, den Beschluß aufzuheben, ebenfalls den Haftbefehl oder Steiner, seinetwegen mit Auflagen, von der Haft zu verschonen.

Der Staatsanwalt, ganz kühl: «Ich beantrage Haftfortdauer.»

Der Richter hat sich wieder gefangen und das Pokerface reanimiert. Er weiß, daß trotz der Betroffenheit, die man aus den Äußerungen Madels herauslesen könnte, der soeben vorgetragene Angriff Teil der psychologischen Kriegführung ist. Juristisch interessiert es niemanden, ob ein Anwalt den Mut aufbringt, das Gericht anzupöbeln oder einzuschüchtern. Hier zählt nur, ob Fehler gemacht werden, die eventuell eine Revision möglich machen. Die Anwälte könnten auch in Permanenz neue Beweisanträge stellen. Staatsanwaltschaft und Gericht, selbst wenn sie nach monatelangem Tauziehen in Rage gerieten, müßten aufpassen, daß sie nicht aus Unachtsamkeit Revisionsgründe schaffen.

Das Gericht weist auch diesen Antrag zurück. Der Angeklagte Steiner wird hinausgeführt, alle Anwälte außer dem Vertreter Balkavans nehmen auf den Zuschauerbänken Platz, und das abgetrennte Verfahren nimmt seinen Lauf. Nach kurzem Hin und Her stellt das Gericht die Strafverfolgung in einigen Punkten vorläufig ein, dann folgt das Plädoyer des Staatsanwalts.

Er faßt noch einmal die Anklagepunkte zusammen: Ayhan Balkavan sei der Zuhälterei in Tateinheit mit gemeinschaftlicher Förderung der Prostitution und in weiterer Tateinheit mit Vergehen nach diversen Paragraphen des Ausländergesetzes «hinreichend verdächtig». Zu seinen Gunsten sei zu vermerken, daß er sich umfassend und geständig eingelassen habe.

Er, der Staatsanwalt, möchte sich aber noch in aller Kürze zum Themenkomplex «Frauenhandel und Prostitution» äußern.

Die Schwäche der Paragraphen

«Die Frauenbewegung», sagt der Staatsanwalt in einem Gespräch, das seine Ausführungen im Gerichtssaal vertiefen soll, «hat das Problembewußtsein verändert.» Strafverfolgung wegen Menschenhandel und Zuhälterei hat es immer gegeben, nur die Intensität war verschieden. Früher, vor der Strafrechtsreform in den 70er Jahren, war ein Spezialdezernat für dieses Thema zuständig. Dort befaßte man sich mit «Kuppelei». Dann, nach der Liberalisierung des Sexualstrafrechts, wurde dieses Dezernat aufgelöst und in die «allgemeine Zuständigkeit» überführt.

Ende der achtziger Jahre kamen Thailänderinnen «als Welle» nach Deutschland, «so daß das auch ein aktuelles Ausländerproblem geworden ist». Und nicht nur das. Ich hatte mich vor dem Prozeß sachkundig gemacht. Es ist kein neues Phänomen, daß Frauen, die sich in einer wirtschaftlichen Notlage befinden, als letzten Ausweg die Prostitution sehen oder von organisierten Banden unter falschen Vorspiegelungen angeworben und dann gezwungen werden, in Bordellen zu arbeiten.

Schon Ende des 19. Jahrhunderts bestand «ein gut funktionierendes Netz von Mädchenhändlern», schreibt Anne Dietrich in dem Buch «Frauenhandel in Deutschland», das, «bedingt durch Kolonialisierung und Migration, einen Großteil der Welt abdeckt.»[2] An der Spitze der «Ausfuhrländer» habe Galizien gestanden, das heute zur UdSSR gehört, Hauptabsatzgebiet war Südamerika. «Hier hat Buenos Aires den zweifelhaften Ruf, noch vor London und Alexandria, der wichtigste Umschlagplatz für junge hellhäutige Frauen zu sein. Viele der dortigen Bordelle werden von Deutschen geleitet.» Deutschland genieße, Dietrich zitiert August Bebel, «den traurigen Ruhm, Frauenmarkt für die halbe Welt zu sein». Deutsche Frauen bevölkerten «die Harems der Türken wie die öffentlichen Häuser im Innern Sibiriens bis nach Bombay, Singapur, San Franzisko und Chikago».

Ein Zeitzeuge berichtet aus dem Hamburg der Jahrhundertwende über Asiatinnen im Hafenviertel: «Es sind nicht immer Mädchenhändler, welche diese für Europa so gefährliche Ware importieren, sondern biedere Seebären sind es, die in Japan eine ‹Ehe auf Zeit› geschlossen haben, die sie in Hamburg aufheben.»[3]

Der Grund für die damaligen Bordelliers, auf ausländische Frauen zurückzugreifen, war, daß diese schutzloser dastanden, wenn es Probleme gab, «und sobald sie einmal das Bordell verlassen wollten, den bestehenden Gesetzen gemäß sofort mittels Zwangspasses nach ihrer Heimat zurückgewiesen wurden».[4]

Heute ist die Situation nicht anders. Noch im Frühjahr 1990 galten folgende rechtliche Vorschriften: Wer keinen deutschen Paß hat, braucht eine Aufenthaltserlaubnis. Für Staatsangehörige einiger Länder, darunter Thailand, galt die Ausnahmeregelung: Wer sich nicht länger als drei Monate «im Geltungsbereich des Ausländergesetzes» aufhalten und «keine Erwerbstätigkeit» ausüben will, ist von der Erlaubnis befreit.

Überschreitet eine Ausländerin die drei Monate, ist sie illegal hier und kann, wird sie erwischt, abgeschoben werden. «Touristinnen» aus Thailand benötigen, das beschloß das Bundeskabinett im März 1989, einen Sichtvermerk im Paß. Das galt schon vorher für Personen, die hier arbeiten wollten. Ausschlaggebend war «der Wille zum Zeitpunkt der Einreise». Wer sich später entscheidet, in Deutschland zu arbeiten, hat trotzdem keine Chance: «Eine Legalisierung im nachhinein ist nicht möglich.»[5] Das ist besonders schwerwiegend für Frauen, die hier heiraten wollen: erfahren die deutschen Behörden von Eheanbahnungsverträgen, die einer Ausländerin minimalen rechtlichen Schutz gewähren könnten, ist ihr Aufenthalt unrechtmäßig.[6]

Vertrackt für die Thailänderinnen wird die Situation zusätzlich durch einen logischen Widerspruch in den Gesetzen: Eine Ausländerin kann ausgewiesen werden, wenn sie «der Erwerbsunzucht nachgeht». Andererseits ist Prostitution nach der gängigen Rechtsprechung keine Erwerbsarbeit. Die Frauen können nur hoffen, daß die Behörden ihren Ermessensspielraum ausnutzen. Anfang der achtziger Jahre tauchten in Berlin Frauen aus Ghana auf, die in Bordellen arbeiteten. Die Polizei wußte, daß sie von Schleppern nach Deutschland geschleust worden waren. «Das war aber kein Massenphänomen», meint der Staatsanwalt. Und dem Schlepperunwesen könnte man mit dem Paragraphen «Menschenhandel» schlecht beikommen: Er setzt nämlich etwas voraus, was schlecht zu beweisen ist. «Der Täter muß ursächlich dafür geworden sein, daß das Opfer den Vorsatz faßt, der Prostitution nachzugehen, und zwar ‹mit den Mitteln der Gewalt oder der Drohung mit einem empfindlichen Übel oder der List›.»[7]

Soweit er sich erinnere, sagt mein Gesprächspartner, «gibt es seit Einführung dieses Tatbestandes vor 60 Jahren nur eine einzige Verurteilung, die rechtskräftig geworden ist». Der «Grundtatbestand», daß Prostituierte im Ausland zum Einsatz im Inland angeworben würden, ist nur als eine Variante der Förderung der Prostitution strafbar, aber kein Menschenhandel. Der Staatsanwalt: Es gibt sicher eine kleine Anzahl von Fällen, in denen den Frauen, sowohl über die Umstände der Arbeit als auch über die Art der Arbeit falsche Versprechungen gemacht wurden. Nur den Nachweis, was in Bangkok passiert ist, können wir nicht führen. Weit über 90 Prozent der Frauen in seinen Verfahren hätten gewußt, was auf sie zukommen würde. «Wenn Sie die fragen, ob sie Prostituierte sind, kommt fast immer die Antwort ‹nein›, weil sie darunter nicht etwa die Ausübung des Geschlechtsverkehrs gegen Entgelt verstehen, sondern eine bestimmte Form der Abhängigkeit, eine Art Schuldknechtschaft zum Bordellbetreiber.»

Die «Freiwilligkeit», das hatte der Staatsanwalt vor Gericht noch einmal betont, ist eingeschränkt. Viele der Frauen sind hoch verschuldet, wegen der Armut in ihren Heimatländern, und klammern sich an jede noch so vage Hoffnung, im Ausland arbeiten zu können oder gar zu heiraten. «Freiwilligkeit ist nicht so zu verstehen, daß es eine freie, persönliche Entscheidung wäre. Die würden nicht kommen, wenn sie nicht schon in Zwängen wären. Warum sie sich motivieren lassen, so etwas zu machen, ist, wie für deutsche Frauen auch, eine ganz andere Rechtsfrage, als ob die Entscheidung frei ist.»

Es gebe viele Frauen in Thailand, die sich im Prinzip zur Prostitution bereit erklären, weil es ihnen wirtschaftlich so schlecht geht. Ein Schlepper «zwingt» diese Frauen, meint der Staatsanwalt, «nur aus Versehen. Die wollen nämlich auch keinen Ärger.» Wenn die Betreffende aber schon im Flugzeug sitze, dann schrieben die Schlepper ihr vorgeschossenes Geld nicht ab. «Auch die Betreiber haben daran kein Interesse. Die werden sagen: Schickt mir nur solche Frauen, die Interesse an der Arbeit haben. Die wollen ja, daß die Frauen fleißig sind.»

Die Repressionen, denen die Frauen hier ausgesetzt sind, liegen in der weit größeren Anzahl der Fälle «unterhalb der echten Gewaltanwendung». «Daß die nur immer die Mohrrübe hinhalten, daß die Frau glaubt, sie könne sich aus der Verstrickung lösen, ist eine andere Sache.» In Berlin bemühe man sich – Zuhälter wie Bordelliers –, direkte Gewaltausübung zu vermeiden.

Menschenhandel mit Prostituierten fällt dann nicht unter diesen Tatbestand, will ich wissen. «Das ist die verkürzte Grundfassung dessen, was der Bundesgerichtshof entschieden hat. Mit den Erweiterungen ‹mit List› und ausländerspezifischer Hilflosigkeit zu arbeiten, geht nur bei Leuten, die nicht Bescheid wissen, so die bisherige Rechtsprechung – die eigentliche Schwäche des Menschenhandelsparagraphen.»

Die Masse der Frauen sei nicht mit dem «Arbeitgeber» verheiratet. Sie und ihre Ehemänner, soweit sie nicht selbst straffällig werden, «könnten also aussagen». Es würde jedoch möglicherweise «in der Szene» informell Druck ausgeübt: «Wir zeigen dich an oder so.» Für den Ehemann sei das ebenfalls ein zweischneidiges Problem, «weil er auch drankommt. Es ist nicht so einfach, sich scheiden zu lassen: man muß drei Jahre getrennt leben.» Auch bei den deutschen Prostituierten gebe es kaum brauchbare Aussagen. «Das ist milieubedingt. Es fällt jedem vernünftigen Menschen schwer, durch brauchbare Aussagen seinen Arbeitsplatz wegzurationalisieren.»

Der Staatsanwalt hat nicht die Hoffnung, daß mit einer anderen ausländerrechtlichen Situation die Aussagebereitschaft der thailändischen Frauen zunimmt. «Jetzt ist die Masse der Thailänderinnen verheiratet und hat Aufenthaltsrecht. Das sind zwar Scheinheiraten, der Senat hat jedoch angeordnet, daß wegen Scheinheirat nicht mehr ermittelt wird.»

Kein Urteil

Achim Steiner ist draußen. Ich will gerade den Gerichtssaal betreten, da sehe ich ihn mit seinen Verteidigern diskutieren. Das Kammergericht hat der Haftbeschwerde stattgegeben. Die Begründung der Staatsanwaltschaft schien nicht schlüssig zu sein. Die geforderte Kaution, man munkelt von einer Million, hatte der Angeklagte schon einmal locker per Bürgschaft aufbringen können.

Vorausgegangen waren zwei Urteile: Der Angeklagte Ayhan Balkavan muß zwei Jahre und sechs Monate hinter Gitter. Das entsprach exakt dem Antrag des Staatsanwaltes. Aischa al-Husni bekam, nachdem auch ihr Verfahren abgetrennt wurde, eineinhalb Jahre auf Bewährung.

Es sei behauptet worden, hieß es im Gerichtssaal, daß das Geständnis Balkavans falsch wäre. Dem sei nicht so: Seine Aussagen deckten sich mit den vorgelegten Beweisen. Er habe den Menschenhandel nicht organisiert, dafür sei die gesondert verfolgte R. zuständig gewesen. Ihm war klar, daß sich die Frauen bei der Einreise erheblich verschuldet hatten. Diese sind davon ausgegangen, daß sie ihre Schulden abarbeiten mußten. Die «Freiwilligkeit» bezöge sich nur auf die Bereitschaft zu arbeiten, nicht darauf, daß die Thailänderinnen gern Prostituierte gewesen wären. Konflikte wären nicht mit handfesten Argumenten ausgetragen worden, da «gleichgerichtete Interessen» von Schleppern, Betreibern und den Frauen vorgelegen hätten. Die wirtschaftliche Verstrickung reichte aus, um das System durchzusetzen. Die Differenz zwischen den Aussagen Balkavans und al-Husnis erkläre sich aus deren persönlicher Beziehung, die es ihnen nicht leichtgemacht hätte, aufrichtig zu sein.

Balkavan sei ein «unbedarfter Mensch vom Lande», der erst durch Steiner den Zugang zum Rotlicht-Milieu gefunden hätte. Er habe sich gewandelt und Einsicht gezeigt. Durch die vielen Monate Untersuchungshaft sei er «sichtlich beeindruckt».

Der Staatsanwalt: Es sprächen jedoch «wichtige generalpräventive Gründe» für ein hohes Strafmaß, auch eine «Signalwirkung auf andere Straftäter». Seit Mitte der siebziger Jahre hätte es «aus unterschiedlichen Gründen» keine intensive Verfolgung der Zuhälterszene gegeben. «Das hat zu Fehlentwicklungen geführt.» Der Haftbefehl könne aber aufgehoben werden.

Der Rechtsanwalt Balkavans fügt «wegen der Zuhörer» hinzu: Es hätten «informelle Gespräche außerhalb» stattgefunden. Man dürfe

aber nicht von Mauschelei sprechen. Es wäre nur darum gegangen, wie die Schuld eines geständigen Angeklagten zu bewerten sei.

Das Verfahren gegen Achim Steiner geht weiter, die gegen die anderen Angeklagten, das Ehepaar Maus, Hans Risse und Siriwan Kowalewski stehen kurz vor der Abtrennung. Hat der Staatsanwalt eine Niederlage erlitten? Die Thailänderinnen, die als Zeuginnen in Frage kämen, sind nicht mehr verfügbar. Die Polizisten, die an den Durchsuchungen der Bordelle beteiligt waren, konnten sich im Zeugenstand an kaum etwas erinnnern. Und was werden die restlichen Beteiligten, die noch befragt werden sollen, über die Rolle Steiners sagen, wenn der währenddessen in Freiheit ist?

Steiner kommt in einer Verhandlungspause auf mich zu, tritt ganz nah an mich heran. Was ich jetzt über ihn schreiben wolle? Ich spüre, daß dieser Mann gewohnt ist, die für uns normale körperliche Distanz zu durchbrechen, und trete unwillkürlich einen Schritt zurück. Steiner wirkt nicht arrogant, er zeigt keine Schadenfreude, daß seine Anwälte die Absicht der Staatsanwaltschaft durchkreuzt haben, ihn bis zur Urteilsverkündigung in Haft zu belassen.

Ich antworte, daß ich mir meine Meinung über ihn schon gebildet hätte, auch ohne richterliches Urteil. Das gefällt ihm nicht. Er kann seinen Gegner, den er in mir vermutet, nicht einschätzen. Meine Macht liegt auf einer ihm ungewohnten Ebene. Ich merke, daß ich dieses Gefühl auskoste. Ich werde ihm nicht sagen, was ich über ihn denke: Soll er sich doch trauen, mich direkt zu fragen. Seine Rechtsanwälte würden gegen jede Lüge vorgehen, die man über ihn verbreite, meint er herausfordernd, dreht sich aber halb zur Seite, als wollte er gehen. Ich sehe ihn an, schweige und warte. «Sie können die Wahrheit nicht wissen», sagt Achim Steiner nur und begibt sich in den Gerichtssaal.

Anmerkungen

Zitiert wurde, wenn nicht anders angegeben, vom Autor recherchiertes bzw. ihm von Dritten zugänglich gemachtes Material oder aus den im Literaturverzeichnis angeführten Publikationen.

HARLEM, HAMM-HERRINGEN

1 L. Hoffmann/H. Even: Soziologie der Ausländerfeindlichkeit. Weinheim/Basel 1984, S. 137; zit. n. S. Künzel: Die türkische Minderheit in Hamm (Westfalen), Münster 1988.

GANZ RECHTS UNTEN

1 Kurt Hirsch (1989), S. 194 f.
2 Kurt Hirsch (1989), S. 194.
3 Dietrich Bahner sen. war 1975 Mitgründer und Bundesvorsitzender der «Aktionsgemeinschaft Vierte Partei» (AVP). Vgl. Kurt Hirsch (1989), S. 351.
4 Ebd., S. 423.
5 Vgl. etwa «Düsseldorfer Nachrichten» vom 18.4.1972.
6 Vgl. Burkhard Schröder (1988), S. 210.
7 Vgl. die Angaben in Kurt Hirsch (1989), S. 115 ff. u. 387 ff.
8 «taz» vom 11.5.89.
9 Ebd., S. 15.
10 Claus Leggewie (1989), S. 12.
11 Die Gründungsversammlung dieses REP-Landesverbandes schildert Michael Schomers in seinem Buch «Deutschland ganz rechts», (1990), S. 223 ff.
12 Claus Leggewie (1989), S. 25.
13 Ebd., S. 27.
14 In: Die Rückkehr der Führer (1989), S. 78.
15 Antes & Co (1986), S. 144.
16 Ebd.
17 Ebd., S. 146.
18 Zit. n. Claus Leggewie (1989), S. 80.
19 Zit. n. «Der Spiegel» v. 30.10.89, S. 295.
20 Walter Oswalt in: M. Kirfel/ders. (1989), S. 81.
21 Andreas Heller in ebd., S. 101.
22 Ebd., S. 12.
23 Zum Leipziger REP-Vorstand siehe Michael Schomers (1990), S. 232 ff.

24 Hajo Funke: Nationalismus, Judenfeindschaft, Fremdenhaß; in: Der Tagesspiegel v. 13.8.89.
25 Zit. n. Siegfried Jäger (1988), S. 33.
26 Ebd., S. 34.
27 Michael Schomers (1990), S. 197.
28 In: Europa vorn Nr. 5, 1/1990, S. 3.
29 Zit. n. Hajo Funke (1989), S. 58.
30 Siegfried Jaeger (1988), S. 46.
31 Ebd., S. 191.
32 Hajo Funke (1989), S. 58.
33 Kurt Hirsch (1989), S. 261.
34 Hajo Funke (1989), S. 58.
35 Hajo Funke (1989), S. 57.
36 Europa vorn Nr. 3, 1989, S. 16.
37 Allain Rollat, in: Kirfel/Oswalt (1989), S. 120.
38 Zit. n. Siegfried Jäger (1988), S. 115, Anm. 3.
39 Nr. 6, März 1990.
40 Ebd., S. 121.
41 Ebd., S. 124.
42 Ebd., S. 124.
43 Nr. 5, 1990, S. 7.
44 Kurt Hirsch (1989) führt über fünfzig Parteien und Organisationen an, die Hitler in die NSDAP integrieren konnte, vom ‹Arbeiterausschuß gegen Wucher und Schiebertum›, der ‹Antibolschewistischen Liga›, dem ‹Deutschen Ostbund› bis zum ‹Völkischen Block in Bayern› und der ‹Deutschen Arbeiterpartei›. Charakteristisch für die Geschichte des Rechtsradikalismus in Deutschland seien diese «Sammlungsbewegungen», «die sich aufgrund persönlicher Rivalitäten nach einiger Zeit zerstreiten, sich auflösen und schließlich unter anderem Namen neue Aktivitäten entfalten.» (S. 13)
45 Zit. n. Siegfried Jäger (1988), S. 117, Anm. 10.
46 Vgl. das Kapitel «Harlem, Hamm-Herringen».
47 Hajo Funke (1989), S. 50.

VERSKLAVTE SEELEN

1 Zit. n. F.-W. Haack (1982), S. 234.
2 Niacinamid wird vom Organismus aus Tryptophan synthetisiert, das in Mais kaum enthalten ist.
3 Laut F.-W. Haack (1982), S. 144: 200 mg Nikotinsäure, 650 mg Eisen(II)-glukonat, 25 mg Vitamin B 1, 50 mg Vitamin B 2 (Riboflavin), 200–500 mg Vitamin C (Ascorbinsäure), 1000–1300 mg Dicalciumphosphat. 1973 wird in einem Scientology-Report eine andere Zusammensetzung erwähnt (S. 145).
4 Zit. n. Haack, ebd.
5 K. Herrmann: Die Seelenfänger, in: Die Zeit v. 11.8.89.
6 Dianetik, (1986), S. 32.
7 Ch. Evans (1979), S. 74.
8 In: Der Spiegel, Nr. 35/1972, S. 61.

9 F.-W. Haack (1980), S. 92.
10 HCO Policy Letter v. 2.10.1961 (rev. 7.3.1967); zit. n. F.-W. Haack (1980), S. 90.
11 Ebd., S. 19.
12 Ch. Evans (1979), S. 148.
13 Dianetik, S. 250.
14 Ebd., S. 63.
15 Ebd., S. 71.
16 Der Spiegel Nr. 33/1968, S. 77.
17 Ebd., Nr. 38/1972, S. 14.
18 ABI: Die Scientology-Sekte und ihre Tarnorganisationen, S. 26.
19 College für angewandte Philosophie, Wer ist L. Ron Hubbard?, Frankfurt/M. 1979; zit. n. F.-W. Haack (1982), S. 21.
20 Außer zweien nach Guam lassen sich keine nachweisen.
21 Ch. Evans (1976), S. 25.
22 Ebd., S. 28.
23 Einführender Scientology-Kurs, München 1974, S. 31.
24 Ch. Evans (1976), S. 28.
25 Ebd., S. 33.
26 Ebd., S. 34.
27 BKA-Report EA III 1/4 – B 196 649 Tagebuch Nr. 9024/72 v. 8.3.73, S. 14; zit. n. F.-W. Haack (1982), S. 47.
28 Ch. Evans (1976), S. 50.
29 R. Kaufmann (1972), S. 163.
30 Ebd.
31 «Reinigung – Der Weg zu klarem Denken», 1989.
32 F. King: Ritual Magic in England, London 1970, S. 162; zit. n. F.-W. Haack (1982), S. 37.
33 F.-W. Haack (1982), ebd.
34 Ch. Evans (1976), S. 69.
35 Ebd., S. 95.
36 Ebd., S. 101.
37 Ebd.
38 Ebd., S. 108.
39 Ebd., S. 109.
40 ABI 12-80-34, vgl. F.-W. Haack (1982), S. 64.
41 V. 11.11.1976.
42 V. 24.6.1970, «revised» am 30.4.75.
43 «We've got a world to win, man!» ebd.
44 Freiheit – Unabhängige Zeitung für Menschenrechte, hg. v. d. Scientology-Kirche Deutschland, Nr. 14, 7/8 1979, S. 4; zit. n. F.-W. Haack (1982), S. 233.
45 Zit. n. F.-W. Haack (1982), S. 234.
46 Zit. n. ebd., S. 238.
47 Aus einem Bulletin «Strafen für die niedrigen Ethik-Zustände», zit. n. R. Kaufmann (1972), S. 143.
48 F.-W. Haack (1982), S. 105.
49 Zit. n. ebd., S. 104.
50 Zit. n. ebd., S. 152.

51 Zit. n. R. Kaufmann (1972), S. 144 f.
52 Zit. n. F.-W. Haack (1982), S. 108.
53 Ch. Evans (1979), S. 206.
54 Vgl. F.-W. Haack (1982), S. 213.
55 The Auditor Nr. 127 Europe/Africa, Dez. 1971, S. 1; zit. n. Haack 1982, S. 96.
56 Der Spiegel vom 19. 3. 1990

DER NAME DER TULPE

1 E. Drewermann (1989), S. 74.
2 Ebd., S. 83.
3 H. M. Enomiya-Lasalle (1986), S. 444.
4 Ebd., S. 445.
5 E. Drewermann (1989), S. 179.
6 H. M. Enomiya-Lasalle (1986), S. 405.
7 E. Drewermann (1989), S. 184.
8 Ebd.
9 Ebd., S. 189.
10 Vgl. ebd., S. 252.
11 Ebd., S. 190 f.
12 E. Drewermann (1989), S. 593.
13 Ebd.
14 E. Canetti (1980), S. 243.
15 Ebd., S. 172.
16 Ebd.
17 Ebd., S. 175.
18 H. M. Enomiya-Lasalle (1986), S. 436.
19 Ebd., S. 125.
20 Ebd., S. 126.
21 Ausführlich hierzu: R. von Ranke-Graves (1985), S. 68 ff.
22 Ebd., S. 74.
23 Eine vergleichbare Geschichte haben das slawische Wort «beli», weiß, und lateinisch «bellus», schön: der babylonische Erdgott Bel ist Sohn einer weitaus älteren Göttin Belili, der Weißen Göttin der Sumerer und Vorläuferin der bekannteren Ischtar (vgl. ebd., 64 ff.).
24 Elis: Landschaft im Peloponnes.
25 R. von Ranke-Graves, ebd., S. 72.
26 Ebd., S. 80.
27 Vgl. B. Schröder (1988), S. 41.
28 Die Sumerer lebten vom 4. bis 2. Jahrtausend v. Chr. in Mesopotamien.
29 Ebd., S. 181.
30 Orphik («Lehre des Orpheus»): frühgriechische Religion, deren zentrale Figur der Zeus-Sohn Dionysos ist. Der Kultus dreht sich um die im menschlichen Leib gefangene Seele, die durch ausgeklügelte Vorschriften der Reinigung und Enthaltsamkeit, insbesondere der vegetarischen Ernährung, befreien will. Wie bei den Freimaurern wurden die Gläubigen mit den Geboten in geheimen Veranstaltungen bekanntgemacht.

31 Ebd., S. 163.
32 Richter 3, Vers 10.
33 R. v. Ranke-Graves (1986), S. 10.
34 Ebd., S. 83.
35 Ebd.
36 Eine Formulierung von Mircea Eliade.
37 Die mittelamerikanischen Mayas, das ist überliefert, beobachteten eine Mondfinsternis am 15. Februar 3379 v. Chr.!
38 Ranke-Graves (1989), S. 142.
39 Ebd., S. 144.
40 Ebd., S. 464f.
41 Ebd., S. 445.
42 P. Dominicus Johner: Der gregorianische Choral, Stuttgart 1924, S. 8
43 Ebd., S. 14.
44 Klaus Theweleit (1988), S. 651.

EIN HECHT IM KARPFENTEICH

1 Forschungsprojekt: Prostitution in Thailand. Einstellungen und Verhalten deutscher Männer, hrsg. v. Institut für interdisziplinäre Sexualforschung, Hamburg 1988.
2 Autorinnenkollektiv (1989), S. 19.
3 Ebd., S. 20.
4 Ebd.
5 AGISRA (1989), S. 4.
6 Ebd., S. 9f. Die Juristinnen weisen auf die gängige Praxis hin, daß «hinsichtlich der Ehen mit Frauen aus der sog. ‹Dritten Welt›» beobachtet worden sei, «daß selbst nach Ablauf von drei Jahren Ehezeit die dann mögliche und übliche Erteilung einer unbefristeten Aufenthaltserlaubnis für Eheleute verweigert wird.»
7 Ebd., S. 62.

Literatur

REPUBLIKANER

Antes & Co: Geschichten aus dem Berliner Sumpf. Mit Beiträgen von Michael Sontheimer und Jochen Vorfelder, Berlin 1986
Funke, Hajo: Republikaner. Rassismus, Judenfeindschaft, nationaler Größenwahn, Berlin 1989
Hirsch, Kurt: Rechts von der Union. Personen, Organisationen, Parteien seit 1945, München 1989
Jäger, Siegfried (Hrsg.): Rechtsdruck. Die Presse der Neuen Rechten, Berlin/Bonn 1988
Kirfel, Martina/Oswalt, Walter (Hrsg.): Die Rückkehr der Führer. Modernisierter Rechtsradikalismus in Westeuropa, Wien 1989
Leggewie, Claus: Die Republikaner. Phantombild der Neuen Rechten, Berlin 1989
Neumann, Nicolaus/Maes, Jochen: Der geplante Putsch, Hamburg 1970
Schomers, Michael: Deutschland ganz rechts, Köln 1990
Schröder, Burkhard: Unter Männern. Reinbek 1988

SCIENTOLOGY

Evans, Christopher: Kulte des Irrationalen, Reinbek 1976
Haak, Friedrich-Wilhelm: Scientology. Magie des 20. Jahrhunderts
Kaufman, Robert: Übermenschen unter uns, Frankfurt/M. 1972

KLOSTER

Canetti, Elias: Masse und Macht, Frankfurt/M. 1980
Drewermann, Eugen: Kleriker. Psychogramm eines Ideals, Olten 1989
Enomiya-Lasalle, Hugo M.: Zen und christliche Mystik, Freiburg 1986
Ranke, Graves, Robert von: Die Weiße Göttin. Sprache des Mythos, Reinbek 1985
ders.: Hebräische Mythologie, Reinbek 1986
ders.: Griechische Mythologie, Reinbek 1984
Theweleit, Klaus: Orpheus [und] Eurydike, Basel/Frankfurt/M. 1988

FRAUENHANDEL

Renschler, Regula u. a.: Ware Liebe. Sextourismus, Prostitution, Frauenhandel, Wuppertal 1987

Schmidt, Heinz G.: Der neue Sklavenmarkt. Geschäfte mit Frauen aus Übersee, Basel 1985

Tübinger Projektgruppe Frauenhandel: Frauenhandel in Deutschland, Bonn 1989

Danksagung

Ich danke: Jürgen Volbeding, ohne den es gar nicht erst angefangen hätte, und Rüdiger Dammann für die Redaktion des Textes. Lothar Wate verschaffte mir Luft, was ich ihm kaum vergelten kann. Werner Wiepen hatte nützliche Kontakte zu einer mir fremden Welt. Dieter Wolf war eine große Hilfe in Sachsen. Beate danke ich für juristische Beratung, technische Hilfe und den archimedischen Punkt, Thomas Gandow für wichtige Hinweise, Ekkehard Petersdorff dito, Ralph Rieth auch für Diskretion in einer heiklen Situation, Jochen Maes für unbezahlbare Spezialkenntnisse, Siegbert Künzel, nicht nur für Geologisches, Helge für sein umfangreiches praktisches Können, den Mönchen der Benediktiner-Abtei Gerleve für ihre herzliche Gastfreundschaft, den Frauen von AGISRA für wertvolle Unterlagen und ihre Hilfsbereitschaft, Lothar Peter für seine Geduld und künstlerische Phantasie, allen InterviewpartnerInnen für die Bereitschaft, meine Fragen zu beantworten.

Der Autor

Burkhard Schröder, 1952 in Holzwickede/Ruhrgebiet geboren, studierte in Münster und Berlin Germanistik, Geschichte und Philosophie. Ab 1979 reiste er zwei Jahre durch Lateinamerika. Nach kurzem pädagogischen Zwischenspiel an einem humanistischen Gymnasium lebt er heute als Taxiunternehmer und freier Journalist in Berlin-Kreuzberg. Zwischen 1984 und 1986 war er Herausgeber der Männerzeitung «HerrMann». Diverse Veröffentlichungen, u. a. «Unter Männern» (rororo Mann 8236), «Ab-Schnitte» (rororo Mann 8250).

Der Fotograf

Lothar-Michael Peter, 1954 in Gluszycza/Polen geboren, wurde von 1969 bis 1973 als Fotolaborant und Fotograf bei Werner Ellerbrock in Duisburg ausgebildet. Seit 1974 arbeitet er als Porträtfotograf, daneben entstanden etwa zwei Dutzend kurze und einige längere Spiel-, Experimental- und Dokumentarfilme. Er lebt seit 1977 als freiberuflicher Fotograf in Berlin. Ausstellungen: «Stadtfotografie Berlin» (1989), «Berlin, November 1989» (Goethe-Institut 1990). 1990 Stipendium der «Neuen Gesellschaft für Bildende Kunst Berlin».

rororo MANN

Simone Odierna (Herausgeber)
Liebesgeschichten aus dem Alltag
(8244)
Was Männer von Frauen wollen
Reportagen aus dem Alltag (8256)

Volker Elis Pilgrim
Dressur zum Bösen
Warum wir uns selber und andere kaputt machen (8201)
Elternaustreibung
Roman (8205)
Manifest für den freien Mann
(8220)
Der selbstbefriedigte Mensch
Freud und Leid der Onanie (8217)
Der Untergang des Mannes
(8214)
Muttersöhne
(8240)

Volker Elis Pilgrim/Alexej Mend
Das Paradies der Väter (8207)

Lorenz Rollhäuser
Toros, Toreros (8254)

Dieter Schnack/Rainer Neutzling
Kleine Helden in Not
Jungen auf der Suche nach Männlichkeit (8257)

C 2120/8 c

rororo MANN

Burkhard Schröder
Unter Männern
Brüder, Kumpel, Kameraden (8236)
Ab-Schnitte
Über Macht und Ohnmacht der Gefühle nach einer Trennung (8250)

Gerd Würzberg
Muskelmänner
In den Maschinenhallen der neuen Körperkultur (8208)

Koos van Zomeren
Ottos Krieg
Roman
(8260)

C 2120/8 d